《扬泰文库》编辑委员会

主　任　范　明
副主任　姚文放(常务)　谢寿光
委　员　(以姓氏笔画为序)
　　　　　王　绯　田汉云　刘　诚　范　明
　　　　　杨家栋　佴荣本　周新国　陈　耀
　　　　　姚文放　蒋乃华　谢寿光

江苏省重点高校建设项目
"扬泰文化与两个率先"重点学科课题成果

马一民◇著

金融体系的风险与安全

扬泰文库

经济管理系列

社会科学文献出版社
SOCIAL SCIENCES ACADEMIC PRESS(CHINA)

图书在版编目（CIP）数据

金融体系的风险与安全/马一民著. - 北京：社会科学文献出版社，2007.8
（扬泰文库·经济管理系列）
ISBN 978-7-80230-683-7

Ⅰ.金… Ⅱ.马… Ⅲ.金融体系-风险分析
Ⅳ.F830.2

中国版本图书馆 CIP 数据核字（2007）第 077852 号

《扬泰文库》总序

在历史上，扬州、泰州地区曾是蜚声遐迩的东南重镇，具有襟带淮泗、控引江南的地理优势，利尽四海、民生所系的经济地位，磅礴郁积、精光勃发的文化积淀。以扬州、泰州为中心的苏中、江淮地区，也是全国的经济、文化发展的要津。山川形胜，人文氤氲，孕育了灿烂的古代文化，在商业文化、政治文化、管理文化、伦理文化、宗教文化、法制文化、学术文化、审美文化、语言文化、科技文化等方面都有辉煌的建树，对于当地及周边的经济活动和社会生活产生了深刻的影响，这种影响力赓续至今而经久不衰。

今天，在全面建设小康社会和基本实现现代化的伟大进程中，江苏省肩负着"两个率先"的神圣使命。在2003年全国"两会"期间，胡锦涛总书记和江泽民同志先后到江苏代表团作了重要讲话，要求江苏"率先全面建成小康社会，率先基本实现现代化"，为全国的发展做出更大的贡献。"两个率先"，这是党中央从贯彻"三个代表"重要思想和十六大战略部署的高度对江苏作出的明确要求，也是根据科学发展观和建立和谐社会的构想对江苏提出的殷切希望。而扬州、泰州地区的经济建设、社会发展在江苏全省实现"两个率先"的整体目标中起着纽带和传导的关键作用。

经济建设、社会发展终究需要上升到文化的层面，同时也必须得到文化的凝聚和引领，才能进入良性循环；需要在开发物质资源、经济资源之外开发本地区的文化资源，借助文化的巨大凝聚力和吸引力来获得经济社会发展的后劲和潜力。经济强省最终必须建成文化强省，经济发达地区最终势必成为文化发达地区。在这一点上，正如江泽民同志题词："把扬州建设成为古代文化与现代文明交相辉映的名城"，扬州、泰州地区的优秀文化传统得以发扬光大，无疑是促进本地区经济社会发展的强大动力，也是提升本地区文化品位必不可少的前提和背景，这种促进和提升的作用和意义甚至超出了本区域的范围而具有更为广阔的辐射空间，从而成为江苏省实现"两个率先"这一宏伟目标的重要方面。

扬州大学作为扬州、泰州地区惟一的省属重点综合性大学，借全国高校体制改革之东风，逐步形成了学科门类齐全、多学科交叉融合的显著特点，深感有责任也有义务集中人文社科多学科的精干力量，发挥融通互补、协同作战的优势，对底蕴深厚、内涵丰富的扬、泰文化进行综合研究，挖掘、整理其丰厚资源并赋予新的时代精神，阐扬其独特蕴涵并寻找与当前经济建设、社会发展、文化变革相结合的生长点，对于地方乃至全省的经济社会发展做出积极的贡献。

江苏省人民政府在"九五"计划期间对扬州大学进行重点投资建设的基础上，于"十五"计划期间继续予以重点资助，主要培植能够充分体现学科交融、具有明显生长性且预期产生良好经济、社会效益的五大重点学科，其中从人文社科诸学科中凝练而成的就是酝酿已久的《扬、泰文化与"两个率先"》重点学科。这一重点学科的凝成体现了将扬、泰地区优秀的古代文化与灿烂的现代文明有机交融，相得益彰，交相辉映，发扬光大的理念，也符合扬州大学人文社科诸学科以往的专业背景、研究基础和今后的学术追求、学科发展。该重点学科包括了扬州、泰州地区审美文化研究,扬州学派研究,扬、泰及苏中区域经济社会文化的协调发展研究,扬、泰社会文化形态研究等4个研究方向。

《扬、泰文化与"两个率先"》重点学科建设的一个标志性成果就是形成一套《扬泰文库》,其中包括4个系列80种学术专著,共计2000万字。这是一项规模宏大、影响深远,功在当代、利在千秋的大型文化工程,它汇集了众多学者的智慧和学识,体现了社会各方面的关心和支持。可以期待,这套文库的出版,将对当前物质文明、精神文明、政治文明"三个文明"建设以及和谐社会的构建起到积极有力的推动作用。

在《扬泰文库》出版之际,我们要向始终支持和关心《扬、泰文化与"两个率先"》重点学科建设的各位领导和专家表示衷心的感谢,要向负责审定书稿的中国社会科学院各位专家学者致以崇高的敬意,向筹划编辑出版的社会科学文献出版社的领导和编辑表示诚挚的谢意!他们所给予的指导和帮助,付出的智虑和辛劳,是这套文库得以问世不可或缺的前提和保证。

《扬泰文库》编辑委员会
2005年4月18日

目 录

前 言 ·· 1

第一章 金融风险与金融安全 ·· 1
一般风险概述 ·· 1
　金融风险及其特征 ·· 5
　金融安全与金融风险 ·· 7
　金融安全分类 ·· 8
　银行安全 ··· 9
　货币安全 ··· 11
　股市安全 ··· 13
　债务安全 ··· 17
　金融体系安全 ··· 18

第二章 金融工具及其风险 ··· 21
金融工具及其特征 ··· 21
票据及其风险 ·· 24
流通存单及其风险 ··· 27
股票及其风险 ·· 28

债券及其风险 …………………………………………… 32
　　资产证券化及其风险 …………………………………… 38
　　衍生金融工具及其风险 ………………………………… 40

第三章　金融机构及其风险 ………………………………… 46
　　金融监管机构及其风险 ………………………………… 47
　　政策性银行及其风险 …………………………………… 50
　　商业银行及其风险 ……………………………………… 52
　　证券机构及其风险 ……………………………………… 55
　　保险公司及其风险 ……………………………………… 57
　　其他金融机构及其风险 ………………………………… 58

第四章　金融市场及其风险 ………………………………… 65
　　金融市场概述 …………………………………………… 65
　　货币市场及其风险 ……………………………………… 68
　　资本市场及其风险 ……………………………………… 74
　　保险市场及其风险 ……………………………………… 83
　　外汇市场及其风险 ……………………………………… 90
　　金融期货与期权市场及其风险定价 …………………… 96
　　金融市场的脆弱性 ……………………………………… 109

第五章　利率研究 …………………………………………… 112
　　利息与利率 ……………………………………………… 113
　　实际利率论 ……………………………………………… 115
　　货币供求论 ……………………………………………… 115

可贷资金论 …………………………………………………… 116

IS–LM 模型 ……………………………………………………… 117

预期假说 ………………………………………………………… 119

市场分割理论 …………………………………………………… 120

流动性报酬理论 ………………………………………………… 121

CIR 模型与网状模型 …………………………………………… 122

影响利率的因素 ………………………………………………… 123

利率管制与利率市场化 ………………………………………… 124

中国利率市场化改革 …………………………………………… 127

第六章 汇率研究 …………………………………………… 130

货币制度演变 …………………………………………………… 130

汇率决定基础 …………………………………………………… 132

国际借贷说 ……………………………………………………… 133

汇兑心理说 ……………………………………………………… 134

购买力平价说 …………………………………………………… 134

利率平价说 ……………………………………………………… 136

国际收支说 ……………………………………………………… 138

货币分析法 ……………………………………………………… 139

资产组合说 ……………………………………………………… 141

影响汇率的因素 ………………………………………………… 142

完善人民币汇率制度 …………………………………………… 143

第七章 股票价格指数研究 ………………………………… 147

股票价格类型 …………………………………………………… 147

股票价格指数 …………………………………………… 152
  世界著名指数 …………………………………………… 153
  中国常见指数 …………………………………………… 155
  宏观经济分析 …………………………………………… 158
  产业行业分析 …………………………………………… 163
  公司分析 ………………………………………………… 164
  道氏理论 ………………………………………………… 170
  波浪理论 ………………………………………………… 173
  黄金分割律 ……………………………………………… 173
  行为金融学的分析范式 ………………………………… 174

第八章　信贷定价研究 ………………………………… 185
  信贷定价原则 …………………………………………… 185
  信贷价格构成 …………………………………………… 186
  影响信贷价格的因素 …………………………………… 187
  信贷定价方法 …………………………………………… 189
  投资组合理论 …………………………………………… 190
  MM 理论 ………………………………………………… 193
  资本资产定价模型 ……………………………………… 196
  套利定价模型 …………………………………………… 200

第九章　国际收支研究 ………………………………… 201
  国际收支分析 …………………………………………… 201
  国际收支失衡的原因 …………………………………… 204
  国际收支调节机制 ……………………………………… 205

国际收支调节政策…………………………………… 207
　金币物价流动机制理论……………………………… 209
　弹性论………………………………………………… 210
　乘数论………………………………………………… 213
　吸收论………………………………………………… 216
　货币论………………………………………………… 219
　IS－LM－FE 模型…………………………………… 221
　政策配合论…………………………………………… 222
　结构论………………………………………………… 225

第十章　货币供求研究……………………………………… 227
　影响货币需求的因素………………………………… 228
　货币需求函数………………………………………… 230
　货币需求理论………………………………………… 231
　货币供给与存款创造………………………………… 241
　货币供应的理论模式………………………………… 244
　基础货币与货币乘数………………………………… 246
　货币供给理论………………………………………… 249
　货币供求非均衡的两个后果………………………… 252
　通货膨胀成因分析…………………………………… 253
　通货紧缩成因分析…………………………………… 257
　货币供求非均衡的对策……………………………… 259

第十一章　金融风险管理框架……………………………… 261
　金融风险管理系统…………………………………… 261

金融风险管理的组织结构……………………………………265

　金融风险管理的一般程序……………………………………269

第十二章　利率风险管理…………………………………275

　利率风险成因……………………………………………………275

　利率风险类型……………………………………………………277

　利率风险度量……………………………………………………279

　缺口管理…………………………………………………………283

　持续期管理………………………………………………………285

　远期利率协议……………………………………………………285

　利率互换…………………………………………………………286

　利率期货…………………………………………………………287

　利率期权…………………………………………………………288

第十三章　汇率风险管理…………………………………290

　汇率风险成因……………………………………………………290

　汇率风险类型……………………………………………………291

　汇率风险度量……………………………………………………292

　限额控制…………………………………………………………293

　表内套期保值……………………………………………………295

　表外套期保值……………………………………………………295

第十四章　流动性风险管理………………………………301

　流动性风险成因…………………………………………………301

　流动性风险度量…………………………………………………302

资产管理理论 …………………………………………… 306
负债管理理论 …………………………………………… 307
资产负债管理理论 ……………………………………… 310
表内外统一管理理论 …………………………………… 311
资产流动性管理技术 …………………………………… 312
负债流动性管理技术 …………………………………… 314

第十五章　信用风险管理 ……………………………… 316
信用风险成因 …………………………………………… 316
信用风险度量的传统方法 ……………………………… 317
信用监控模型 …………………………………………… 321
VaR 法 …………………………………………………… 323
信用组合观点模型 ……………………………………… 325
死亡率模型 ……………………………………………… 326
Credit Risk + 模型 ……………………………………… 327
信用风险管理方法 ……………………………………… 329

第十六章　操作风险管理 ……………………………… 333
操作风险及其类型 ……………………………………… 333
操作风险成因 …………………………………………… 334
基本指标法 ……………………………………………… 336
标准法 …………………………………………………… 336
高级计量法 ……………………………………………… 339
构建金融机构内部控制体系 …………………………… 342

第十七章　外部监管 … 346
外部监管的必要性 … 346
外部监管内容 … 351
外部监管方法 … 355
外部监管体系 … 356
巴塞尔协议及其实施 … 359

第十八章　金融危机预警 … 368
金融危机及其特点 … 368
金融危机预警理论 … 370
构建中国金融危机预警系统 … 373

参考文献 … 379

后　记 … 386

前　言

虑善以动，动惟厥时。

《尚书·说命中》

　　自从 1978 年改革开放以来，中国一直处于经济和金融转型时期。虽然金融机构体系、金融市场体系，以及金融监管体系都不很完善，但直到 1997 年亚洲金融危机爆发以前，金融风险及金融安全问题并不突出。究其原因，主要是渐进式金融改革控制了市场化和国际化的节奏和次序，避免了过早金融开放可能带来的各种风险和冲击，随着经济持续高速的增长和金融资产规模的不断扩张，甚至还掩盖了一些深层次的金融问题。

　　中国作为发展中的大国，于 2001 年 12 月 11 日正式加入世界贸易组织（即 World Trade Organization，英文缩写为 WTO）。加入 WTO，虽然给中国金融业带来了新的发展机遇：既有利于引进外资，改善中国的投资环境；又有利于促进中资金融机构改革，提高金融业的整体竞争力。但是，加入 WTO，意味着中国金融系统的全面开放将是不可避免的。目前，五年过渡期已经结束，外资银行经营人民币业务的障碍已经扫除，这对于中资金融机构的经营以及金融监管、金融宏观调控将会带来新的压力与挑战。

　　世界贸易组织的前身是关税及贸易总协定。在关税及贸易总协定运行的 50 年里，一直都只有实物贸易的国际协调准则，而没有涉足金融服务贸易领域，这一空白直到乌拉圭回合谈判中才得到填补。1995 年，世界贸易组织成立之后，通过发达国家与发展中国家激烈的讨价还价，达成临时金融服务协议，在此基础上，经过艰苦而曲折的谈判，终于在 1999 年达成《世界贸易组织金融服务协议》。这一协议包含三个部分：

一是《服务贸易总协定》以及关于金融服务的两个附件。

二是《金融服务承诺的谅解协议》。

三是《金融服务贸易协议》。

其宗旨是：在透明度和自由化的条件下，拓展金融服务贸易。此协议目前已成为各国开放金融市场的重要的国际协调准则。各成员国对于金融服务贸易协议的高度重视，不仅因为金融服务贸易在服务贸易领域中占有份额最大、影响面最广，而且因为金融领域的开放涉及一国最敏感、最关键的行业，事关国家金融安全。

今天，世界范围内的金融制度与 20 年前相比，已经发生了重大改变，金融全球化的进程明显地加快，资本与货币在全球范围内寻求有效投资，金融在功能和形式上经历着巨大的变化。从 20 世纪 90 年代以后，各国政府普遍对金融市场的负面影响加强监管，而金融机构则不断地寻求突破监管约束的金融创新。随着金融产品的不断创新，金融机构的不断整合，给各国金融服务的对象、涵盖的范围、监管的方式都带来了严峻的挑战。与此同时，金融制度建设却出现了一定的滞后，各国金融业的开放程度参差不齐，跨国金融服务的发展存在着严重的不平衡，由此导致发达国家与发展中国家在金融服务自由化问题上存在着截然不同的认识：发达国家强调金融开放有利于提高经济效率；而发展中国家则强调金融市场开放的负面效应，不仅会对本国金融体系造成一定的冲击，而且会对国际收支平衡带来潜在的风险。两种不同的认识必然导致两种不同的做法：一部分发达国家大力推进金融服务自由化和国际化；而很多发展中国家为了维护本国金融市场的稳定，则不得不谋求金融保护主义。

《服务贸易总协定》规定了金融服务贸易所涵盖的范围，共列举了16条：

（1）直接保险，包括人寿保险和非人寿保险。

（2）再保险和分保险。

（3）保险中介，如经纪人和代理。

（4）辅助性保险服务，如咨询、保险精算、风险评估和索赔服务。

（5）接受公众存款和其他应偿付的公众资金。

（6）各种类型的贷款，如信用贷款、抵押贷款、消费信贷、代理以及商业交易的保理和融资。

（7）金融租赁。

（8）各种支付和汇划业务，如信用卡、收费卡、借记卡、旅行支票和银行汇票。

（9）担保和承兑。

（10）交易所、场外或其他场所的自营交易或代客交易，包括货币市场单据（如支票、汇票和存单）、外汇、衍生产品（如远期交易、互换交易、期货交易和期权交易）、汇率和利率凭证（如掉期交易、远期汇率或远期利率协议）、可转让证券，以及其他可转让工具和金融资产。

（11）参与各类证券的发行，如承销、代理发行，以及提供与该发行有关的服务。

（12）货币经纪。

（13）资产管理，如现金或有价证券管理、各种形式的集体投资管理、退休金管理，以及保管和信托服务。

（14）金融资产的处理和清算服务，如证券、衍生产品和其他可转让工具。

（15）提供和转让金融信息、金融数据处理，以及与其他金融服务提供者有关的软件。

（16）咨询、中介及其他辅助性金融服务，如信用调查和分析、投资及有价证券的研究和咨询、为公司收购重组和制定战略提供建议。

上述16条几乎涵盖了金融领域的所有营利性业务。对金融服务贸易范围的界定，有助于区分金融服务的原产地，使各国政府在提供市场准入和实施金融监管时有章可循。由于各国金融发展的不平衡，使金融服务自由化规范趋于谨慎，因此，《服务贸易总协定》没有采取统一的规定，而是由各成员国提供自己的金融开放承诺表。

《服务贸易总协定》关于金融服务的两个附件在对各成员国内部法规的调整方面，也体现了较大的灵活性，如规定不应妨碍成员国基于审慎的理由而通过国内法规，采取各种措施，包括保护投资者、存款人、投保人、金融服务提供者的措施，以及完善金融体制的措施。

《金融服务承诺的谅解协议》在金融服务自由化方面提出了比《服务贸易总协定》标准更高的规范。在市场准入方面，该协议把维持现状、不增加新的限制作为最低标准，进而要求缩小或取消在金融服务中的垄断权，允许非居民的金融服务提供者提供多种跨境金融服务，允许外国金融机构在本国设立并扩大其商业机构，允许外国在其境内设立的商业机构经营新的金融服务品种。

《金融服务贸易协议》由第五议定书、通过第五议定书的决定、关于金融服务承诺的决定等三个文件所构成。其中最重要的是第五议定书、各成员国的承诺表和豁免清单。第五议定书主要是关于金融保险业市场准入的规定，包括：允许其他成员国在本国境内建立金融服务公司并按竞争原则运行；其他成员国公司享受与本国公司同等地进入市场的权利；取消跨境提供服务和境外消费的限制；允许其他成员国资本在投资比例上超过10%。

总之，《世界贸易组织金融服务协议》的原则可以分为两类：

一类是一般性原则，适用于所有的服务部门，包括透明度原则、最惠国待遇原则、发展中国家更多参与原则、服务提供申请获准原则、服务贸易的限制和禁止原则，以及服务贸易逐步自由化原则。

另一类是具体承诺义务和原则，适用于各成员国承诺表中具体承诺范围内的服务部门，包括市场准入原则、国民待遇原则，以及服务贸易争端解决机制。这一类原则比一般性原则更为重要，它是各成员国经济实力交锋的产物，直接关系到各成员国能否在贸易游戏中既得到利益而又不被边缘化。

我们已经迎来了中国金融业的全面开放，我们做好准备了吗？面对激烈的国际竞争环境，国内长期累积的金融风险很可能会在外部因素的作用下酝成恶果，甚至可能引发金融危机。因此，未雨绸缪，防患于未然，深入研究金融开放条件下的金融风险与金融安全问题，其理论意义和现实意义怎样估计也不会过高。

本书的研究路径是这样安排的：

第一章，厘清什么是金融风险，什么是金融安全。金融风险包括信用风险、市场风险、流动性风险和操作风险。金融安全包括银行安全、货币安全、股市安全和债务安全。

第二章至第四章，从金融体系的三个层面，包括金融工具体系、金融机构体系和金融市场体系，深入探讨金融风险的生成机理。因为金融活动是货币资金与金融工具的创造、组合、流通、分配过程。金融工具与金融产品、金融资产是一回事，从金融市场交易对象的角度看，是金融工具；从金融机构生产制造的角度看，是金融产品；从投资者或持有者的角度看，是金融资产。在金融交易过程中，金融机构起着枢纽的作用，它们是大多数金融产品的制造者，所有金融产品的经营者，以及各种金融市场的参与者。金融市场作为金融交易的系统或机制，具有调节盈余部门与赤字部门之间资金余缺的作用，通过这种资金余缺的调剂，实现生产要素的优化配置，进而提高整个社会的经济效率。若要金融市场实现其功能，必须具备两个前提条件：完全的信息和价格的市场形成。否则，将不可避免地生成金融风险，影响金融安全。

第五章至第十章，从理论上对影响金融安全的六大因素，包括利率、汇率、股票价格指数、信贷定价、国际收支和货币供求进行研究，介绍相应的经典理论和前沿成果，为后面的金融风险管理和外部监管提供有益的借鉴和手段。

第十一章至第十六章，从金融机构内部的角度，分析利率风险、汇率风险、流动性风险、信用风险和操作风险的成因，探讨各种金融风险的管理方法，防范和化解金融风险。

第十七章至第十八章，根据巴塞尔协议的要求，对各类金融机构的外部监管进行研究，探讨金融监管的机制和手段。从金融危机的特点入手，借鉴国外金融危机预警理论，研究如何构建中国的金融危机预警系统，以保证中国金融体系的安全运行。

第一章 金融风险与金融安全

居安思危，思则有备，有备无患。

《左传·襄公十一年》

何谓风险？何谓安全？所谓风险是指引致损失的事件发生的一种可能性。所谓安全是指不出事故或者将引致损失的事故控制在一个临界点以下。金融业是一个技术复杂、利润丰厚、竞争激烈而又存在高度风险的领域。试图营造一个没有任何风险的金融运行体系，无异于天方夜谭。金融风险与金融交易相伴生，没有金融交易，就没有金融风险，金融风险是金融交易活动的一种常态。金融安全也不是不发生任何金融事故，而是在不断化解一个又一个金融风险过程中，保持金融体系有序、有效的运行。

一般风险概述

一　风险的特征

风险并不神秘，它是一种可以被人们感知和认识的客观存在。风险具有如下特征：

（1）客观性。风险是一种客观存在。虽然随着科技的进步，人类认识、管理和控制风险的能力在增强，但不可能完全消除风险。

风险的发生具有一定的规律性,这种规律性也为人们认识风险、度量风险、管理风险,把风险减少到最低程度提供了一种可能性。

(2) 损害性。损害是风险发生的结果,任何风险都会给人们的利益造成一定的损害。无论是经济上的损害,还是精神上的损害,最终都归结为经济上的损害,保险不是保证风险的不发生,而是保证对损害进行经济补偿。

(3) 不确定性。风险的不确定性具体表现在:空间上的不确定性,时间上的不确定性和损失程度上的不确定性。

(4) 可测性。风险的不确定性,表明风险是一种随机现象,根据数理统计原理,随机现象一定要服从于某种概率分布。就是说,对于一定时期内风险发生的频率和损失率,是可以根据概率论原理进行测定的,从而将不确定性转化为可测性。

二 风险条件、风险事故与损失

任何风险的发生都需要具备一定的条件。风险条件,又称风险因素,是指引发风险事故的原因。包括:

(1) 实质风险因素。这是指物理功能的有形因素。

(2) 道德风险因素。这是指与人的品行修养有关的无形因素。

(3) 心理风险因素。这是指与人的心理状态有关的无形因素。

风险条件引发风险事故。风险事故,又称风险事件,是指风险由可能变为现实,以至于引起损失的结果。风险条件是损失的间接原因,风险事故是损失的直接原因,风险条件通过风险事故的发生,才能导致损失。

所谓损失,是指非故意、非计划、非预期的经济价值减少。损失通常分为两种形态,即直接损失和间接损失。直接损失又称实质损失,是指风险事故直接造成的有形损失。间接损失是指由直接损失进一步引发或带来的无形损失，包括：额外费用损失、收入损失和责任损失。

三　风险的分类

风险按不同的标准划分，可以分为不同类型的风险。

（1）按风险性质划分，可分为纯粹风险和投机风险。纯粹风险是指只有损失机会没有获利可能的风险。投机风险是指既有损失机会又有获利可能的风险。

（2）按风险对象划分，可分为财产风险、人身风险、责任风险和信用风险。财产风险是指导致一切有形财产毁损、灭失或贬值的风险。人身风险是指导致人的伤残、死亡或丧失劳动力的风险。责任风险是指个人或团体由于行为上的疏忽或过失，造成他人财产损失或人身伤亡的风险。信用风险是指权利人与义务人之间由于一方违约而给对方造成经济损失的风险。

（3）按风险成因划分，可分为自然风险、社会风险、政治风险、经济风险和技术风险。自然风险是指由于自然力的破坏而造成生命财产损失的风险。社会风险是指由于风险承受主体的异常行为（如种族冲突、宗教纠纷、分配不均及阶层对立等）导致社会秩序混乱而造成损失的风险。政治风险，又称国家风险，是指由于政治原因（如爆发战争、领土被占、发生革命、恐怖事件、地方争斗和政党分裂等）引起社会动荡而造成损失的风险。经济风险是指风险承受主体因市场判断失误或投资失当而导致损失的风险。技术风险是指由于科学技术的发展而产生的不确定性。

四　风险管理

所谓风险管理，是指人们对各种风险的认识、控制和处理的主动行为。它要求人们去研究风险发生规律，估算风险对社会经济生活可能造成损害的程度，选择有效的手段，有计划、有目的地处理风险，用最小的成本，获得最大的安全保障。风险管理的基本程序包括：

(1) 风险识别。这是指对自身所面临的风险加以判断、归类和鉴定其性质的过程。包括感知风险和分析风险。

(2) 风险估测。这是指通过对所收集的详细损失资料加以分析，运用概率论和数理统计手段，估计和预测风险发生的概率和损失程度。

(3) 风险评价。这是指将风险发生的概率、损失程度与其他因素综合考虑，得出系统发生风险的可能性，然后与公认的预警指标进行比较，确定系统的危险等级，据此决定是否采取控制措施以及控制到什么程度。

(4) 风险控制。这是指根据风险评价结果，选择并实施适当的风险管理技术。风险管理技术分为控制型风险管理技术和财务型风险管理技术。控制型风险管理技术是通过改变引发事故的条件，来降低损失频率，减少损失程度。财务型风险管理技术是通过提供基金的方式，来消化发生损失的成本。

(5) 风险管理效果评价。这是指对风险管理技术的适用性、收益性情况进行分析、检查、修正和评估。风险管理效益的大小，取决于能否用最小的成本，获得最大的安全保障。

五　风险处理

所谓风险处理，是指通过采取不同的风险控制措施，用最小的成本达到最大的安全保障的过程。风险处理方式主要有：

(1) 避免。这是指设法回避风险的发生。通常在风险所导致的损失频率和损失程度都很高或者处理风险的成本大于收益时采用这一技术。

(2) 自留。这是指对风险的自我承担。有主动自留和被动自留之分。通常在风险所导致的损失频率和损失程度都很低时采用这一技术。

（3）预防。这是指在风险损失发生之前，为了消除或减少可能引发损失的各种因素而采取的措施。通常在损失频率高和损失程度低时采用这一技术。预防措施分为工程物理法和人类行为法。

（4）抑制。这是指在损失发生之时或之后，为了缩小损失程度而采取的措施。通常在损失程度高而又无法避免和转嫁时采用这一技术。

（5）转嫁。这是指为了避免承担损失，有意识地将损失的财务后果转嫁给另一单位或个人承担。转嫁风险的方式主要有：保险转嫁和非保险转嫁。保险转嫁是指向保险公司投保，以交纳保险费为代价，将风险转嫁给保险人承担。非保险转嫁又有出让转嫁和合同转嫁之分。

金融风险及其特征

所谓金融风险，是指金融资产预期价值或收益发生损失的可能性。一方面，我们不可能从根本上消除这种可能性，因为金融本身就是成本与收益在一定时间里的流动，往往先涉及成本，后涉及收益，由于风险的不可避免，收益往往难以确定。另一方面，我们也不能据此就武断地认为，有了金融风险，就表明发生了金融危机，事实上，只有当金融风险积累到一定程度，形成巨大的金融资产损失，使金融体系受到根本性破坏时，才可以称之为金融危机，可见，金融危机是金融风险放大以后的一种极端情况。

金融风险除了具有一般风险的特征以外，还具有如下特征：

（1）隐蔽性。这是指由于金融机构经营活动的不透明性，在发生支付危机之前，可能掩盖其损失程度。

（2）周期性。这是指金融风险受经济周期和货币政策变化的影响。在货币政策扩张时,金融风险处于低发期;在货币政策紧缩时,金融风险处于高发期。

(3) 加速性。这是指一家金融机构出现支付危机,就失去了信用基础,会立即引起挤兑风潮。

(4) 扩散性。这是指由于金融机构之间每时每刻都发生复杂的债权债务关系,存在着一家金融机构出现支付危机导致多家金融机构接连倒闭的多米诺骨牌效应。

金融风险按其表现方式划分,可分为信用风险、市场风险、流动性风险和操作风险。

信用风险是指在金融交易中,由于一方的爽约而造成另一方损失的可能性。导致信用风险的原因既有主观因素,也有客观因素。主观因素是指借款人不愿意还款,这是由借款人的品德决定的。客观因素是指借款人没有还款能力,这是由借款人的财务状况决定的。

市场风险是指金融资产组合,由于市场价格发生反向变化而导致其价值出现亏损的可能性。根据《巴塞尔新资本协议》的定义,市场风险可以分为利率风险、汇率风险、股票价格风险和商品价格风险。可见,市场风险是一种综合风险。金融资产组合的市场风险等于从成交日到交割日的市场价格变化,在任何时候都存在清偿交易和规避风险需要,所以,市场价格会随着清算交易的最短期限而变化。在金融风险监管无效的情况下,市场价格从清算交易到规避风险可以无限制地变化,这就造成了与实际价值的潜在偏差,这种偏差可以在很短的清偿期内发生。如果交易工具缺乏流动性,清偿期限就会变长,那么,越来越大的价值偏差就会变为现实。

流动性风险是指在金融交易中,一方的流动资产不足以应付另一方兑现的要求,或者不能以合理的成本筹集到所需的资金而造成损失的可能性。流动性风险在资产与负债之间形成期限敞口，如短存长贷。良好的流动性管理，应该对筹集资金和使用资金的时间进行规划，决定资产与负债之间的时间缺口，根据缺口的大小和稳定程度，为其流动性提供管理框架。

操作风险是指由于金融机构的信息系统、报告系统和内部监控系统失灵而造成损失的可能性。操作风险一般产生于两个层面：一是技术层面，主要指信息系统、风险测量系统的不完善，以及技术人员的违规操作；二是组织层面，主要指报告系统和内部监控系统出现疏漏，以及法律制度不完善。

金融安全与金融风险

所谓金融安全，是指将金融风险控制在可能引致金融危机的临界点以下。为了维护金融安全，要尽可能地降低金融风险，提高金融效率，确保金融功能的发挥和金融秩序的稳定。

就金融安全的属性而言，它是一种公共物品。公共物品是指由公共部门供给，用来满足社会公共需要的商品和服务。公共物品具有非排他性和非竞争性。非排他性是指一些人享用公共物品带来的利益不能排除其他人也享用其利益。非竞争性是指消费者的增加不会引起生产成本的增加。就是说，多一个消费者引起的社会边际成本为零。虽然微观经济主体的安全具有一定的局部因素，如一个机构的金融安全可能以另一机构的不安全为代价，但是，只有当一个局部利益不妨碍另一局部利益时，整个金融系统才是安全的。而要保证一定空间的金融安全，每个微观经济主体都必须接受金融制度的约束。这种约束可以避免各利益主体之间的相互侵害，使之达到规范、均衡的状态。

从金融体系的组织结构来看，金融安全主要表现在以下几个方面：

（1）金融机构是安全的。持续经营，并保证金融功能的正常发挥。

(2) 金融市场是安全的。交易价格不会出现剧烈的短期波动。

(3) 金融体系是安全的。个别金融机构或个别金融市场的波动不会引发系统性的动荡。

(4) 金融监管部门,包括银行业监督管理委员会、证券监督管理委员会和保险监督管理委员会,具有较强的监管能力。

(5) 金融调控部门(即中央银行)能够保持币值稳定。

金融安全与金融风险的关系可以表述为:金融安全中有风险,金融风险中有安全。金融安全程度可以用金融风险状况来衡量,而金融风险状况也可以用金融安全程度来衡量。金融安全程度越高,金融风险就越小;反之,金融风险越大,金融安全程度就越低。金融风险与金融安全都是由事物的不确定性所决定的。金融风险是由金融资产预期价值的不确定性引起的,而金融安全则是由于最大限度地减少了这种不确定性而获得的。

金融安全分类

金融安全按不同的标准划分,可分为不同的类型:

(1) 按安全时间划分,可分为短期金融安全(1年以内)、中期金融安全(1~5年)、长期金融安全(5年以上)。

(2) 按安全程度划分,可分为安全(蓝色)、较安全(黄色)、不安全(橙色)、危机(红色)。

(3) 按安全空间划分,可分为国际金融安全、国家金融安全、区域金融安全、金融机构安全。

在金融安全空间里,国际金融安全是金融安全的条件,区域金融安全是金融安全的支柱,金融机构安全是金融安全的基础,而国家金融安全则是金融安全的关键之所在。这是因为国家金融安全能够保证本国金融体系的完整、金融秩序的稳定和金融功能的正常发挥。在市场经济条件下，金融是现代经济的核心，国家的金融安全直接影响到国家的经济安全。在亚洲金融危机中，东南亚国家出现了金融机构纷纷倒闭，股市和汇市暴跌，中央银行外汇储备被抽空，这些问题几乎造成了东南亚国家实体经济的崩溃。

国家金融安全可以细分为对内金融安全和对外金融安全。对内金融安全主要指金融机构稳健经营和金融资产价格稳定，不会发生金融机构的大量破产和金融资产的大幅贬值。对内金融安全又有银行安全和股市安全之别。对外金融安全主要指一国的对外资产大于对外负债，本币在短期内不会发生大幅贬值。对外金融安全又有债务安全和货币安全之别。

在一国的宏观金融运行中，货币运行、资本运行和外汇运行三者之间是相互影响、相互作用的。货币供应规模决定着资本规模和外汇规模，而资本运行状况和外汇运行状况又影响着货币流通状况。毫无疑问，国家金融安全受货币流通状况、资本运行状况和外汇运行状况的制约，而后三者又受到多种因素的影响。这就要求我们多层面、多角度地去研究金融安全与金融风险、金融危机之间的矛盾转化关系，以利率、汇率、股价指数等金融资产基本价格为媒介，从中揭示出金融风险管理规律，加强金融监管和预警，在货币市场、资本市场和外汇市场上促进内外部的均衡，最终实现银行安全、货币安全、股市安全和债务安全。

银行安全

银行安全是指银行的现金资产和预期收入足以偿还本期和预期的债务，能够消除来自内部和外部的各种隐患，将风险控制在偿付能力以内，保证其功能的正常发挥和经营秩序的稳定。银行安全可以从三个层面上加以分析：

其一，单个银行安全与整个金融体系安全之间的关系，单个银行安全是整个金融体系安全的基础。

其二，金融体系中的静态安全与动态安全之间的关系，静态的安全指标是标准，动态的金融监测是手段。

其三，金融体系安全与国家经济安全之间的关系，从国际金融危机的教训中，我们认识到，金融危机往往超出金融自身而波及一国的经济和政治安全，所以，金融体系安全是国家经济安全的核心，而国家经济安全则是金融体系安全的前提。

将银行安全的成因作为一个系统来分析，可以分为先导性因素和传导性因素两个子系统。从作用范围来看，先导性因素包括以下三部分：

一是宏观因素。这是指影响银行安全的各种外部因素，如经济增长率、经济结构协调状况、物价指数变动率等。

二是中观因素。这是指银行系统本身对银行安全构成影响的各种因素，如银行系统流动性状况、贷款增长速度等。

三是微观因素。这是指一家银行内部对其安全经营构成影响的各种因素，如内部管理水平、贷款集中程度、资产负债的期限对称性等。

就一家银行而言，宏观因素、中观因素反映的是银行经营所面临的外部风险，微观因素反映的则是银行内部的安全状态。

从因果关系来看，先导性因素是原因，传导性因素是结果，传导性因素在先导性因素与银行安全状态之间起传导作用，先导性因素作用于传导性因素，而传导性因素则对银行安全状态产生直接影响。传导性因素可以分为三类：

（1）信贷资产质量。这是衡量银行经营状况的最重要指标，从短期看，它影响银行的效益；从长期看，它影响银行的流动性。信贷资产质量主要受经济增长率、经济结构协调状况、物价指数变动率、内部管理水平、贷款集中程度等因素的制约。

(2) 表外资产质量。银行的表外业务是指未列入银行资产负债表、不影响资产负债总额的经营活动。广义的表外业务包括传统的中间业务和金融创新业务，狭义的表外业务专指金融创新业务。中间业务是指不动用银行资金，替客户承办收付或其他委托事项，收取手续费的业务，包括汇兑业务、代理融通业务、信用证业务、租赁业务等。金融创新业务包括贷款承诺、金融工具创新两类。贷款承诺又分为可撤销的贷款承诺和不可撤销的贷款承诺，前者包括透支便利和信用承诺，后者包括发行商业票据、循环信用额、票据发行便利和回购协议。金融工具创新包括货币互换、利率互换、金融期货、金融期权和远期利率协议等。表外资产的质量如何，可能给银行带来极大的风险。

(3) 存款增长速度。这一指标对于银行安全的重要性主要表现在两个方面：第一，存款是银行扩大资产规模的基础。第二，存款可以增强银行的支付能力和流动性。只要存款的增量足以弥补支付的缺口，即使是资不抵债的银行仍然可以继续生存，并且有机会扭亏为盈。

对照上述指标，结合中国商业银行的现状来分析，尽管不良贷款比例较高，但银行安全问题并不危急。究其原因有两个：一是国家信用的保障，二是源源不断的存款支持。在人们的脑海中，"国家银行、国家所有、准国家信用、受国家保障"的观念根深蒂固，即使不良贷款的数额巨大，也会被源源不断的存款所淹没和稀释，所以，信心和存款成为保证中国商业银行安全的两根支柱。

货币安全

货币安全是指一国货币运行不受内外部因素的根本性威胁，政府能够很好地控制汇率波动幅度和外汇储备水平。货币安全的对称是货币危机。货币危机是指对一种货币的冲击导致该国货币大幅贬值或导致该国外汇储备大幅下降。

根据以往发生的货币危机，经济学界出现了几种解释货币危机的理论。1979年，美国经济学家克鲁格曼（Krugman）提出了国际收支危机模型，开创了第一代货币危机理论。这一阶段的研究比较注重从一国经济的基本面去找原因，认为一国宏观经济政策与固定汇率制的冲突是引发货币危机的原因。由此得出结论，凡是受到货币冲击的国家基本上都是经济基础薄弱的国家，而经济基础雄厚的国家则很少受到冲击，因此不存在货币危机的传染性。

20世纪90年代以后的大量实证研究表明，国际收支危机是具有传染性的，如一国发生货币危机，许多国家的金融资产价格随之表现出明显的相关性。所谓国际收支危机传染是指一国国际收支危机导致另一国国际收支危机的可能性。随着经济一体化在生产国际化、贸易自由化和金融全球化的推动下不断深入，客观上将各国的国际收支状况紧密联系在一起。20世纪90年代爆发的三次货币危机都具有明显的传染特征：

1992年英国英镑危机和意大利里拉危机导致了欧洲货币体系危机；

1994～1995年墨西哥比索危机传染到整个拉美地区乃至亚洲地区；

1997年泰国泰铢危机迅速传染到亚洲其他地区。

由于国际收支危机传染的客观性，经济学界对国际收支危机传染问题进行了深入的研究，通过理论分析和实证研究，试图解释货币危机在不同国家之间传染的机制。马松（Masson）通过建立国际收支模型，引入多重均衡的分析方法，指出国际收支危机传染的方式有三种[①]：

[①] Masson, Paul (1999): "Contagion: Macroeconomic Models With Multiple Equilibrium", Journal of International Money and Finance 18, pp. 587-602.

一是季风效应。即以发达国家为主导的全球经济环境发生变化，会导致发展中国家遭受不同程度的影响。

二是溢出效应。即各国通过贸易和投资活动形成了彼此之间的关联，当一国发生国际收支危机时，必然会影响到相关国家。

三是多重均衡之间的跳跃。即在特定的经济周期、汇率水平和国际收支状况下，会出现多重均衡，而在多重均衡区间之内，会发生多重均衡之间的跳跃，这时，传染就会在任何国家发生。

至于货币危机的具体传导机制有以下几点：

（1）一国扩大财政赤字，引发通货膨胀，进而导致出口产品成本上升，贸易条件恶化，经常项目赤字增加。当公众预期本币贬值时，就会对该国外汇储备进行投机性冲击，导致外汇储备大幅下降，该国货币当局将不得不放弃盯住汇率制。

（2）采取盯住汇率制的国家需要通过利率政策来保持币值稳定，但如果该国与被盯住货币国的经济周期不一致，就会导致国内货币政策与汇率政策之间的冲突，这时，投机者就会伺机对该国货币发动攻势，引发货币危机。

（3）一国过早地实现了资本项目的自由兑换，会吸引大量的短期资本，主要是从事货币与证券投机的游资，它们的大进大出，往往会导致该国的货币危机。

（4）一国采取不适当的财政政策和货币政策，如在国际收支出现逆差时实行扩张性财政政策，或者在高失业率时实行紧缩性货币政策，会加大国内外经济的失衡现象，引发汇市暴跌。

股市安全

股市安全是指以股票价格指数为标志的金融资产价格在短时间内不发生剧烈波动。股票价格波动幅度应与该国经济的发展状况基本相一致，这是一条铁的经济规律。在开放经济条件下，股票市场的有效运转，促进了资金的合理配置和资本的自由流动，推动了国际贸易的发展和国际投资的扩大；然而，随着投机资本的过度流动，也增加了股票价格的虚拟成分，加剧了股市泡沫，使股票市场变得非常脆弱。

价格泡沫是一种经济失衡现象，其中的原因是多方面的，而脱离现实经济的预期所引发的过度投机行为是这一问题的最一般解释。股市泡沫作为一种价格泡沫，是在特定的金融环境下产生的，其成因也是多方面的：

其一，市场经济是产生股市泡沫的必要条件。

其二，经济货币化、资产票据化，以及衍生金融工具的大量涌现为股市泡沫的大规模产生提供了资金支持。

其三，经济全球化和金融自由化带来的国际资本流动对股市泡沫起到了推波助澜的作用。

其四，经济规范失序是形成股市泡沫的制度根源。

其五，基金经理人对股票市场产生的示范效应是引起价格剧烈波动乃至促成股市泡沫破灭的重要因素。

上述这几条只是股市泡沫产生的宏观因素。而对于股市泡沫成因的微观解释则主要有以下三种：

（1）蓬齐对策。蓬齐是金融史上的一个著名骗子，他依靠"90天支付双倍本金"的承诺，在8个月内，从4万个投资者手中筹集到1500万美元的资金。他声称正在利用国际邮政息票的套利机会赚钱，而实际上他是在玩弄"金融连锁信"的游戏，用从后面的投资者手中筹集的资金去偿还前面的投资者。后来，蓬齐因诈骗罪被拘禁了42个月。

美国经济学家明斯基（Minsky）认为，蓬齐金融是指这样一种情形：债务的支付是靠未偿还债务的增加来满足的。借款人与贷款人事先预期其债务可以通过未来的实际资产处置来偿还，而实际上是不可能的。蓬齐对策的基本特征是：借款人将无限期地滚动负债，用新债去偿还旧债及其利息，每一期，借款人获得的资金都必须大于付给贷款人的资金，而要保证这一游戏持续进行下去，就要有越来越多的人加入到贷款人队伍中，否则，将无法延续。[①] 由上可知，持续增大的债务泡沫是在特定的情况下产生的：

①金融机构过度的信贷冲动。

②金融制度中缺乏破产机制。

③资金运用长期处于亏损状态。

如果债权人了解到蓬齐债务人的财务状况，或者监管部门对资不抵债的金融机构实施市场退出机制，那么，蓬齐玩弄的"金融连锁信"游戏就不得不中断，债务泡沫就将破灭。可见，防止蓬齐对策的最好办法就是实施金融机构破产法和信息披露制度。

（2）道德风险。道德风险最初是用来描述个人在获得保险之后，故意减少预防措施，导致发生风险的概率增大的情形。由于投保人遭遇风险的大部分损失将由保险公司承担，自己只承担很小部分，故没有必要采取审慎的防范措施。这样，道德风险给保险公司造成了额外损失，改变了原有的风险定价机制，降低了市场配置资源的效率。造成道德风险的原因主要是承保人无法监督投保人的行为。

在证券投资中，也会出现道德风险。如果投资者的投资损失可以由别人承担，那么，投资者就会不顾风险地进行投资，于是，大量资金就会流向高风险的投机市场，资金的涌入导致价格出现脱离经济基本面的急剧上扬，产生价格泡沫。

房地产投资也一样。20世纪90年代初，发生在中国海南省

---

① Minsky (1982): Can "It" Happen Again? Essay on Instability and Finance. Armonk, NY: M. E. Sharpe, Inc.

的房地产泡沫事件，其背后的原因就是道德风险。房地产投资的资金主要有两类：一类是信贷资金；另一类是银行自办的投资公司资金。

如果投资者将信贷资金与自有资金一起投入房地产市场，那么，一旦出现价格下跌，其投资损失一般会用信贷资金弥补，自有资金可以通过关联公司抽出。这种不顾风险的投资心理导致融资冲动，银行信贷资金被大量套取。

如果投资者是银行自办的投资公司，那么，公司经理所负的全部责任就是保证盈利，一旦盈利，就可以从中获得大量的好处，即使发生损失，也可以寻找借口进行推诿。如此不对称的权责利机制，必然导致公司经理采取各种手段，去争取更多的银行资金投入。

经济学界在研究亚洲金融危机的原因时得出结论：在亚洲，盛行政府主导型经济。虽然没有明显的信用担保者，但过去的经验告诉人们，政府就是最后的信用担保者。在这样的金融环境下，人们会不顾风险，过度借贷，结果导致投机市场过热，金融机构脆弱性显现。

(3) 群体行为。群体行为是指一种行为模仿或观点传染。最早注意到群体行为的是昆虫学家。他们通过蚂蚁觅食实验发现了这一现象：将大量蚂蚁放置在两个充满相同食物的食物源的等距离处，结果发现蚂蚁通过不对称方式，在两个食物源之间分成两部分，一段时间以后，80%的蚂蚁到一个食物源去取食物，20%的蚂蚁到另一食物源去取食物，有时会发生集中方式的交换。这一现象似乎可以解释股票市场上出现的买单占优势或卖单占优势的情形：股票价格忽起忽落，寻找不到合理的原因，仅仅是由于股民行为的相互影响所致。

在股票市场上，群体行为主要通过以下两种信息传播方式：
一是市场流行观点通过口头交流方式传播，导致跟风情绪；

二是通过市场价格的变化来传播。价格变化是信息传输的信号，它使信息从消息多的交易者迅速传输到消息少的交易者，使后者模仿前者，这样，价格上升就可能被解释为没有公开的好消息，市场反应会被后者的相应动作所放大。在不成熟的证券市场上，大券商往往操纵市场，就是利用了股民的群体行为，先砍低股价，然后买进股票，再拉升股价，伺机出货。

股市泡沫一旦超过其存在的合理界限，就可能生成气泡，而气泡的膨胀一旦超过一定的承受度，随时会有破裂的危险，最终将给股市造成极大的破坏，甚至引发股市危机。股市的最大风险并不在于高市盈率和高换手率，而在于股票市场自身是否完善和规范。股票市场的动荡本身并不可怕，可怕的是面对市场动荡而没有相应的制度安排。

债务安全

债务安全是指一国政府的资产大于负债，内债和外债被控制在可能发生债务危机的临界点以下。债务安全有内债安全和外债安全之分，主要是外债安全。外债是否安全，很大程度上取决于外力对一国经济的干预程度，该国能否抵御和消除来自外部的威胁。失去了自主性，在外力逼迫下所进行的紧急经济调整，必然会破坏一国内部的经济稳定系统。外力对一国经济进行干预的最大理由是外债偿还出现问题，而政府是否具有足够的外汇储备是对付外力干预的关键所在，否则，外债的拖欠就成为外力干预的正当理由，由此引发债务危机。

从中国外债安全的状况来分析，需要关注以下四个方面的影响：

一是随着外债利率与境内外汇贷款利率的逐步趋于一致，外债的价格优势将逐步消除，境内借款人向谁借款的意向将发生改变,这对于外债规模、结构和成本将产生一定影响。

二是外商投资企业可能通过向其境外母公司或关联企业借入低利外债的方式,将境外资金转化为境内外币存款,进行大规模的套利活动,导致外币存款的不稳定。

三是境内外汇贷款利率与国际金融市场利率趋于一致以后,企业债务重组将由以节约利息成本为目的转变为以增强流动性为需要。

四是利率市场化改革将推动外国资本输出入的自由化,这就要求我们更加重视短期资本输出入给中国经济发展和金融安全带来的冲击,防范和化解外债风险。

从中国内债安全的状况来分析,需要关注以下四个方面的影响:

(1) 国债发行规模较大,政策性金融债和企业债的发行规模在逐渐萎缩。

(2) 社会保障资金需求增大,且存在着地区之间、险种之间的结构性矛盾和入不敷出现象。

(3) 国债依存度偏高。国债依存度是指国债发行额与财政总支出的比率,表明财政支出对国家债务收入的依赖程度,国际公认的警戒线为20%。

(4) 国有银行持有国债较多。国有银行持有过多的国债会形成中央银行货币供给的倒逼机制,挤占信贷资金。

金融体系安全

金融体系安全是指金融风险通过金融体系的结构优化被极大地降低,金融制度安排能够维护和促进一国金融的安全运行和稳定发展。金融体系安全的标志有三:

一是具有对金融主体行为的约束机制,包括用权责利对称来避免道德风险，用金融法规来规范金融行为，用市场退出机制来惩罚不守游戏规则的金融主体。

二是用市场机制来调节金融主体的合作与竞争方式，消除国有金融的垄断局面，允许更大范围的金融产权多元化，由市场来决定各种产权的份额。

三是严格界定各相关主体的权利与义务之间的关系，将道德风险降到最低限度。因为如果不改变权责模糊的制度环境，那么，任何金融改革都只是一个制造新成本的过程。

金融体系安全具有内生性，一个安全有效的金融体系必然适应其产业结构的要求。一国的产业结构主要取决于该国的要素禀赋结构和经济发展战略的选择。当一国选定了一种经济发展战略以后，为了保证既定目标的实现，必须按照该国的要素禀赋结构对金融体系作出相应的安排。要素禀赋结构决定该国最适宜从事的产业，经济发展战略决定该国政府最希望发展的产业，如果两者一致，则表明该国产业结构处于最佳状态，金融资源能够自由地在各产业部门之间流动，根据利益最大化原则，资金将自动流向能够提供最大收益的产业部门，而由要素禀赋结构所决定的部门必定是能够提供最大收益的部门。如果两者相去甚远，那么，为了实现经济发展战略，政府就不能允许金融资源的自由流动，而对金融资源的配置进行干预，甚至实行政府垄断，这就是金融抑制。

金融抑制的后果是产生负收入效应、负储蓄效应、负投资效应和负就业效应。美国经济学家爱德华·萧（E. S. Shaw）和罗纳德·麦金农（R. I. Mckinnon）认为，金融抑制是欠发达国家经济发展的一大障碍，要想实现经济迅速增长，就必须实行一系列的金融自由化政策，这就是金融深化。就中国而言，金融体制改革已持续进行了二十多年，目前，需要着重处理好以下三个方面的矛盾：

（1）体制性风险逐步积累，基层银行的各种风险和损失被转嫁到上级行，最终转嫁到总行，导致金融机构的资产盈利能力降低，不良资产有增无减。

（2）一部分风险来自新体制本身，是由有限理性和信息不对称所引起的。所谓有限理性，是指交易者面对不确定的环境，不可能在契约中对未来可能发生的事件所带来的收益或风险作出详细的规定，必须承担未来不确定性风险可能带来的损失。所谓信息不对称，是指交易或签约的一方比另一方拥有更多的信息。信息不对称主要有两种后果：一是签约之前的信息不对称可能导致逆向选择；二是签约之后由于行动的无法考察所造成的道德风险。逆向选择是指交易双方由于信息不对称，差的商品总是将好的商品驱逐出市场，所谓劣币驱逐良币。

（3）金融风险不是通过市场机制逐步得到化解，而主要是通过行政手段强行化解，其负面效应十分显著。

总之，上述矛盾会对金融体系的安全运行具有很大的破坏作用，应当引起人们的足够重视。

第二章 金融工具及其风险

君子以思虑而预防之。

《周易·既济》

金融活动是货币资金与金融工具的创造、组合、流通和分配过程。金融工具与金融产品、金融资产是一回事,从金融市场交易对象的角度看,是金融工具;从金融机构生产制造的角度看,是金融产品;从投资者或持有者的角度看,是金融资产。要探究金融风险的生成机理,必须从研究金融工具入手。

金融工具及其特征

所谓金融工具,是指一种金融合约,是同时增加一个法人的金融资产和一个负债凭证或权益凭证的合约。金融工具的发行者是债务人,金融工具的持有者是债权人,所以,绝大多数金融工具都是债务凭证或负债凭证。这一点只有股票是例外,股票是权益凭证。金融工具对于债权人与债务人的权利和义务具有法律约束意义。

金融工具包括基本金融工具和衍生金融工具。基本金融工具又称原生金融工具,它与衍生金融工具相对应。在外汇市场和证券市场上,交易的结果会出现本金的流动,这类交易工具就称之为基本金融工具。在另一情况下,本金的流动不仅没有必要,也不受欢迎，这时，衍生工具就应运而生，其交易一般不发生本金的流动。

所有的金融工具都具有四个基本特征：

一是期限性，即偿还期的长短，有名义偿还期和实际偿还期之分。名义偿还期是指金融工具的发行者向投资者偿还债务之前所经历的时间。实际偿还期是指购买者持有金融工具的现实时间。所有的金融工具都有偿还期，只有活期存款和股票是例外，活期存款的偿还期是零，股票的偿还期是无穷大，这是金融工具偿还期的两个极端。

二是流动性，又称变现力，是指金融工具迅速变成现金而不蒙受损失的能力。金融工具流动性的强弱，取决于其期限的长短以及发行者的资信等级。一般来说，期限越长，流动性越弱；期限越短，流动性越强。发行者的资信等级越高，流动性越强；发行者的资信等级越低，流动性越弱。

三是风险性，是指持有金融工具发生本金损失的可能性。导致本金遭受损失的风险一般有信用风险和市场风险两种。信用风险是指债务人不按期偿还本金的可能性，它与债务人的资信密切相关。市场风险是指金融工具市场价格发生下跌的可能性。市价下跌，意味着投资者金融资产的贬值。

四是收益性，即收益率的高低，有名义收益率、即期收益率和平均收益率之分。名义收益率是指金融工具的票面年收益与票面额的比率。即期收益率是指金融工具的票面年收益与市场价格的比率。平均收益率是指考虑到资本损益因素的即期收益率，以债券为例，其计算公式为：

$$R = (G \pm C) \div P \times 100\%$$

式中：R 表示平均收益率；G 表示票面年收益；C 表示平均年资本损益；P 表示市场价格。

平均收益率能够比较准确地反映投资者的收益情况，是投资者考虑的基本参数。

收益与风险是一对矛盾。投资的目的是为了获得收益，然而，收益又总是与风险同涨同消，没有风险便没有收益。风险实际上很难避免，即使不投资也要付出成本。如：某人将100元存放在家里，100年后还是100元，没有收益，好像也没有风险，但实际上，此人付出了高昂的成本。因为货币是有时间价值的，现在的100元与100年后的100元是不等值的。如果要进行比较，需要将100年后的100元折算成现值。若贴现率为2%，那么，100年后100元的现值为：

$$100 \div (1+2\%)^{100} \approx 14$$

如果将100元存入银行，就可以取得利息，故利息又称无风险报酬。如果要获得高于利息的风险报酬，就要进行投资，而投资就有风险。投资风险分为可投保风险和不可投保风险。可投保风险可以通过交纳保险费而将风险转嫁给保险公司承担。不可投保风险只好由投资者自己承担，不过，投资者可以找企业家帮忙，企业家的任务就是承担不可投保风险。

金融工具的种类很多。近二三十年来，随着金融工具的不断创新，有越来越多的金融工具品种涌入我们的生活。金融工具的分析要素主要包括：货币性、可分性和面值、流转性、到期期限和久期（即以金融工具各期现金流现值加权以后计算的收回投资的平均期限）、可转换性、币种、复合性，以及税收待遇。

原生金融工具若按期限划分，可分为货币市场的金融工具和资本市场的金融工具，前者主要有：票据、国库券、流通存单和回购协议等。后者主要有股票、公司债券和公债券等。除此之外，还有衍生金融工具，主要包括远期合约、互换合约、期货合约和期权合约。

票据及其风险

一 票据的含义

票据有广义和狭义之分。广义的票据是指商业上的权利凭证，是拥有对货币或商品的所有权的一种书面证明。票据要正式书写负责交付货币或商品的人，也要书写有权索取货币或商品的人，前者是债务人，后者是债权人。

狭义的票据是指以支付货币为目的的证券，由出票人签名于票据上，无条件地约定自己或另一人支付一定金额。我们一般所讲的票据是指狭义的票据。

票据是一种短期的无担保债务凭证。就是说，票据的出票人只需凭借自己的信用，并不需要提供其他的保证。票据作为非现金结算工具，可以代替货币使用。它不论采取何种形式支付货币给持票人，后者都有权将它转让给别人，这就是票据的流通性。票据转让必须经过背书手续（即持票人在未到期的票据背面签字盖章，这时，持票人就变成了背书人）。持票人也可以将未到期的票据卖给商业银行，这就是贴现。经过贴现的票据就进入货币市场，而票据能否进入货币市场，关键要看出票人的资信度如何，只有信誉卓著的大公司或金融机构签发的票据才能顺利进入货币市场流通。

二 商业票据与融通票据

票据若有商品交易的背景，就称为商业票据。商业票据并不反映商品交易的具体内容，只反映由商品交易所产生的货币的债权债务关系，即商业信用关系，包括出票人与付款人之间的资金关系以及出票人与收款人、背书人与被背书人之间的对价关系，这就是票据的无因性，即票据是一种不要过问原因的证券。票据若无商品交易的背景，仅仅是为了融资而签发的远期票据，就称为融通票据，与商业票据相对应。融通票据多为大额整数，以便于融资。

三　本票、汇票与支票

票据如果约定由出票人本人付款，就是本票。如果约定由另一人付款，就是汇票或支票。

（1）本票。这是债务人签发给债权人的一种支付承诺书，承诺在约定的期限内支付一定金额。本票的债权债务关系比较简单，债务人是出票人、付款人，债权人是持票人、收款人。本票的种类很多，按不同的标准划分，可以分为不同类型的本票。

若按出票人的不同划分，本票可分为商业本票（即出票人为非银行）和银行本票（即出票人为银行）。其中中央银行本票，又称为中央银行票据或中央银行券，是一种等同于纸币的定额银行本票，是由中央银行发行的无记名的银行票据，可以视同大额钞票使用，中央银行票据可以由中央银行自己发行，也可以委托商业银行代为发行，如中国人民银行印制的定额银行本票，就是委托商业银行代为发行的，中国人民银行将它视为发行基金看待。

若按付款期限的不同划分，本票可分为即期本票（即付款人见票即付）和远期本票（即付款人一般有三个月以内的付款期限）。

（2）汇票。这是债权人签发给债务人的一种支付命令书，命令债务人在约定的期限内支付一定金额给收款人（即债权人的债权人）。汇票的债权债务关系比较复杂，它是一个债务三角：第一角是出票人，他既是债权人又是债务人，他是付款人的债权人，收款人的债务人；第二角是付款人，即出票人的债务人；第三角是收款人，即出票人的债权人。由于收款人与付款人之间并不存在债权债务关系，所以，汇票必须经过承兑手续（即付款人在汇票上作出承认付款的表示）。汇票经过承兑以后，就称为承兑汇票。承兑以前，主要的债权债务关系在出票人与收款人之间；承兑以后，主要的债权债务关系在付款人与收款人之间。汇票的种类也很多，按不同的标准划分，可以分为不同类型的汇票。

若按出票人的不同划分，汇票可分为商业汇票和银行汇票。

若按承兑人的不同划分，汇票可分为商业承兑汇票（即承兑人为非银行）和银行承兑汇票（即承兑人为银行）。

若按付款期限的不同划分，汇票可分为即期汇票和远期汇票。

（3）支票。这是一种特殊的汇票，是以商业银行作为付款人的一种即期汇票，是活期存款人命令商业银行支付一定金额给持票人的支付命令书。

支票若按有否收款人姓名划分，可分为记名支票（即银行只能对收款人付款）和无记名支票（又称来人支票，银行可以对任何持票人付款）。

支票若按有否在票面画线划分，可分为转账支票（又称画线支票，票面画有两道平行线，只能转账）和现金支票（又称开放支票，可以提取现金，也可以转账）。

在信用卡盛行之前，还有一种旅行支票，它是由商业银行发行的供持票人在异地消费使用的定额支票。旅行支票从付款人是出票人这一点看，是带有本票性质的票据，但从形式上看，旅行支票带有支票性质，购买旅行支票等于是在银行的无息存款，兑付旅行支票等于是支取这一笔存款。

四　票据的风险

票据流通主要有信用风险和利率风险。票据的出票人、付款人和背书人都可能因资金不足而不能按期履行付款义务，这就是票据的信用风险。票据贴现的成本是要支付贴现利息，而贴现率的高低则取决于不断变化的市场利率，这就是票据的利率风险。

流通存单及其风险

存款单，英文为 Certificate of Deposit，英文缩写为 CD，故所有的存款单都可以称为 CD。流通存单，英文为 Negotiable CD，简称 CD。CD 最早是由美国花旗银行于 1961 年开发并发行的，是一种固定期限、固定金额的存款凭证。CD 又称之为大额可转让定期存单，它的期限一般为三个月、六个月、一年，最长为五年，不能提前支取。它的金额一般为十万美元、二十万美元、三十万美元、一百万美元，最高为一千万美元，最低为二万五千美元，其中一百万美元的流通存单最受欢迎。

流通存单为无记名，即不记载收款人名称，并且载有"付给来人"字样。投资者买入 CD，就成为持单来人，可以在到期日之前随时将其拿到流通存单二级市场上转让。因为是无记名，所以在转让时无须背书。新的投资者买入 CD，就成为新的持单来人，可以再行转让。这样，CD 就可以在二级市场上流通，直至到期日为止。届时持单来人可以向发行银行领取本息。

流通存单已经不是传统意义上的记名存单。它不仅是发行银行到期支付本息的凭证，而且是货币市场上买卖的"金融商品"。发行银行可以通过向货币市场发行 CD 来筹集资金，投资者可以通过购买 CD 而向货币市场投入资金，转让 CD 又可以收回资金。因此，流通存单已成为西方国家货币市场上最重要的融通资金的工具之一。

目前，流通存单主要有以下四种：

一是美元流通存单（US-dollar Negotiable CD），由美国的商业银行发行。

二是扬基存单（Yankee CD），由在美国的外资银行分行发行。

三是欧洲美元流通存单（Euro-dollar Negotiable CD），由花旗银行伦敦分行于1966年首先在伦敦发行。

四是英镑流通存单，由英国的商业银行发行。

流通存单主要有信用风险、利率风险和汇率风险。发行银行可能因资金头寸不足而不能按期履行还本付息的义务，这就是流通存单的信用风险。流通存单的利率受市场利率的影响，这就是流通存单的利率风险。流通存单的跨国流通受市场汇率的影响，这就是流通存单的汇率风险。

股票及其风险

一　股票与股票发行

股票是股份公司发行的表示其股东所持股份的权利和义务的可转让书面凭证。股份公司发行股票的目的是为了向社会筹集资本，满足其建设和发展的资金需要。股票发行一般分为两种情况：

一是为设立新公司而发行股票。

二是为发展老公司而增发股票。

为设立新公司发行股票又有两种方式：

一是发起设立。

二是招股设立。

发起设立是股份公司发起人在创建公司时必须认购第一次发行的全部股票，无须向社会筹资。就是说，公司在创建时的资金来源主要是发起人认购股票，每一个发起人都是公司的原始股东。发起人在认购股份以后，可以一次缴足认购款，也可以分期缴纳。

认购款可以用现金支付，也可以按照协议以实物资产作价抵款。

招股设立是股份公司发起人在创建公司时只认购一部分股份，其余股份通过向社会公开招股而出售，以达到预定的资本总额。公司发起人应该先向证券管理机关申请，经核准后，再公布招股章程，其内容包括：公司的名称、营业范围、股份总额、发起人的认购情况、认购开始和结束的时间、股金的交付方式和期限、代收股金的金融机构等。股票发行结束后，公司发起人应通知所有股东参加公司创建大会，讨论公司章程，选举董事会。

为发展老公司而增发股票，需要向证券管理机关申请变更登记，其申请书的内容包括：原定的股份总额、已发行的股份额、公司财产、承销人的情况等。申请书获准后，公司要先让本公司职工优先认购一部分股份，然后由原股东按原有的持股比例认购，其余股份再转给承销人向社会公开出售。

也有一些股票，其发行目的与筹资无关，如将当年红利或历年未分配的红利转为资本；以发行股票形式代替现金股息的分配；以公司债券转换成公司股票等。

二　股票的种类

股票可以分为普通股和优先股两种。

（1）普通股。顾名思义，这是一种没有特别权力的股票，是股票中最常见的一种，是股份公司资本构成中最重要、最基本的股份，也是在资本证券中风险最大的一种。普通股的收益并不是在购买时就确定的，而是事后根据股份公司的经营实绩来确定的。普通股的股东可享受下列权利：

一是投票选举权，即普通股股东对于公司的选举董事和重大经营决策具有投票权，通过投票，间接地参与公司的经营管理，故这一权利也称为经营参与权。

二是收益分配权，即普通股股东对于公司盈利享有取得股息的权利，普通股的股息收益不固定，其股息的多少完全取决于公司盈利的多少以及分配政策如何。

三是资产分配权，即在公司破产清算时，公司财产在满足债权人和优先股股东的索偿权之后还有剩余，普通股股东对于这部分剩余财产具有按持股比例分配的权利。

四是优先购股权，即在公司增发新股时，普通股股东为了保持原有的持股比例不变，具有优先购买新股的权利，这一权利有三种选择：其一，行使优先购股权；其二，转让优先购股权；其三，放弃优先购股权。

五是股份转让权，即当普通股股东预测公司前景不乐观而需要改换投资目标时，享有出售股份收回本金的权利，这是因为债权凭证都规定了还本付息的到期日，而股票作为所有权凭证，没有到期日（少数可赎回的优先股除外），其期限取决于股份公司的存在与否，故股份转让权使股票具有流动性。

（2）优先股。这是一种比普通股具有一定优先权的股票。它的特点是预先确定股息收益率，有一点类似于债权凭证的性质，所不同的是优先股也是所有权凭证，持股人不得中途退股。与低风险相对应，优先股比普通股所享有的权利也小，优先股股东一般没有选举权和被选举权。在法律地位上，优先股的索偿权先于普通股，次于债权人，所以，优先股是一种介于普通股与债券之间的折中性证券。优先股的优先权主要表现在两个方面：

一是领取股息优先。股份公司分配股息的顺序是先优先股，后普通股，不论公司经营业绩好坏，只要股东大会决定分配股息，优先股股东就可以按照预先确定的收益率领取股息，即使普通股可能会减少或没有股息，也要保证优先股不受损失，但如果股东大会决定当年不分配股息，那么，优先股也将毫无所得。

二是分配剩余资产优先。当公司破产清算时，公司财产如果在清偿全部债务之后还有剩余，那么，优先股就比普通股有优先的索偿权。

优先股的种类很多，主要有：

①累积优先股与非累积优先股。累积优先股是指可以将因公司业绩不佳而未发或未发足的股息累积起来，待公司情况好转时再补发的优先股。非累积优先股是指因公司业绩不佳而未发或未发足的股息，日后不能再补发的优先股。

②可转换优先股与非转换优先股。可转换优先股是指在公司盈利增多时可以转换成普通股的优先股。非转换优先股是指在任何时候都不能转换成普通股的优先股。

③参与优先股与非参与优先股。参与优先股是指当公司盈利增多时，既可取得预先确定的股息，又可取得额外股息的优先股。非参与优先股是指不参与额外股息分配的优先股。

④股息率可调整优先股。它的特点是股份公司规定了股息率变动的上下限，股息率可以随存款利率的变化而定期地加以调整。

⑤可赎回优先股。它的特点是附有可赎回条款，允许股份公司在市场利率下降时使用可赎回条款，通过发行新的优先股来赎回旧的优先股。

三　中国的股票

在中国，股票类型有别于西方国家，分为国家股、法人股、公众股和外资股。

国家股是指政府机构以国有资产向股份公司投资所形成的股份。

法人股是指企业法人或拥有法人资格的事业单位、社会团体以其可支配的资产向股份公司投资所形成的股份。

公众股是指个人向股份公司投资所形成的股份，公众股又分为内部职工股和社会公众股，前者由公司职工认购，后者由社会大众认购。

外资股是指外国投资者和港澳台投资者以购买人民币特种股

票形式向股份公司投资所形成的股份，外资股又分为境内上市外资股和境外上市外资股。

境内上市外资股是指在上海证券交易所或深圳证券交易所上市，以人民币标价，以外汇认购，主要供外国或港澳台投资者投资的股票，通常被称为人民币特种股票或 B 股，而将国家股、法人股、公众股统称为人民币普通股票或 A 股。现在，境内投资者也可用外汇投资 B 股。在上海证券交易所上市的 B 股以美元认购，在深圳证券交易所上市的 B 股以港币认购。

境外上市外资股主要有 N 股、H 股和 S 股。N 股是指在纽约证券交易所上市的外资股。H 股是指在香港联合证券交易所上市的外资股。S 股是指在新加坡证券交易所上市的外资股。

由于国家股和法人股属于非流通股，公众股和外资股属于流通股，同股不同权，故存在股权分置的问题。股权分置改革就是非流通股股东与流通股股东经过讨价还价，给予后者一定的经济补偿，允许非流通股转变成流通股。

四　股票的风险

股票主要有信用风险和股票价格风险。股份公司可能因经营不善而破产倒闭，造成投资者血本无归，这就是股票的信用风险。股票价格会随着市场供求的变化而上下波动，低价位买进会获利，高价位买进会亏本，这就是股票价格风险。

债券及其风险

一　债券及其分类

债券是一种证明债权人可以从债务人处定期取得利息、到期取得本金的债权债务凭证。债券按发行主体的不同划分，可分为政府债券和公司债券两大类。政府债券又可细分为由中央政府发行的国库券和公债券，由地方政府发行的市政债券，由政府下属的各种专门性机构发行的政府机构债券。公司债券又可细分为由公司或企业发行的公司债券（或称企业债券），由商业性金融机构发行的金融债券。

（1）国库券和公债券。这是由一国财政部为了增加财政收入或者弥补财政赤字而向公众发行的政府债券，通常采用公开招标的方式，由许多大金融机构投标，中标以后，就将其承购下来，然后再转售给公众。财政部也可以委托大商业银行代理发行。在西方国家，国库券属于短期政府债券，期限一般在一年以内；公债券属于中长期政府债券，期限一般在一年以上。

国库券和公债券都是以国家信誉作担保的，国家可以通过增发钞票来清偿债务，所以，投资者不必担心信用风险，在所有的投资形式中，国库券和公债券是信誉最高、收益最稳定且可享受免税待遇的金融工具，被称之为"金边债券"。当然，投资于国库券和公债券，仍可能面临着通货膨胀风险，但由于绝大多数国库券和公债券都是可转让债券，故可以通过债的买卖而将通货膨胀风险转嫁出去。

国库券和公债券的投资者十分广泛，既有广大的个人投资者、机构投资者和外国投资者，也有政府部门及其机构，政府可以通过发行新债来偿还当年到期的债券本息，或者用新增的财政收入在二级市场上回购未到期的债券，以减轻政府的债务负担。

国库券由于期限较短，一般采取贴现方式出售，购买者以低于面值的一定价格购入，到期时，国家再按面值清偿，两者的差额就是利息。公债券由于期限较长，往往采取剪息票的办法或者登记注册的办法向投资者定期支付利息，在债券发行时，一般以票面价格出售，每半年付息一次，到期还本。有些公债券上附有息票，称为"息票债券"，持有者可以通过剪息票定期地取得利息，息票就是利息收入的凭据。不附息票的公债券需要在财政部或其指定的部门进行登记注册，称为"注册债券"，持有者可以根据登记凭证定期地取得利息，但如果债券转让，则需要办理过户手续。

(2) 市政债券。又称地方政府债券，这是由地方政府为了促进市政建设而筹集资金所发行的债券。市政债券具有公债券的性质，可获得免税待遇，它的清偿能力也比较稳定，地方政府用于清偿本息的资金来自于两个部分：

一是地方政府的财政收入，包括税收收入和发新债所取得的收入，用财政收入还本付息的市政债券，可称为"一般责任债券"，不明确债券的投资方向，主要体现地方政府的偿债责任。

二是地方政府举办的公共事业或公共工程所取得的收入，如水利电力工程、医院等向地方政府提供的收入，用上述收入还本付息的市政债券，可称为"收入债券"，即用某些项目的收入来清偿债券本息。

发行市政债券所筹集的资金主要用于地方的城市建设工程、公共工程和福利设施等，具体包括：地方铁路公路建设、通讯设施建设、城市公共建筑、学校、医院、娱乐场所、水资源的开发利用、环境保护，以及地方农业发展等。市政债券不同于公司债券、公债券和国库券，不具有活跃的二级市场，这倒不是因为市政债券不可以转让，而是因为其每次发行的数量有限，故交易量不大。多数投资者一般在购买市政债券以后，一直将其持有至到期日方才兑现。

(3) 政府机构债券。这是由政府下属的各种专门性机构为了促进各种事业发展而筹集资金所发行的债券。政府机构债券是政府债券的特殊形式，它具有政府债券的特点：债务人是政府机构，信誉高，清偿能力好，收益稳定，是一种风险小、安全性高的投资工具。所不同的是，政府机构债券的信誉是依靠政府的资助得以实现的，不能靠增发钞票来清偿此债券的本息，故其信誉度稍低于公债券。

政府机构债券一般是不定期发行的,发行程序与公债券相似,由商业银行或证券公司代理发行,有些政府机构本身就是金融机构,也可以自己发行。

西方国家的政府机构债券多数可以享受免税待遇,这对于投资者有比较大的吸引力。在美国,发行政府机构债券的政府机构都是政府下属的各种专门性机构,如美国联邦住宅局、美国联邦土地银行、美国进出口银行等,它们发行的债券主要用于发展房地产业,支持进出口贸易,促进农村建设。再如日本的国营铁道部门、国营电信部门,通过发行政府机构债券,支持铁路和电信事业的发展。

(4)金融债券。这是由商业性金融机构,如商业银行、投资银行、信托投资公司、财务公司等发行的债券。中国进出口银行、国家开发银行等政策性银行发行的债券,类似于西方国家的政府机构债券。一般认为,金融债券的信誉度应介于政府债券与公司债券之间。

(5)公司债券。这是由公司或企业发行的债券。为了适应公司财务和经营的不同要求,或者为了满足投资者的不同偏好,以吸引更多的资金,公司债券的种类繁多。不同的公司可以发行不同类型的债券,更多的是一家公司可以同时发行各种类型的债券,以实现公司债务风险与收益的合理搭配。对于投资者而言,一笔资金作多种债券的投资,可以实现投资风险与收益的合理搭配。

公司债券按不同的标准划分,可分为不同的类型。

①若按有无担保划分,公司债券可分为无担保债券和担保债券。无担保债券,又称信用债券,是以信誉卓著的大公司本身的资信作保证而发行的公司债券,由于没有抵押品作担保,故此债券的风险性相对较高。担保债券,是以第三者的信用承诺作保证而发行的公司债券,提供信用保证的一般是发债公司的母公司或

者发债公司的信用委托人。

②若按抵押品的不同划分，公司债券可分为不动产抵押债券、设备抵押债券和信托抵押债券。不动产抵押债券，是以土地、房屋等不动产作抵押品而发行的公司债券，作抵押的不动产价值不一定与所发行的债券额相等，在公司不能偿付债券时，债权人有权卖掉抵押的不动产，以补偿其债权，公司的同一不动产可以作多次抵押，故不动产的抵押权就依次有第一抵押权、第二抵押权和第三抵押权等。设备抵押债券，是以特定设备作抵押品而发行的公司债券，特定设备通常是易于销售的火车和商用飞机等，发行设备抵押债券的法律程序很复杂，一般的做法是，铁道公司或航空公司与其委托人签订合同，让委托人代理发行债券，并将设备抵押给委托人，由委托人掌握设备的所有权，然后委托人将设备租给铁道公司或航空公司使用，后者根据租赁合同定期地向委托人交纳租金，委托人以租金偿付债券持有人的本息，待债券本息清偿之后，铁道公司或航空公司再收回设备的所有权。信托抵押债券，是以证券作抵押品而发行的公司债券，在西方国家，往往是母公司以其子公司发行的债券作抵押品来发行债券，作抵押的证券往往由发债公司的信用委托人来持有。

二　债券创新

债券的创新品种很多，主要包括：

(1) 收入债券。此种债券能保证偿付本金，但付息不确定，只有当公司盈利超过一定水平以后才开始付息。不定期付息这一点类似于优先股，所不同的是，它又能保证还本。在西方国家，收入债券一般很少发行，只有在铁道公司进行资产重组时才发行。

(2) 参与债券。此种债券的持有人不仅可以获得固定的债券利息，而且可以在公司盈利增多以后参与额外的分红，一定程度上带有股票的性质。

(3) 投票权债券。此种债券的持有人对于发债公司的经营决策具有投票权,这一点类似于普通股。既然投票权债券的持有人拥有比其他债权人更多的权利,那么,就要以一段时间内不能取得债券利息作为代价。

(4) 可转换债券。此种债券持有人可根据自己的意愿,按一定的价格和条件,将债券转换成发债公司的股票。可转换债券可以在不同证券的收益率发生变化时为投资者提供选择的机会,因而对投资者具有很大的吸引力。此种债券目前在西方国家得到广泛而迅速地发展,已成为公司债券的一种重要形式。

(5) 本息分离的债券。又称零息票债券,这是指将债券的还本付息分开,变成两种新的债券:一种是只付本金的债券;一种是只付利息的债券。两者分别按到期日的远近,按票面值(即未来到期值)推算出现值(即售价)出售,期限越长,现值越小,到期时资本利得就越大。零息票债券主要是为了规避利率风险和再投资风险而设计的。因为投资者已经根据自己的需要来安排债券的到期日,故不会在到期前出售,也就不会发生因利率上升而导致资本损失。又因为零息票债券是无息的,到期前不会支付利息,不会面临利息再投资的风险,故投资者趋之若鹜。

(6) 浮动利率债券。此种债券的利率是变化的,一般根据事先约定的时间间隔(三个月或六个月),按某种选定的市场利率(如伦敦银行同业拆借利率)进行调整。浮动利率债券主要是为了规避利率风险而设计的。因为购买固定利率债券的投资者在市场利率大幅上升时会蒙受利息损失,如果低价抛售债券,又会导致债券市场价格下跌,对发债公司的继续筹资极为不利,故受到筹资者和投资者的广泛欢迎。

(7) 双币债券。顾名思义,这是指在债券计价中采用两种不同的货币。双币债券主要是长期债券,期限一般为 5~15 年,其具体做法是:在到期前用非美元货币支付利息,到期时再用美元支付本金；或者用美元定价和付息，用非美元货币还本。双币债券主要是为了减少汇率变化的风险而设计的。发行者和投资者都可以在远期外汇市场上通过抵补保值交易来规避汇率风险。如果未能及时抵补，那么，损失的多少则取决于汇率波动幅度的大小。

（8）回购协议。这是一种以债券（主要是国库券）作为抵押品的短期贷款协议。协议规定，借款人必须在约定的期限内购回抵押品，还清贷款，如果不能履约，则抵押品归贷款人所有。买价略高于卖价，差价即利息。买卖双方都是银行，这实际上是一种银行间的债券抵押融资。根据两家银行在债券回购过程中所处买卖位置的不同，回购又分为正回购和逆回购。正回购是指债券卖方的回购。逆回购是指债券买方的回购。

三 债券的风险

债券主要有信用风险、利率风险和汇率风险。发债公司因资金不足而不能按期履行还本付息的义务，这就是债券的信用风险。债券利率受市场利率变化的影响，不仅如此，而且债券价格与市场利率成反方向变动，市场利率上升，债券价格下跌，市场利率下降，债券价格上涨，这就是债券的利率风险。双币债券受市场汇率变化的影响，这就是债券的汇率风险。

资产证券化及其风险

一 一级证券化与资产证券化

证券化是一个内涵比较宽泛的概念，凡是在金融市场上通过发行证券的方式来筹集资金的行为，都可以称之为证券化。从形式上看，证券化最早是指资金需求者通过在资本市场和货币市场上发行证券进行筹资的直接融资方式，包括：股票，即资本型证券化；债券，即债务型证券化；可转换债券，即混合型证券化。上述比较传统的证券化，可以称之为一级证券化。

随着金融市场的日益拓展，新的金融工具和融资技术不断涌现，开始出现将缺乏流动性的信贷资产进行技术处理，并通过向金融市场发行资产支持证券，以达到融资的目的，这就是所谓的资产证券化，即对存量资产的证券化，一般称为二级证券化。包括：住房抵押贷款证券化、汽车贷款证券化、消费贷款证券化、信用卡应收账款证券化，后三者又称之为资产担保证券化。

二 资产证券化的实质

资产证券化的实质是为发放贷款的金融机构提供一种融资制度安排，以便于提高其资本利用水平，实现低成本融资，分散和转移信贷风险，改善资产负债结构，增强信贷资产流动性。它将在用途、质量和期限上具有相同或相近的特征，能够产生大规模稳定的现金流的信贷资产进行分解，按一定标准进行结构性重组和重新定价，以此为基础，发行具有不同风险和收益的结构性信贷证券。这一过程的资金流动方向是，发放贷款的金融机构将其贷款卖给抵押贷款证券化的中间商，并取得销售贷款的资金，然后由中间商以此贷款作为抵押，发行资产抵押证券，从投资者那里取得销售证券的资金。资产抵押证券既可以在证券市场上公开发行，也可以通过私募方式推销给特定的投资者。购买此证券的一般是商业银行、人寿保险公司和养老基金会等机构投资者。

三 资产抵押证券的种类

资产抵押证券主要有以下三种：

（1）转递证券。其特点是：作为抵押品的资产，其所有权随此证券的出售而归投资者所有,由信托机构以受托人的身份代为持有并保管,抵押品所带来的收入由受托人分配给各投资者,故称转递。虽然其资产不再归原持有人所有,但原持有人仍须负责抵押贷款的收回,如果债务人违约,投资者可以向原持有人行使追索权,所以,原持有人虽然可以避免利率风险,但不能避免信用风险。

（2）转付证券。其特点是：作为抵押品的资产,其所有权不转移,仍归原持有人所有,只将抵押品所带来的收入转付给投资者,故称转付。其到期日一般分为三级,第一级的到期日为五年,第二级的到期日为十二年,第三级的到期日为二十年。在付清第一级本金以后,再付第二级本金,最后付第三级本金,利息每半年付一次。

（3）抵押贷款担保证券。其特点是：作为抵押品的资产,其所有权不转移,仍归原持有人所有,抵押品所带来的收入也归原持有人,只是须付给投资者本息,一般在估值时要求抵押品的价值要大大高于此证券的面值。

四　资产抵押证券的风险

资产抵押证券主要有信用风险和利率风险。发行者因流动性资产不足而不能按期履行偿还本息的义务,这就是资产抵押证券的信用风险。资产抵押证券的利率受市场利率波动的影响,这就是资产抵押证券的利率风险。

衍生金融工具及其风险

一　衍生金融工具的含义

衍生金融工具,顾名思义,是指其价值依赖于基本金融工具的一系列金融产品。基本金融工具一般指货币、债券、存单和股票等。衍生金融工具的价格往往是根据基本金融工具的预期价格来确定的。衍生金融工具在形式上都表现为一种合约，合约上须载明买卖双方交易的品种、数量、价格、交割时间和交割地点等。

二 衍生金融工具的类型

目前，衍生金融工具主要有远期合约、互换合约、期货合约和期权合约四种类型。

（1）远期合约。这是指交易双方在约定的日期以约定的价格和数量交割某一金融工具而签订的协议。远期合约通常是在两个金融机构之间或金融机构与客户之间签订的协议，其交易一般不在交易所内进行。目前，远期合约主要有货币远期和利率远期两类。在远期合约的有效期内，合约的价值将随金融资产市场价格的波动而发生变化。如果合约到期时以现金结清，那么，当市场价格高于约定价格时，应该由卖方向买方按价差支付金额；当市场价格低于约定价格时，则应由买方向卖方按价差支付金额。可见，远期合约的买卖双方可能形成的收益或损失都将是无限大的。

（2）期货合约。期货合约与远期合约十分相似，它实际上是一种标准化的远期合约，期货合约的交割日和交割物数量都是由期货交易所预先固定（即标准化）的，期货交易只能在期货交易所内进行，并实行保证金制度。无论是远期合约还是期货合约，都为交易者提供了一种规避金融风险的工具，也为投机者利用价格波动而取得投机收入提供了手段。最早的远期合约和期货合约的标的物是粮食，由于粮价会发生季节性波动，为了避免由此给粮农带来收益的风险，产生了以粮食为标的物的远期合约交易。17世纪以后，标准化的远期合约（即期货合约）开始出现，并逐步形成了完整的结算系统。进入20世纪70年代，金融市场的动荡和风险催生出金融期货，包括外汇期货、利率期货，以及股票价格指数期货。

（3）期权合约。这是一种选择权的合约，期权的买方有权在约定的时间、按约定的价格买进或卖出一定数量的某一金融资产，也可以根据需要放弃行使这一权利。为了取得这一权利，期权合约的买方须向卖方支付一定的费用，即期权费。

期权有看涨期权和看跌期权之分，前者是指期权买方有权在约定的时间、按约定的价格向期权卖方购买某一金融资产；后者是指期权买方有权在约定的时间、按约定的价格向期权卖方出售某一金融资产。

期权又有美式期权和欧式期权之别，前者是指期权买方可以在合约有效期内任何时间行使权利；后者是指期权买方只能在合约到期日行使权利。由于美式期权赋予了期权买方更大的选择余地，因此被较多的交易所采用。

金融期权是一种规避金融风险的理想工具，它可以使期权买方将风险锁定在一定范围之内。对于看涨期权的买方而言，当市场价格高于约定价格时，他会行使购买权利；当市场价格低于约定价格时，他会放弃购买权利，所亏仅限于期权费。对于看跌期权而言，当市场价格低于约定价格时，他会行使出售权利；当市场价格高于约定价格时，他会放弃出售权利，所亏仅限于期权费。总之，期权对于买方而言，可以实现有限的损失和无限的收益。

（4）互换合约。这是一种交易双方达成的定期交换支付的协议。在合约有效期内，交换支付以预先约定的本金（即名义本金）为依据，每一方支付给对方的金额等于名义金额乘以预先约定的支付率（如利率、股价指数收益率），实际上只支付彼此的差额。互换合约主要有货币互换和利率互换两类。

三 混合工具与复杂衍生工具

将远期合约、期货合约、期权合约和互换合约作为基本工具，通过组合、分解、剥离、指数化和证券化等技术，可以进一步创造出混合工具和复杂衍生工具。

（1）混合工具。这是指将原生金融工具与衍生金融工具组合在一起，创造出介于现货市场与衍生金融工具市场之间的金融产品。如可转换债券就是一种混合工具，在约定的期限内，持有者可以将此债券转换成发债公司的普通股票，也可以不转换。由于此债券具有是否转换成股票的权利，实为期权交易，故可转换债券利率要低于普通债券利率，这有利于发行者降低筹资成本。

（2）复杂衍生工具。这是指以一般衍生工具为基础，经过改造组合所形成的新工具，也称衍生工具的衍生物。主要包括：

①期货期权，即买进或卖出某一期货合约的期权。

②互换期权，即行使某一互换合约的期权。

③复合期权，即以期权方式买进或卖出某一期权合约。

④特种期权，即期权合约的相关资产、计价方法和有效期等条件比较特殊。

四 衍生金融工具产生的原因

衍生金融工具的出现是20世纪70年代以后最重大的金融创新。金融工具创新的日程表如下：

1970年，推出浮动利率票据、特别提款权；

1972年，推出外汇期货合同、可转让支付命令和货币市场互助基金；

1973年，推出外汇远期合同、外汇期权合同；

1974年，推出浮动利率债券；

1975 年，推出国债期货合同；

1978 年，推出货币市场存款账户、自动转账服务；

1980 年，推出债务保证债券、货币互换合同；

1981 年，推出利率互换合同、票据发行便利和零息债券；

1982 年，推出国债期货期权合同、股指期货合同和中期国债期货合同；

1984 年，推出远期利率协议、欧洲美元期货期权合同；

1985 年，推出汽车贷款证券化、可变期限债券和保证无损债券；

1986 年，推出参与抵押债券；

1987 年，推出柜台交易复合期权、柜台交易平均期权；

1989 年，推出利率互换期货。

一般而论，金融创新的基本动因有两个：

一是针对金融法规的变化所采取的防御性反应；

二是为了满足客户的投资偏好，规避和分散风险。

那么，衍生金融工具作为一种重大的金融创新，其产生并迅速发展的原因又是什么呢？主要有如下两个方面的因素：

第一，环境因素。包括：

金融商品的价格波动频繁；

科技进步导致交易成本下降；

各国税收的不对称性导致税收套利；

日益激烈的竞争导致商业银行表内业务表外化的趋势；

经济全球化导致跨国公司面临巨大的利率风险和汇率风险。

第二，企业内部因素。企业更关注资产流动性，厌恶金融风险，不断设计出非常有效的风险管理工具和策略，包括：用确定性代替变动性，如期货；保留有利于自己的变动，消除不利于自己的变动，如期权。

五　衍生金融工具风险

衍生金融工具风险是指由于原生金融工具预期价格下跌而给衍生金融工具投资者带来损失的风险。衍生金融工具是为了适应人们保值、投机和规避现货市场风险的需要而产生的。由于衍生金融工具具有在虚拟资本之上再度虚拟的双重虚拟的特征，没有内在价值，没有交易数量的限制，杠杆作用很大，故存在着巨大的风险。

第三章　金融机构及其风险

心无备虑，不可以应卒。

《墨子·七患》

在金融交易过程中，金融机构起着枢纽的作用，它们是大多数金融产品的制造者，所有金融产品的经营者，以及各种金融市场的参与者。所谓金融机构，是指专门从事各种金融交易活动的中介组织。中国的金融机构始于公元7世纪的唐朝，但近代银行业的发展却比较缓慢。中华人民共和国成立以后的三十年，金融机构的形式比较单一，基本上只有一家中国人民银行，它既行使中央银行职能，又办理对个人和企业的存贷款业务、结算业务。经过始于20世纪70年代末以来的金融体制改革，中国目前已基本上建立起以国有金融机构为主体、各类金融机构分工有序的现代金融组织体系，逐步形成了银行业、证券业和保险业分业经营、分业监管的金融体制。

目前，中国的金融机构可以分为两类：

一类是金融监管机构，包括：中国人民银行、国有重点金融机构监事会、中国银行业监督管理委员会、中国证券监督管理委员会和中国保险监督管理委员会。

另一类是经营性金融机构，包括：政策性银行、商业银行、证券机构、保险公司、信托投资公司、信用合作社、金融资产管理公司、企业集团财务公司、金融租赁公司和邮政储蓄机构。

金融监管机构及其风险

一 中国人民银行及其风险

中国人民银行是中国的中央银行，成立于1948年。从1984年起，中国人民银行专门行使中央银行职能，将原来承担的商业银行业务交由当时分设的中国工商银行办理。

中国人民银行的管理体制是总行、分行、中心支行、支行4级。总行设在北京，为了缩短中央银行对金融市场服务和监管的距离，中国人民银行于2005年成立了上海总部，将征信局、国际业务部、金融稳定局，以及公开市场操作的部分处室迁往上海。

分行有9个，其中：

南京分行（管辖江苏省和安徽省）；

济南分行（管辖山东省和河南省）；

上海分行（管辖上海市、浙江省和福建省）；

武汉分行（管辖湖北省、湖南省和江西省）；

沈阳分行（管辖辽宁省、吉林省和黑龙江省）；

广州分行（管辖广东省、海南省和广西壮族自治区）；

成都分行（管辖四川省、云南省、贵州省和西藏自治区）；

天津分行（管辖天津市、河北省、山西省和内蒙古自治区）；

西安分行（管辖陕西省、甘肃省、青海省、宁夏回族自治区和新疆维吾尔自治区）。

另在北京市设总行营业管理部，在重庆市设重庆营业管理部。

在地级市设中心支行,其中省会城市中心支行增加原来省分行在国库经理、支付清算、现金发行和金融统计等方面的管理汇总工作。在县一级设支行。

中国人民银行的主要职责有以下四点:

(1) 经理国库。

(2) 制定和实施货币政策。主要手段有:

发行人民币;

开展公开市场业务;

管理存款准备金和利率;

对商业银行进行再贷款和再贴现。

(3) 经营和管理国家外汇储备。国家外汇管理局是中国人民银行所属的外汇管理机构,其具体职责有:

负责外汇市场的监管;

监管资本项目下的交易;

负责国际收支的统计和管理;

制定经常项目下的汇兑管理办法。

(4) 维护银行间支付清算系统。

中国人民银行所面临的金融风险包括:相对于货币需求而言,人民币发行过多,会导致通货膨胀风险。再贷款和再贴现,隐含着信用风险。公开市场业务,隐含着利率风险,而利率变动又受货币供求的影响。经营国家外汇储备,隐含着汇率风险,而汇率变动又受国际收支状况的影响。主持银行间支付清算,隐含着操作风险。

二 国有重点金融机构监事会及其风险

2000年,国务院决定向国家开发银行、中国农业发展银行、中国进出口银行、中国工商银行、中国银行、中国建设银行、中国农业银行、交通银行、中国华融资产管理公司、中国东方资产管理公司、中国信达资产管理公司、中国长城资产管理公司、中国人民保险公司、中国人寿保险公司、中国再保险公司、中国银河证券公司等 16 家国有重点金融机构派出监事会。其主要职责有：

（1）检查其财务情况；

（2）检查其贯彻执行金融法规情况；

（3）检查其主要负责人的经营行为；

（4）检查其经营效益、利润分配、资金营运和国有资产保值增值情况。

国有重点金融机构监事会所面临的金融风险主要是操作风险，由于检查监督不严，造成国有资产流失。

三　中国银行业监督管理委员会及其风险

中国银行业监督管理委员会成立于 2003 年，其主要职责有：

（1）拟定银行业法规；

（2）维护金融市场秩序；

（3）对证券、保险以外的金融机构进行全面监管，对其业务活动进行稽核检查。

中国银行业监督管理委员会所面临的金融风险主要是操作风险，由于对商业银行、政策性银行、信托投资公司、信用合作社、金融资产管理公司、企业集团财务公司、金融租赁公司和邮政储蓄机构监管不严，导致其经营不善而破产倒闭，引发支付危机。

四　中国证券监督管理委员会及其风险

中国证券监督管理委员会成立于 1992 年，当时是国务院证券委员会的监管执行机构。1998 年国务院机构改革，将两者合并，仍称之为中国证券监督管理委员会。其主要职责有：

（1）拟定证券市场和期货市场的法规；

（2）负责对上市公司及其信息披露的监管；

（3）监管各类证券机构和期货机构，维护证券市场和期货市场秩序；

（4）负责对有价证券发行的管理，包括：

批准企业股票上市；

监管境内期货市场的交易和清算；

监管上市国债和企业债券的交易活动；

监督境内企业直接或间接到境外发行股票和上市；

监督股票、可转换债券、证券投资基金的发行、交易、托管和清算。

中国证券监督管理委员会所面临的金融风险主要是操作风险，由于对上市公司和证券机构监管不严，导致证券市场和期货市场发生剧烈波动。

五　中国保险监督管理委员会及其风险

中国保险监督管理委员会成立于1998年，其主要职责有：

（1）拟定保险业法规；

（3）监管保险公司的业务经营活动；

（2）制定、修改或备案保险条款和保险费率，维护保险市场秩序。

中国保险监督管理委员会所面临的金融风险主要是操作风险，由于对各类保险公司监管不严，导致其经营不善而破产倒闭，引发金融危机。

政策性银行及其风险

所谓政策性银行，是指由政府设立，以贯彻国家产业政策或区域发展政策为目的，具有特殊的融资原则，不以盈利为目标的金融机构。1994年，中国组建了三家政策性银行。中国的政策性银行有以下四个特点：

一是资本金全部由财政拨付；

二是经营时应主要考虑国家整体利益；

三是有特定的业务领域，不与商业银行竞争；

四是资金来源主要是发行金融债券或向中国人民银行借款。

一 国家开发银行及其风险

国家开发银行注册资本金为500亿元，由财政全额拨付。总行设在北京，下设总行营业部、27个国内分行和香港代表处。

国家开发银行的资金主要是向国内外发行金融债券来筹集，主要任务是按照国家产业政策或区域发展政策，筹集和引导境内外资金，重点向制约经济发展的"瓶颈"项目、直接关系到增强综合国力的支柱产业中的重大项目、重大高新技术在经济领域应用的项目，以及跨地区的重大政策性项目发放贷款。国家开发银行的贷款可分为两部分：

一是软贷款，即国家开发银行注册资本金的运用，主要按项目配股的需要，贷给国家控股公司和中央企业集团，对企业参股、控股。

二是硬贷款，即国家开发银行借入资金的运用，直接贷给具体项目，到期收回本息。

国家开发银行所面临的金融风险包括：发放硬贷款和软贷款，隐含着信用风险和投资风险。发行金融债券，隐含着利率风险。开展金融业务，隐含着操作风险。

二 中国农业发展银行及其风险

中国农业发展银行注册资本金为200亿元，由财政全额拨付。总行设在北京，下设2276个分支机构。

中国农业发展银行的资金主要是向中国人民银行借款，主要任务是向国有粮食收储企业、供销社棉花收储企业提供粮棉油收购、储备和调销贷款，并办理中央和省级政府财政支农资金的代理拨付，为各级政府设立的粮食风险基金开设专户并代理拨付。

中国农业发展银行所面临的金融风险包括：由于粮棉油供销体制的原因，发放粮棉油收购、储备和调销贷款，隐含着极大的信用风险。贷款利率受市场利率变化的影响，隐含着利率风险。办理代理拨付业务，隐含着操作风险。

三　中国进出口银行及其风险

中国进出口银行注册资本金为33.8亿元，由财政全额拨付。总行设在北京，境内设9家代表处，境外设两家代表处。

中国进出口银行的资金主要是向国内外发行金融债券来筹集，主要任务是执行国家产业政策和外贸政策，为成套设备、技术服务、船舶、单机、工程承包、其他机电产品和非机电高新技术的出口提供卖方信贷和买方信贷支持，并办理中国政府的援外贷款和外国政府贷款的转贷款业务。

中国进出口银行所面临的金融风险包括：向国内外发行金融债券，隐含着利率风险和汇率风险。提供卖方信贷和买方信贷，办理援外贷款和转贷款，隐含着信用风险和汇率风险。开展金融业务，隐含着操作风险。

商业银行及其风险

商业银行是以经营存贷款和办理结算为主要业务，以盈利为目标的金融企业。它的最明显特征是吸收活期存款，创造存款货币。

中国商业银行的组织形式一般采取总分行制，法律允许商业银行在全国范围内或一定区域内设立分支行，对外是一个独立法人，一律不得设置具有独立法人资格的分支行，分行之间不应有相互存贷的市场交易行为，不能变成多级法人制的银行集团。商业银行设立分支机构的限制主要有：

一是要经中国银监会批准；

二是境内分支机构不按行政区划设立；

三是总行要按规定拨付营运资金，拨付各分支机构营运资金的总和不得超过总行资本金的60%。

商业银行的主要业务包括：

发放贷款；

代理收付款；

吸收公众存款；

发行金融债券；

买卖政府债券；

从事同业拆借；

代理保险业务；

办理信用卡业务；

买卖或代理买卖外汇；

提供信用证服务及担保；

开展汽车和住房消费信贷；

办理国内外结算和票据贴现；

代理发行兑付承销政府债券；

开办证券投资基金托管业务等。

1996年，各商业银行开始建立内部风险控制制度。1998年各商业银行建立了授信制度，按照各部门的工作性质和特点以及各分支行的经营能力和实绩，来确定其信贷权限。中国商业银行一般分为四类：

（1）四大行。包括中国工商银行、中国银行、中国建设银行和中国农业银行，是从国家专业银行演变而来，是 1979 年以后陆续恢复、设立的。1999 年，四大行的巨额不良资产被剥离，为建立现代商业银行经营体制创造了条件。目前，中国工商银行、中国银行和中国建设银行已基本上完成了股份制改造，先后在内地和香港上市，并积极寻求境外战略投资者，撤销一部分长期亏损的基层机构，使其金融业务逐步向大中城市集中。四大行的分支机构基本上是按行政区划设立的，总行都设在北京，省一级设立一级分行，地级市设立二级分行，地级市以下设立支行。

（2）股份制商业银行。改革开放以后最早成立的股份制商业银行是交通银行，建于 1987 年，随后，又成立了深圳发展银行、中信实业银行（现为中信银行）、中国光大银行、华夏银行、招商银行、广东发展银行、福建兴业银行（现为兴业银行）、上海浦东发展银行和中国民生银行等。这些银行的股本结构并不相同：交通银行的股本中，财政入股占较大比例；深圳发展银行、华夏银行、招商银行、上海浦东发展银行和中国民生银行属于上市公司，有一部分个人股份。从总体上看，这些银行的股本仍以财政入股和企业法人入股为主。股份制商业银行的分支机构一般不按行政区划设立。

（3）城市商业银行。城市商业银行的前身是城市信用社。1995 年，国务院决定，在城市信用社清产核资的基础上，通过吸收地方财政入股和企业法人入股，组建城市合作银行。1998 年，城市合作银行又全部更名为城市商业银行。目前，城市商业银行的组织形式采取单元银行制，一般不允许跨地区设立分支机构。

（4）外资银行分行与外资法人银行。自从 1981 年香港南洋商业银行在深圳设立第一家外资银行营业性机构以来，境内外资银行经过 20 多年的发展，已成为中国金融体系中一支重要的力量和引进外资的一条重要渠道。2006 年 12 月 11 日，中国加入世界贸易组织的过渡期宣告结束,中国银监会颁布新的《外资银行管理条例》规定:在内地注册的外资法人银行经营人民币业务不受任何限制;外资银行分行经营人民币存款业务的起点为100万元。第一批申请在内地注册并获批准的外资银行有九家,其中不乏国际知名银行,如渣打银行、汇丰银行和花旗银行等。

按照《巴塞尔新资本协议》的规定,商业银行所面临的金融风险主要包括:信用风险、市场风险(含利率风险、汇率风险、股票价格风险和商品价格风险)、操作风险和流动性风险。

证券机构及其风险

所谓证券机构,是指从事证券业务的金融组织,包括证券公司、证券交易所、证券登记结算公司、证券投资咨询公司、投资基金管理公司和证券评估公司等。一般认为,证券公司、证券交易所和证券登记结算公司是证券市场的主体,共同支撑着证券市场的运行。

(1) 证券公司。又称券商,这是指经证监会批准设立的在证券市场上经营证券业务的金融机构。中国的证券公司最早成立于1987年,多是集承销、经纪和自营三种业务于一身的综合性经营机构,只能从事证券经纪业务的所谓证券经纪公司很少。证券公司的主要业务包括:

充当企业财务顾问;

参与企业收购和兼并;

推销政府债券、企业债券和股票;

代理买卖或自营买卖已上市流通的各类证券等。

(2) 证券交易所。中国的证券交易所是指为证券集中和有组织的交易提供场所,不以盈利为目的,实行自律性管理的会员制事业法人。目前,有上海证券交易所和深圳证券交易所两家。

证券交易所的主要职能有：

组织和监督证券交易；

管理和公布市场信息；

设立证券登记结算公司；

提供证券交易的场所和设施；

制定证券交易所的业务规则；

对会员和上市公司进行监管；

接受上市申请和安排证券上市等。

（3）证券登记结算公司。证券交易所一般都附设证券登记结算公司，因为证券交易必然带来股票所有权的转移和资金的流动，需要证券登记结算公司对证券和资金进行清算、交收和过户，使买方得到证券，卖方得到资金。目前，上海证券交易所和深圳证券交易所已经实现了无纸化和电子化交易，每个交易日的清算和交收于次日上午开市前即可完成。

加入世界贸易组织以后，中国证券业的开放包括以下四项内容：

其一，外国证券机构可以不通过中方中介，直接从事 B 股交易；

其二，外国证券机构设立的驻华代表处，可以成为中国所有证券交易所的特别会员；

其三，允许设立中外合资的基金管理公司，从事国内证券投资基金管理业务，外资比例不超过49％；

其四，允许设立中外合资证券公司，从事 A 股承销、B 股和 H 股以及政府和公司债券的承销和交易，外资比例不超过1/3。

证券机构所面临的金融风险主要包括：上市公司因经营不善而破产倒闭，这是信用风险。证券价格受市场利率、市场汇率、货币供求和国际收支状况等多种因素的影响而上下波动，这是市场风险。开展证券登记结算业务，隐含着操作风险。

保险公司及其风险

所谓保险公司，是指以经营保险业务为主的金融组织。中华人民共和国成立之初，登记复业的华商保险公司有63家，外商保险公司有41家。1949年，中国人民保险公司宣告成立。1993年以来，中国保险业改革步伐进一步加快。

中国人民保险公司完成了财产险、人寿险和再保险业务的分离，改组设立了中国人民保险（集团）公司，包括中保财产保险公司（即中国人民保险公司）、中保人寿保险公司（即中国人寿保险公司）和中保再保险公司（即中国再保险公司）三家子公司。

太平洋保险公司与交通银行脱钩，改制为股份制保险公司，完成了财产险与人寿险的分账核算工作。

平安保险公司将6家具有独立法人地位的子公司改为直属分公司。

加入世界贸易组织以后，中国保险业的开放包括以下内容：

（1）允许外国非寿险公司在华设立分公司、合资公司或独资子公司，允许外国非寿险公司向外国和中国客户提供所有商业和个人非寿险业务，不受地域限制。

（2）允许外国寿险公司在华设立合资公司，外资比例不超过50%，外方可以自由选择合资伙伴，合资企业投资方可以自由订立合资条款，只要它们在减让表所作的承诺范围内。允许外国保险公司向外国公民和中国公民提供个人寿险、健康险、团体险和年金险服务。

（3）允许外国（再）保险公司以分公司、合资公司或独资子公司的形式提供寿险和非寿险的再保险业务，没有地域限制或发放营业许可的数量限制。

(4) 在外资保险经纪公司方面，允许设立全资外资子公司。

目前，保险公司的业务险种达400多种，保费收入迅速增长。保险公司的资金运用必须稳健，要遵循安全性原则，保证资产的保值增值。从西方国家的实践来看，保险公司是资本市场的重要参与者，是最有实力的机构投资者，特别是寿险基金具有长期资金的性质，更便于投资于资本市场。目前，中国资本市场正处于发展过程中，金融制度有待进一步规范，保险公司的内控机制有待进一步健全，因此，保险公司的资金运用被严格限制于银行存款、买卖政府债券和金融债券。1999年，经国务院批准，保险公司可以在二级市场上买卖已上市的证券投资基金和在一级市场上配售新发行的证券投资基金。中国保险业存在的一个突出问题是保险基金的运用过于稳健，投资范围过于狭窄，导致盈利水平偏低，严重影响到保险产品的吸引力和保险市场的开拓，应该循序渐进地扩大保险基金的投资范围，待条件成熟时，逐步开放证券、公用事业、基础设施和房地产等投资领域。

保险公司所面临的金融风险，主要包括承保风险、投资风险和操作风险。承保风险隐含着财务风险和道德风险。投资风险隐含着信用风险、流动性风险、利率风险和汇率风险。

其他金融机构及其风险

其他金融机构包括：金融资产管理公司、信托投资公司、企业集团财务公司、信用合作社、邮政储蓄机构和金融租赁公司等。

一　金融资产管理公司

金融资产管理公司是以收购、管理和处置四大行的不良资产为己任的非银行金融机构。目前，中国有四家金融资产管理公司,即中国华融资产管理公司、中国东方资产管理公司、中国信达资产管理公司和中国长城资产管理公司,分别接收从中国工商银行、中国银行、中国建设银行和中国农业银行剥离出来的不良资产。

设立金融资产管理公司的目的有三个:

一是改善四大行的资产负债状况,为建立现代商业银行体制创造条件;

二是建立资产回收责任制,进行专业化经营,实现不良贷款价值回收最大化;

三是通过对符合条件的企业实施债权转股权,支持国有亏损企业摆脱困境。

金融资产管理公司收购不良资产的资金来源有二个:

一是将中国人民银行贷放给四大行的再贷款,划转给金融资产管理公司;

二是由金融资产管理公司对相应的银行发行金融债券。

金融资产管理公司的主要业务有:

(1) 追偿债务;

(2) 发行金融债券,向金融机构借款;

(3) 债权转股权,并对企业阶段性持股;

(4) 提供财务、法律咨询,以及资产、项目评估;

(5) 对不良资产进行租赁或以其他形式转让、重组;

(6) 资产管理范围内公司的上市推荐及债券、股票承销。

金融资产管理公司处置不良资产的最重要方式是实施债权转股权。金融资产管理公司持有的股权不受本公司净资产额或注册资本的比例限制,可以按照国家有关规定向境内外投资者转让,也可以由债权转股权企业收购。债权转股权后,作为企业股东,金融资产管理公司可以派员参加企业董事会、监事会,依法行使股东权力。

二 信托投资公司

所谓信托,就是受人之托,代人理财。现代信托已发展成为一种以财产为核心、以信用为基础、以委托受托为主要方式的财产运用和管理制度。中国的信托投资公司是一种以受托人身份代人理财的非银行金融机构。1979年,中国银行总行率先成立了信托咨询部。同年,中国国际信托投资公司宣告成立。此后,各家银行、各部委、各地方政府纷纷设立信托投资公司,至1988年,曾多达745家。出现了盲目竞争、乱设机构、管理混乱、资本金不实等问题,造成了很大的金融风险。

信托投资公司的主要业务有:

(1) 担保业务;

(2) 代保管业务;

(3) 受托经营资金信托业务;

(4) 代理财产的管理、运用和处分;

(5) 信用鉴证、资信调查及咨询业务;

(6) 受托经营国债和企业债券的承销业务;

(7) 受托经营动产、不动产及其他财产的信托业务;

(8) 受托经营投资基金业务,作为基金管理公司发起人从事投资基金业务;

(9) 经营企业资产的重组、购并、项目融资、公司理财、财务顾问等业务。

三 企业集团财务公司

中国的企业集团财务公司经过20年的发展,已经具有一定的规模,在促进大型企业发展方面发挥着积极作用。目前,企业集团财务公司的主要业务有:

(1) 同业拆借；

(2) 境外外汇借款；

(3) 发行财务公司债券；

(4) 吸收成员单位的存款；

(5) 对成员单位提供担保；

(6) 承销成员单位的企业债券；

(7) 对成员单位办理贷款及融资租赁；

(8) 办理成员单位商业汇票的承兑和贴现；

(9) 办理成员单位的委托贷款及委托投资；

(10) 办理成员单位产品的消费信贷、买方信贷；

(11) 对成员单位办理信用鉴证、财务咨询及代理业务；

(12) 进行证券投资、金融机构股权投资和成员单位股权投资。

四　信用合作社

世界上最早的信用合作社产生于1864年的德国，经过近150年的发展，世界信用合作事业已成为世界金融大家庭中的重要成员。中国的城市信用合作社和农村信用合作社是一种群众性的合作制金融组织，是对商业银行体系的必要补充。合作性是信用合作社最明显的特征，表现为由社员入股组成，实行民主管理，主要为社员提供信用服务。

中国的城市信用合作社最早产生于20世纪70年代末，自20世纪80年代中期开始，城市信用合作社设立的速度加快，主要设立在地级以上的大中城市。自1995年起，一部分地级市在城市信用合作社的基础上组建了城市商业银行。城市信用合作社的主要服务对象是中小企业，其主要业务有：

(1) 发放贷款；

(2) 吸收公众存款；

（3）办理结算业务；

（4）办理票据贴现；

（5）代理收付款项及受托代办保险业务。

中国的农村信用合作社是由农民自愿入股组成、由社员民主管理、主要为社员提供信用服务的合作金融机构。2000年，江苏省率先开展了农村信用合作社改革的试点工作，将信用社、县联社各个法人合并成一个法人，转换了农村信用合作社的内部经营机制。农村信用合作社的主要业务有：

办理个人储蓄；

代理收付款项；

买卖政府债券；

代理其他金融机构的金融业务；

办理农户、个体工商户及农村经济组织的存款、贷款和结算业务。

五 邮政储蓄机构

中国原来的邮政储蓄机构是中国邮政储金汇业局，它在行政上接受国家邮政局的领导。为了降低运营成本，高效调度资金，确保及时支付，国务院决定组建中国邮政储蓄银行。中国邮政储蓄银行的主要服务对象是个人，其主要业务有：

（1）吸收储蓄；

（2）办理个人汇兑；

（3）办理代理业务；

（4）承销兑付政府债券。

按规定，中国邮政储蓄银行不得发放贷款，所吸收的储蓄存款，在缴足存款准备金和备付金之后，可以转存到中国人民银行、四大行和三家政策性银行，也可以购买国债和金融债券。

六　金融租赁公司

金融租赁，又称融资租赁，是指以商品交易为基础的融资与融物相结合的筹集资本、设备的一种方式，是所有权与经营权相分离的一种经济活动方式，具有融资、投资、促销和管理功能。目前，中国的租赁公司有三类：

一是金融租赁公司；

二是经营性租赁公司；

三是中外合资租赁公司。

2000年，中国人民银行颁布了《金融租赁公司管理办法》。按规定，金融租赁公司的主要业务有：

（1）外汇借款；

（2）咨询及担保；

（3）发行金融债券；

（4）同业拆借业务；

（5）接受租赁保证金；

（6）向金融机构借款；

（7）办理经营性租赁业务；

（8）租赁物品残值变卖及处理业务；

（9）接受法人或机构的委托租赁资金；

（10）进行证券投资和金融机构股权投资；

（11）向承租人提供租赁项下的流动资金贷款；

（12）办理直接租赁、回租、转租赁、委托租赁等融资租赁业务。

上述六类金融机构所面临的金融风险包括：金融资产管理公司主要面临着信用风险和操作风险。信托投资公司和企业集团财务公司主要面临着信用风险、利率风险、汇率风险和股票价格风险。信用合作社和邮政储蓄机构主要面临着信用风险、利率风险和操作风险。金融租赁公司主要面临着信用风险和商品价格风险。

总之，各种金融交易活动构成了各类金融机构的主要经营内容，其中大多数经营活动都与金融风险有关，无论是吸收存款、发放贷款、承办保险、进行证券投资，还是各种中间业务和表外业务，都是通过合理地限制风险而获取风险收益的。可以说，金融机构就是一个风险机器，接受风险，转移风险，在金融服务中培育风险。

第四章　金融市场及其风险

明者防祸于未萌，智者图患于将来。
《三国志·吴书·吕蒙传》

金融产品、金融机构与金融市场之间的关系是：金融产品是标准化的、可流动的交易契约；金融机构是生产金融产品、提供金融服务、分担金融风险的市场主体；而金融市场则是交换金融产品、调节资金余缺、实现社会资源流动或优化配置的媒介。由于金融市场具有高效率、高风险和高收益的特征，加上金融产品的波动性和风险性，金融交易的不透明性、不确定性和信息不对称性，决定了金融机构的不稳定性和金融市场的脆弱性，造成了金融领域的风险要远远高于商品服务领域。

金融市场概述

所谓金融市场，是指有居民或非居民参加的进行各种金融工具交易的场所或系统。金融市场有广义和狭义之分。广义的金融市场包括：信贷市场、证券市场、外汇市场、保险市场和衍生金融工具市场。狭义的金融市场专指证券市场。

一个健全的金融市场，其构成要素有三个：

一是市场主体，又称市场参加者，即参加金融交易活动的人，包括政府机构、中央银行、金融机构、企业和个人。

二是市场客体，又称金融交易对象，即金融交易的标的物，包括各种金融工具或金融产品。

三是制度框架，即各种金融交易的基本规则。

金融交易的基本形式是通过金融市场在不同交易者之间买卖金融资产，而金融交易的核心就是确定金融资产价格。金融资产包含各种货币资产和准货币资产，它们的价格可以通过利率、汇率和股票价格指数等形式表现出来。随着金融工具创新的不断涌现，金融资产的表现形式更加多样，其价格的波动程度更加剧烈。

近30年来，随着各国资本管制松弛化，利率市场化，汇率浮动化，金融风险在逐步加大，金融市场呈现出明显的现代特征，具体表现在以下几个方面：

(1) 金融市场全球化。随着资本管制的松弛化和金融交易的电子化、网络化，主要国家的金融市场已经实现了全球化和一体化，如外汇市场一天24小时可以不停地进行交易。

(2) 融资活动证券化。在信贷市场上，存款可以购买大额可转让定期存单，贷款可以通过发行票据来实现。如票据发行便利，就是银行通过连续购买企业短期票据而向企业提供中长期贷款，贷款期限一般为3年，票据期限一般为6个月，企业连续发行，银行连续购买，期限首尾相接，短期变长期。

(3) 金融业务多元化。现在，金融机构不仅重视资产业务和负债业务，而且更注重拓展中间业务和表外业务。如商业银行开展代客买卖业务、信托业务、金融期货、金融期权等，佣金收入和服务收入逐渐成为商业银行利润的主要来源。

(4) 金融机构综合化。在西方国家，金融机构正逐步从分业经营走向混业经营。美国在20世纪30年代曾经制定过一部金融法律，叫《格拉斯—斯蒂格尔法》，要求银行业、证券业和保险业实行分业经营。现在这部著名的金融法律已经被取缔,花旗银行与旅行者集团的顺利合并,打破了旧有的游戏规则,实现了银行业与保险业的混业经营。

(5)金融创新多样化。所谓金融创新是指金融领域某一方面发生明显的变革,包括:

①技术创新,主要是金融服务电子化,金融交易网络化。

②规避金融风险的创新,主要是规避利率风险和汇率风险。

③规避行政监管的创新,主要是金融工具创新,所谓金融工具创新是指对原有金融工具各自的特性重新进行排列组合,创造出具有新特性的金融工具。

金融市场是一个十分完善的市场体系,按不同的标准划分,可分为不同类型的金融市场:

一是按金融工具的期限划分,可分为货币市场和资本市场。货币市场和资本市场都是资金供求双方进行交易的场所,但两者有着明确的分工:资金需求者通过货币市场筹集短期资金,通过资本市场筹集长期资金。从历史上看,货币市场要先于资本市场出现,货币市场是资本市场的基础,但资本市场的风险要远远大于货币市场。

二是按币种划分,可分为本币市场和外汇市场。

三是按金融交易的交割期限划分,可分为金融现货市场和金融期货市场。

四是按交易者的居住地划分,可分为国内金融市场(即居民与居民之间的金融交易)、国际金融市场(主要是居民与非居民之间的金融交易)和离岸金融市场(即非居民与非居民之间的金融交易)。

五是按交易地点划分,可分为场内市场(即交易所市场)和场外市场。

实践证明,金融市场的建立与发展,对于优化资源配置、提高资金使用效率、完善现代企业制度、规避金融风险具有十分重要的意义。

货币市场及其风险

货币市场，又称短期资金市场，是指以一年期以内金融工具作为交易对象的交易场所或系统。货币市场的功能是实现短期资金的流动性。货币市场的交易对象是短期金融工具，其特点是：期限短；流动性强；风险小；收益低。商业银行是货币市场最重要的参加者和经营者。货币市场可以细分为同业拆借市场、票据贴现市场、回购市场和短期信贷市场。

一　同业拆借市场

所谓同业拆借市场，是指金融机构之间短期资金的拆出拆入。资金多余者向资金不足者贷出款项，称为资金拆出；资金不足者向资金多余者借入款项，称为资金拆入。一个金融机构的资金拆入大于资金拆出，称为净拆入；反之，称为净拆出。同业拆借具体包括：

（1）头寸拆借。这是指金融机构之间为轧平头寸所进行的交易，一般为日拆或隔夜拆，在票据交换清算时进行交易，一方可减少超额准备金而获取利息；另一方可补足存款准备金。

（2）同业借贷。这是指金融机构之间临时性的资金融通。

同业拆借市场是一个无形市场，属于信用贷款，无需担保或抵押。拆借期限一般为1天至1年。同业拆借利率的确定方法有两种：

一是借贷双方商定；

二是由经纪商通过公开竞标来确定。

一般认为，银行间同业拆放利率（如伦敦银行同业拆放利率）是国际金融市场的基准利率。

二 票据贴现市场

票据贴现是指银行买进未到期的合格票据，主要是商业票据、银行承兑汇票、大额可转让定期存单。贴现时，银行要扣除贴现利息，实际上是银行对持票人的贷款。贴现银行如果急需资金，可以向其他银行申请转贴现，或者向中央银行申请再贴现。再贴现率由中央银行确定，是国内金融市场的基准利率。

三 回购市场

所谓回购协议，是指交易双方在买卖证券的同时签订一个远期协议，卖方承诺在一定日期买回证券，买方保证在一定日期回售证券。这实际上是现货买卖与远期交易的结合。回购的证券主要是国库券，国库券在西方国家是指政府短期债券，是"仅次于现金的凭证"，是"有利息的钞票"，而且不征利息税。

四 短期信贷市场

短期信贷市场，主要是指一年期以内的存款和贷款。

（一）存款市场

就存款而言，有银行存款和同业存款。而银行存款又有传统存款和存款工具创新之别。

传统存款主要有：

（1）活期存款。这是指存户可以随时存取和转让的存款。它没有明确的期限规定，银行也无权要求客户取款时做事先的书面通知。活期存款者可以用各种方式提取存款，如开出支票、汇票、本票，电话转账，使用自动出纳机等。由于各种经济交易（包括信用卡商业零售），都是通过活期存款账户进行的，所以，在西方国家，活期存款账户又称之为交易账户。由于在各种取款方式中支票支取是最传统的，故活期存款又称为支票存款。活期存款是商业银行的主要资金来源,在20世纪50年代以前,银行负债总额中的绝大部分是活期存款。之后,由于活期存款的利率管制、紧缩性货币政策的实施、闲置资金机会成本的增加,以及非银行金融机构的存款竞争等因素,使活期存款所占比重呈大幅度下降趋势,目前约占银行总负债的30%。活期存款具有货币支付手段和流通手段职能。当存户用支票提款时,支票只是作为普通的信用凭证;而当存户用支票向第三者履行支付义务时,支票就作为流通工具了。由于活期存款存取频繁,流动性风险很大,而且需要银行提供多种服务,如存取、转账、提现、支票结算和信用证结算等,活期存款的营业成本很高,故利率较低,甚至不允许银行支付利息。虽然活期存款的平均期限很短,但在大量此存彼取的流动过程中,银行总能获得一个较稳定的存款余额,用于较长期的高盈利资产。

(2)定期存款。这是指存户与银行预先约定存款期限的存款。存款期限通常为3个月、6个月、1年、3年和5年,利率以存入日挂牌利率计息,并且视期限长短而高低不等,但都要高于活期存款。传统的定期存款要凭银行签发的定期存单提取,存单不能转让,银行根据存单计算应付的本息。定期存款一般到期才能支取,如果持有到期存单的客户要求续存,银行通常要另外签发新的存单。对于到期未提取的存单,银行按惯例不对过期存款支付利息,中国目前按活期存款利率计息。西方国家对于定期存款提前支取一般采取罚息措施,中国目前只是按活期存款利率计息。定期存款对于存户来说,是一种收入稳定而又风险性很小的投资方式,存单还可以作为质押物品,借以取得银行贷款。对于银行来说,定期存款的灵活性、利息成本以及创造派生存款的能力均没有活期存款高,这显然有利于提高银行的盈利水平。

(3)储蓄存款。中国的储蓄存款专指居民个人在银行的存款,有活期储蓄存款与定期储蓄存款之分,活期储蓄存款一般使用存折，定期储蓄存款一般使用存单。政府机关、企事业单位的所有存款都不能称之为储蓄存款，公款私存是一种违法现象。美国将储蓄存款定义为：存款者不必按存款契约的要求，只要提前7天以上向存款机构提出书面申请提款的一种存款账户。在美国，居民个人、非营利组织、企业和政府机构都可以合法地持有储蓄存款，其中：88%的储蓄存款为个人和非营利性组织所持有，10%的储蓄存款为企业所持有，约2%的储蓄存款为政府的存款基金。目前，中国城乡居民的储蓄存款总额已远远超过财政性存款和单位存款的总和，成为商业银行最重要的资金来源。定期储蓄存款实际上已成为居民投资的首选项目。

存款工具创新主要有：

（1）活期存款工具创新。20世纪70年代以前，商业银行不能提高利率来争揽活期存款，因此，竞争只能是非价格性的。竞争手段主要是增设服务网点、提供补贴性项目；以及给予额外酬金等。之后，活期存款的竞争趋向于规避利率优惠，主要创新工具有：可转让支付凭证账户（它以支付命令书取代支票，实际上是一种不使用支票的支票账户，银行对账户余额给予利息）、超级可转让支付凭证账户。

（2）定期存款工具创新。主要有：货币市场存款账户、大额可转让定期存单、自动转账服务账户（存户可以同时在银行开立两个账户：定期存款账户和活期存款账户，活期存款账户的余额始终保持1美元，但存户可以开出超过1美元的支票，银行可随时将支付款项从定期存款账户自动转到活期存款账户）。

（3）储蓄存款工具创新。传统的定期储蓄存款包括整存整取、零存整取、存本取息、定活两便等。由于储蓄存款属于商业银行的零售业务，具有小额分散的特点，故储蓄存款工具创新主要围绕这一特点展开。目前，在西方国家盛行的储蓄存款工具创新主要有：零续定期储蓄存款、联立定期储蓄存款、指数存款证、特种储蓄存款（如养老金储蓄、团体储蓄、存贷结合储蓄、国债定期户头储蓄、圣诞俱乐部储蓄、住房储蓄、礼仪储蓄等）。

（二）贷款市场

就贷款而言，有银行贷款和同业拆借。银行贷款是指商业银行作为贷款人按照一定的贷款原则和政策，以还本付息为条件，将一定数量的货币资金提供给借款人使用的一种借贷行为。这种借贷行为由贷款的对象、条件、用途、期限、利率以及方式等因素构成。银行贷款按不同的标准划分，可分为不同种类的贷款：

（1）贷款按期限划分，可分为活期贷款、定期贷款和透支。活期贷款是指事先不确定偿还期限，随时由银行发出通知收回的贷款。定期贷款是指具有固定偿还期限的贷款。期限在一年以内的，称短期贷款；期限在一至五年的，称中期贷款；期限在五年以上的，称长期贷款。透支是指活期存款户按照契约的规定向银行支取超出余额的款项。贷款按期限划分，有利于监控贷款的流动性和资金周转状况，使银行贷款的期限结构更趋于合理。

（2）贷款按保障条件划分，可分为信用贷款、担保贷款和票据贴现。信用贷款是指银行完全凭借客户的信誉而发放的贷款。担保贷款是指需要一定的财产或信用作为还款保证而发放的贷款。根据还款保证的不同，又可细分为抵押贷款、质押贷款和保证贷款。抵押贷款是指以借款人或第三者的财产（包括不动产和动产）作为抵押而发放的贷款。质押贷款是指以借款人或第三者的动产或权利作为质物而发放的贷款。保证贷款是指以第三者的还款承诺作为保证而发放的贷款。票据贴现是指银行应客户的要求，以现款或活期存款买进未到期的商业票据而发放的贷款。贷款按保障条件划分，可以使银行根据借款人的财务状况和经营业绩来选择不同的贷款方式，提高贷款的安全系数。

（3）贷款按用途划分，可分为流动资金贷款和固定资金贷款。流动资金贷款是指用于弥补企业流动资金的不足而发放的贷款。固定资金贷款是指用于弥补企业固定资金的不足而发放的贷款。若按贷款的使用部门划分，可分为工业贷款、商业贷款、农业贷款、科技贷款和消费贷款。这种划分方法，有利于银行监控贷款的使用方向和部门结构，便于银行合理安排贷款结构，防范信贷风险。

(4) 贷款按偿还方式划分，可分为一次性偿还贷款和分期偿还贷款。一次性偿还贷款是指借款人在贷款到期日一次性还清贷款本金的贷款，利息可以分期支付，也可以在偿还本金时一次性支付。分期偿还贷款是指借款人按规定的期限分次偿还本金、支付利息的贷款。贷款按偿还方式划分，有利于银行监测贷款到期及回收情况，准确测算银行头寸的变动趋势，便于考核收息率，加强对应收利息的管理。

(5) 贷款按风险程度划分，可分为正常贷款、关注贷款、次级贷款、可疑贷款和损失贷款。正常贷款是指借款人有充分把握，能够按时足额地偿还贷款的本息。关注贷款是指借款人发生了一些可能影响还款的不利因素。次级贷款是指借款人的还款能力出现了明显的问题，已经不能用正常收入还款，需要重新融资或者"拆东墙补西墙"。可疑贷款具备了次级贷款的所有特征，而且程度更严重，即使执行抵押或者担保，也会有一部分损失。损失贷款是指不管采取什么措施，都无法收回贷款，或者只能收回极少的一部分。损失贷款继续保留在银行的资产账户上已毫无意义，应该按程序进行核销。贷款按风险程度划分，有利于加强贷款的风险管理，提高贷款质量，同时也便于监管当局对商业银行进行有效的监管，因为监管当局的并表监管以及对资本充足率的要求、对流动性风险的监控都是以贷款风险程度为基础的。

(6) 贷款按自主程度划分，可分为自营贷款、委托贷款和特定贷款。自营贷款是指银行以合法方式筹集资金，自主发放的贷款。委托贷款是指由委托人提供资金，由银行（即受托人）根据委托人确定的贷款条件代为发放、监督使用并协助收回的贷款。这种贷款，银行不承担风险，通常只收取委托人付给的手续费。特定贷款是指经国务院批准，在对可能造成的损失采取相应的补救措施以后，责成指定银行发放的贷款。贷款按自主程度划分，有利于银行根据贷款的不同性质实行不同的管理方法，便于考核信贷人员的工作质量。

五 货币市场风险

货币市场所面临的金融风险主要有：同业拆借、票据贴现、回购协议、短期信贷都隐含着信用风险和利率风险。商业银行因资金头寸不足而存在流动性风险，开展各项金融业务隐含着操作风险。

资本市场及其风险

资本市场，又称长期资金市场，是指以一年期以上金融工具作为交易对象的交易场所或系统。资本市场的功能是将储蓄转化为投资，所以，资本市场的健全与否，直接影响到一国的投资水平和投资结构，影响到资源配置效率。资本市场的交易对象是长期金融工具，其特点是：期限长；流动性弱；风险大；收益高。投资银行或证券公司是资本市场最重要的参加者和经营者，保险公司，尤其是人寿保险公司，也是资本市场的积极参加者。资本市场可以细分为中长期信贷市场和证券市场。

一 中长期信贷市场

中长期信贷市场，主要是指一年期以上的存款和贷款。这一市场是短期信贷市场在期限上的拓展，故商业银行仍是该市场的主要参加者和经营者。关于存款及贷款的种类已在货币市场中叙述过，这里不再赘述，下面着重介绍银行贷款政策，以帮助大家了解信贷程序。所谓贷款政策是指银行指导和规范贷款业务、管理和控制贷款风险的各种方针、措施和程序的总和。其内容包括以下几个方面：

(1) 贷款业务发展战略。银行的贷款业务发展战略，主要应包括：开展贷款业务应遵循的原则（即安全性、流动性和盈利性）、贷款发展的行业和区域、贷款业务品种、贷款业务开展的规模和速度。这既要考虑国家宏观经济政策的要求、当前及今后经济发展的客观需要，也要考虑本银行的资本金状况、负债结构以及员工素质；既不可高估其能力，导致业务发展失控，增加贷款风险，也不可低估其能力，束缚自己的手脚，丧失业务发展的机会。

(2) 贷款工作规程及权限划分。贷款工作规程是指贷款业务操作的规范化的程序。贷款程序通常包括三个阶段：

第一阶段，为贷前的推销、调查和信用分析阶段，这是贷款科学决策的基础。

第二阶段，为银行接受贷款申请之后的贷款评估、审查和发放阶段，这是贷款决策是否正确的关键。

第三阶段，为贷款发放之后的监督检查、风险监测和本息收回阶段。

为了使贷款管理的各个环节相互制衡，共同保证贷款质量，必须实行审贷分离制度，将贷款程序的三个阶段分别交给三个不同的岗位来完成，相应承担不同的风险责任，通常将信贷人员分成贷款调查人员、贷款审查人员和贷款检查人员。

贷款调查人员负责贷前调查评估，承担调查失误和评估失准的责任。

贷款审查人员负责贷款风险的审查，承担审查失误的责任。

贷款检查人员负责贷款的检查和清收,承担检查失误、清收不力的责任。

由于中国的商业银行一般实行的是一级法人制,故银行内部的贷款审批还需要实行分级授权制,即根据信贷部门人员的工作能力、经验、实绩、职务,以及贷款业务的特点和授信额度,来决定每一位有权审批贷款的人员的贷款审批品种和最高贷款限额。分级授权的主要依据是贷款金额,金额越大,风险越大,对贷款专业知识和经验的要求也越高。

(3) 贷款的规模和比率控制。通常,银行根据资金来源的稳定性、存款准备金率、资本充足率、流动性比率、经营状况、管理水平,以及贷款需求等因素,来确定自己的贷款规模,这一规模既要符合稳健经营的原则,又要最大限度地满足客户需求。评判贷款规模是否适度的指标主要有:

① 贷款/存款比率(这一比率不得超过75%)。

② 贷款/资本比率(资本充足率不得低于8%,核心资本充足率不得低于4%)。

③ 中长期贷款比率(即中长期贷款余额与中长期存款余额的比值,这一比率应低于120%)。

④ 单个企业贷款比率(最大一家客户的贷款余额不得超过银行资本金的15%,最大10家客户的贷款余额不得超过银行资本金的50%)。

(4) 贷款种类及贷款地区。贷款种类及其构成形成了银行的贷款结构,这对于银行信贷资产的安全性、流动性和盈利性具有十分重要的影响。银行应根据贷款风险、资产流动性、客户类型,以及信贷人员的能力等因素,在工业贷款、商业贷款、农业贷款、科技贷款和消费贷款之间来分配贷款总额。贷款地区是指银行控制贷款业务的地域范围。贷款地区与银行的经营规模密切相关。大银行的分支机构众多且分布很广,所以,在贷款政策中一般不对贷款地区作出限制。而中小银行，其贷款地区则一般限制在银行所在的城市和地区。

（5）贷款担保。在贷款政策中，银行应确定贷款担保政策，其内容包括：

①担保方式。

②抵押品的鉴定评估方法及程序。

③贷款与抵押品或质押品价值比率的确定。

④担保人资格和还款能力的评估方法及程序。

（6）贷款定价。银行贷款的价格一般包括：贷款利率、贷款补偿性余额、对某些贷款收取的费用。在贷款定价过程中，银行应考虑资金成本、贷款风险程度、贷款期限、贷款管理费用、存款余额、还款方式、银企关系，以及资产收益率目标等因素。通常由信贷管理部门根据贷款的类别和期限，结合各种需要考虑的因素，来确定每一类贷款的价格。

（7）贷款档案管理制度。贷款档案是银行贷款管理过程的详细记录，直接反映了贷款质量。银行应建立一套科学、完整的贷款档案管理制度，其内容包括：贷款档案的结构（包含法律文件、信贷文件和还款记录）、保管责任人、保管地点、存档借阅和检查制度。

（8）贷款日常管理。贷款发放后，信贷员应保持与借款人的密切联系，定期或不定期地走访借款人，深入了解借款人的经营情况和财务状况，进行细致的信贷分析，并形成信贷分析报告。

（9）不良贷款管理。如果在贷后检查中发现该贷款的预警信号，或者在信贷评估中发现该贷款被列入关注贷款以下，都应引起信贷员的充分重视。在贷款政策中，应明确规定各种不良贷款的处理程序和处理方法，包括监控、重组、挽救、追偿、诉讼和冲销等，积极有效地防范和管理贷款风险，最大限度地维护和保全银行债权。

二 证券市场

证券市场是指股票、债券、基金和认股权证发行或交易的场所或系统，是筹资者最重要的筹资场所，也是投资者最主要的投资场所。证券市场按交易工具的不同划分，可分为股票市场、债券市场、基金市场和权证市场；按交易层次的不同划分，可分为证券发行市场和证券流通市场。

（一）证券发行市场

证券发行市场，又称证券初级市场，是指证券发行者与投资者之间的证券交易。证券发行按发行对象的不同划分，可分为私募发行（即发行者向特定的投资者募集资金）、公募发行（即发行者向社会大众募集资金）。证券发行按是否有中介机构划分，可分为直接发行（即发行者直接将证券出售给投资者，不通过证券公司）、间接发行（即发行者委托证券公司代理发行证券）。证券间接发行是最通常也是最主要的发行方式。间接发行按证券公司是否承担发行责任划分，可分为包销发行（券商承担发行风险）、代销发行（券商不承担发行风险）。包销发行还可以细分为全额包销（一次性由券商全部承购）和余额包销（先代理发行，后就剩余部分进行包销）。

关于证券的发行价格，一般有平价（即发行价等于面值）、溢价（即发行价高于面值）和折价（即发行价低于面值）三种。债券大多采取平价发行。股票大多采取溢价发行。确定股票发行价的方法有两种：

一是议价法，即由发行者与承销商议定价格，可以是平价，也可以是时价（即发行价等于市场价格）或者中间价（指平价与时价的平均价）。

二是竞价法，即发行者将信息公布，由承销商拟定标书进行投标，出价最高者中标。

关于证券的发行程序，债券与股票略有不同。

债券发行程序包括：

（1）发行者决定发行债券；

（2）选择证券公司，签订承销协议；

（3）向资信评级机构申请资信评级；

（4）呈报证监会批准；

（5）制定认购申购书，发布募集公告；

（6）投资者认购；

（7）向证监会呈报发行情况。

股票发行程序包括：

（1）发行者制定新股发行计划；

（2）董事会决议；

（3）选择证券公司，签订承销协议；

（4）编制股票发行申请书，呈报证监会批准；

（5）发布招股说明书；

（6）投资者认购；

（7）股票交割；

（8）向证监会登记。

（二）证券流通市场

证券流通市场，又称证券二级市场，是指证券投资者之间转让证券的交易。证券流通市场按交易地点的不同划分，可分为场内市场（即证券交易所市场）、场外市场（即 OTC 市场，为 Over The Counter 的英文缩写）和网络交易市场。

证券交易所是固定的、有组织的进行证券交易的系统，是证券流通市场的核心部分。证券交易所本身并不参与证券交易，只是提供一个公开、公平、公正交易的场所。证券交易所的组织形式一般有两种：

一种是会员制证券交易所，即由会员出资建立、不以盈利为目的的社团法人。会员必须是出资的证券经纪商和自营商。证券交易所由会员共同经营、共担费用，只有具备会员资格的券商才能进场交易。证券交易所的决策管理机构是理事会。

另一种是公司制证券交易所，即由股东出资建立、以盈利为目的的公司法人，交易所的股东一般是银行、证券公司、信托投资公司等。证券交易所的决策管理机构是董事会，由董事会聘请总经理，负责日常管理，另设有监事会。交易所的主要收入是证券上市费、证券交易佣金。

证券上市，是指证券发行者经证监会批准，使证券在交易所挂牌交易。证券上市需要具备一定的条件，如公司最低资本金、盈利能力、偿债能力、股权结构及开业时间的要求。一般来说，主板市场比创业板市场的上市条件要严格。

证券上市的暂停，又称停牌，是指上市的证券被暂时取消上市资格，分为自动停牌（因上市公司增发新股或派发股息红利而停牌）和通知停牌（因公司丑闻而停牌）。

证券上市的终止，又称摘牌，是指上市公司被取消上市资格。上市公司的股票被摘牌，表明该公司已不具备上市条件。

证券交易所的证券交易程序包括：

（1）开户。投资者需开设证券交易专用账户和资金账户。

（2）委托。这是指投资者向券商发出交易指令，由券商代为进场申报，参加竞价成交。发出交易指令的方式有：递单委托、电脑终端委托、电话委托、网上交易委托。

（3）竞价成交。这是指买卖双方通过各自券商的场内交易员进行报价，公开竞价，若价格和数量合适，交易即可达成，否则竞价继续进行。竞价成交遵循着价格优先原则和时间优先原则。

（4）清算交割。这是指买卖双方成交后的交收证券和结清价款。

（5）过户。这是指买方到证券发行机构办理变更股东的手续。

（三）基金市场

证券投资基金是指一种利益共享、风险共担的集合证券投资方式。它通过发行基金单位，集中投资者的资金，由基金托管人托管，由基金管理人管理和运用资金，从事证券或外汇的投资。基金单位的持有者享有资产所有权、收益分配权和剩余财产处置权，并承担相应的义务。一般认为，基金具有三个显著的特点：

（1）积少成多，将分散的资金集中起来；

（2）专家理财，可以提高投资收益，节约交易成本；

（3）分散投资，通过投资组合，可以降低投资风险。

基金按不同的标准划分，可分为不同的类型：

一是按基金单位可否赎回划分，可分为开放式基金（投资者可以赎回基金单位）和封闭式基金（投资者不能赎回，只能转让）。

二是按组织形式的不同划分，可分为公司型基金（为一家股份公司）和契约型基金（又称信托基金，发起人、托管人、管理人之间有契约）。

三是按投资风险的不同划分，可分为成长型基金（风险小，追求长期收益）、收入型基金（追求短期的高收益）和平衡型基金（追求风险与收益的平衡）。

四是按投资对象的不同划分，可分为股票基金、债券基金、货币市场基金、期货基金、期权基金、指数基金和认股权证基金。

五是按币种不同来划分，可分为美元基金、日元基金和欧元基金。

六是按地域不同来划分，可分为国际基金、海外基金、国内基金、国家基金和区域基金。

在中国，基金主要发起人应为证券公司、信托投资公司和基金管理公司，每个发起人的实收资本不少于3亿元，发起人、托管人、管理人有健全的组织机构和管理制度，财务状况良好，经营行为规范。

申请设立开放式基金，必须在人才和技术设施上能够保证每周至少一次向投资者公布基金资产净值和申购、赎回价格。为了使基金发起人与投资者的利益保持一致，发起人必须在基金募集时认购3%的基金单位，基金成立一年之内不得转让，一年之后，发起人持有基金单位的比例不得少于1.5%。

经证监会批准后，基金发起人可以向个人投资者和机构投资者发售基金单位，目前，中国批准设立的基金均为公募发行。基金发起人可以通过全国各地的证券营业部（这些证券营业部可以与上海证券交易所、深圳证券交易所的交易系统联网）向广大投资者发售基金单位。

基金投资是沿着研究、决策、执行和反馈的轨迹重复运行的。基金管理公司的研究部门负责对宏观经济、金融市场、上市公司进行调研，寻找投资目标，提出研究报告，供投资决策委员会参考。投资决策委员会行使投资决策权，由基金投资部门具体执行，然后，投资执行情况再反馈到研究部门，如此循环往复。

基金收益一般包括：投资红利、股息、债券利息、买卖证券价差、存款利息等。基金收益分配应采取现金形式，每年至少一次，分配比例不得低于基金净收益的90%。

为规范基金运作，引导基金分散投资，避免基金操纵市场，发挥基金平抑市场的作用，必须严格限制基金的投资范围。

一只基金投资于股票、债券的比例不得低于该基金资产总值的80%。

一只基金投资于国家债券的比例不得低于该基金资产净值的20%。

一只基金持有一家上市公司股票不得超过该基金资产净值的10%。

同一管理人管理的所有基金持有一家公司的证券不得超过该证券的10%。

禁止基金之间相互投资。

禁止从事证券信用交易。

禁止以基金资产进行房地产投资。

禁止动用银行信贷资金从事基金投资。

禁止从事可能使基金资产承担无限责任的投资。

禁止将基金资产用于抵押、担保、资金拆借或贷款。

禁止管理人以基金的名义使用不属于基金名下的资金买卖、承销证券。

三 资本市场风险

资本市场所面临的金融风险包括：中长期信贷比短期信贷的风险性更大，故隐含着更大的信用风险和利率风险。商业银行、投资银行或证券公司因资金头寸不足而存在流动性风险。开展证券投资业务隐含着股票价格风险和操作风险。

保险市场及其风险

一 保险与保险合同

所谓保险是指投保人根据合同约定而向保险人支付保险费，保险人对于合同约定可能发生的事故，因其发生而造成的财产损失承担赔偿保险金责任，或者当被保险人死亡、伤残、达到合同约定的年龄、期限而承担给付保险金责任的行为。保险市场就是买卖保险产品的场所或系统。保险产品,即各类保险险种,与普通商品不同,它们的表现形式是合同,投保人购买保险与保险人销售保险,表现为双方签订保险合同。

保险从经济意义上来说,是一种分摊意外损失的财务安排;从法律意义上来说,是一种一方补偿另一方的合同安排。保险合同是一种投保人与保险人约定保险权利义务关系的协议,分为财产险合同、人寿险合同和再保险合同。保险合同遵循四项基本原则,即遵循诚信原则、近因原则、可保利益原则和损失补偿原则。

保险合同具有如下特点:

(1) 保险合同是一种补偿性合同,保险人对投保人所承担的义务仅限于损失部分的补偿。

(2) 保险合同是一种机会性合同,合同履行的结果建立在事件可能发生、也可能不发生的基础上。

(3) 保险合同是一种个人性合同,合同所保障的是遭受损失的被保险人本人,而不是遭受损失的财产。

(4) 保险合同是一种双方性合同,当事人双方都享有权利和承担义务,一方的权利就是另一方的义务。

(5) 保险合同是一种条件性合同,只有在合同规定的条件得到满足的情况下,合同当事人才履行自己的义务。

(6) 保险合同是一种附和性合同,由保险人提出合同的主要内容,投保人只是作出取或舍的决定,一般没有商议变更的余地。

二 保险市场的非对称信息

美国经济学家、诺贝尔经济学奖获得者约瑟夫·斯蒂格里茨 (Joseph E. Stiglitz) 在 1976 年发表的论文"竞争性保险市场的均衡"中,对非对称信息和不完全竞争条件下的保险市场进行了研究。他认为，在这一类保险模型中，充满了不确定性和非对称信息。保险合同是在非对称信息的条件下签订的，如果双方都知道合同的结果，那么，至少有一方将拒绝此合同。他将意外保险的消费者分为两类：即高风险的消费者和低风险的消费者。市场双方对消费者的类型存在非对称信息：消费者了解自己的类型，保险公司则不知道消费者属于哪一种类型。在这种情况下，保险公司不仅要进行价格和数量决策，而且还必须就它所提供的保险合同进行决策。在竞争性保险市场上，当消费者为追求预期效用最大化而选择合同时，市场均衡是这样一组保险合同：

一是在均衡集合中，不存在获得负预期利润的合同。

二是在均衡集合之外，不存在如果提供将获得负利润的合同。

由于高风险的消费者和低风险的消费者不会购买同样的保险合同，所以，不论市场是不是完全竞争的，两类消费者不会联合起来。不过，在不完全竞争的保险市场上，保险公司能够通过消费者的需求数量而对消费者进行甄别。总之，保险市场具有以下三个显著的特点：

（1）市场面临非对称信息。

（2）市场充满了委托代理问题和道德风险问题。

（3）市场的产出具有一定的随机性，至少有一方市场交易者面临着风险问题。

三　保险种类

保险通常分为三大类：即财产保险、人身保险和再保险。

财产保险有广义和狭义之分，广义的财产保险包括财产损失保险、责任保险和信用保证保险；狭义的财产保险仅指财产损失保险。

财产损失保险是指以财产及其相关利益作为保险标的一类保

险，包括汽车保险、海上保险、航空保险、火灾保险、工程保险和农业保险等，其中汽车保险是最主要的财产保险险种。

责任保险是指以被保险人的合同责任或民事赔偿责任作为保险标的的一类保险，包括公众责任保险（针对大型公众活动安全）、产品责任保险（针对产品质量）、雇主责任保险（针对雇员的工伤和职业病）、职业责任保险（针对医生、律师、工程师、会计师等职业可能的过失）。

信用保证保险是指一种担保性质的保险，分为信用保险（保证被保险人不发生不诚实行为）和保证保险（保证被保险人不会不履行义务）。

人身保险是指以人的生命或身体作为保险标的的一类保险，包括人寿保险（针对人的生命）、健康保险（针对人的疾病）、意外伤害保险（针对意外事故造成人的死亡或残疾）。

再保险，又称分保，是指保险人在原保险合同的基础上，通过签订合同，将其所承保的部分风险和责任向其他保险人进行保险的行为。再保险的分类标准有二个：

一是按责任限制来划分，可分为比例再保险和非比例再保险。比例再保险又可细分为成数再保险、溢额再保险、成数与溢额混合再保险。非比例再保险又可细分为超额赔款再保险和超过赔付率再保险。

二是按分保安排方式来划分，可分为临时再保险、合同再保险和预约再保险。

四　中国保险市场的开放

20世纪80年代初，外国保险公司开始在中国设立代表处。1992年，中国政府决定在上海进行保险市场对外开放的试点。1992年9月，经当时的保险监管机构——中国人民银行批准，美国国际集团在上海设立了美国友邦保险有限公司上海分公司。

1995年，中国将保险对外开放的试点城市从上海扩大到广州，并批准美国国际集团所属的美国友邦保险公司和美亚保险公司在广州设立分公司。到目前为止，共有美国、日本、瑞士和英国等十几个国家的保险公司在中国进行保险经营活动。中国加入世界贸易组织之后，保险市场的对外开放步伐明显加快，外国非寿险公司、再保险公司、保险经纪公司可以在华设立分公司、合资公司或独资子公司，开展各项保险业务不受地域限制，外国寿险公司只能以合资形式进入中国市场，并且在合资企业中的股份不得超过50%。

五　保险产品创新

近年来，保险市场在新业务的拓展上取得了长足的进步，主要包括以下业务：

（1）银保融通。这是指银行与保险公司之间达成的一种金融服务融合和金融服务一体化的安排，在这一安排中，保险公司主要负责产品的制造，银行主要负责产品的销售。所谓金融服务融合是指某一类金融机构提供的金融产品和服务开始呈现出另一类金融机构提供的金融产品和服务的特征的趋势。金融服务融合的一个典型例子是保险公司推出变额寿险和变额年金，这两种产品都具有保险和证券的双重特征。金融服务一体化是指某一类金融机构经营传统上属于另一类金融机构的金融产品和服务。金融服务融合是金融服务一体化的重要推动力量，金融服务一体化的进程通常包括四个阶段：

第一阶段，银行、保险公司和证券公司创造出具有对方特征的产品，这实际上就是金融服务的融合阶段。

第二阶段，不同类型的金融机构通过子公司或持股公司的形式建立某种联合。

第三阶段，传统的金融机构销售和生产非传统的金融产品。

第四阶段，银行、保险公司和证券公司不再局限于传统意义上的银行业务、保险业务和证券业务，相互之间的界限越来越模糊，不再把自己定位为银行、保险公司和证券公司，而是定位为金融服务公司。

从理论上讲，银保融通既包括银行经营保险业务，也包括保险公司经营银行业务。但在实践中，前者要比后者普遍得多。银行经营保险业务的形式按照一体化程度由低到高，可分为四种：

一是通过金融产品销售合作协议达成市场销售联盟。

二是银行和保险公司建立合资企业，经营保险业务。

三是两家独立的银行和保险公司通过合并或收购，形成新的公司。

四是银行组建自己的保险公司。

（2）保险风险证券化。保险通过集合保险和分摊风险来达到有效管理风险的目的。但保险公司作为风险管理机构，本身也存在一定的经营风险，如当承保的保险标的发生巨灾损失时，保险公司保不保险就是一个问题。对于这一类可能发生巨灾损失的保险风险，保险公司应该如何进行管理呢？传统的思路是购买再保险。另一条新的思路是对承保的风险进行证券化，将其转移到资本市场上，这就是保险风险证券化的思路。

保险风险证券化产品最早产生于美国，它的产生至少有保险市场和证券市场两个方面的因素。

从保险市场方面看，全球自然灾害的发生频率及严重程度呈上升趋势，保险损失也日益增加。如安德鲁飓风，使得保险公司的索赔额高达155亿美元（以1992年美元计价），十多家保险公司和再保险公司一夜之间破产。虽然这一类灾害事故的发生具有偶然性，但从长期来看，又具有一定的必然性，而且随着人口密度的增大和单位区域内保险价值的增高，未来发生巨灾的可能性和严重程度都会大大提高。对于日益严重的巨灾损失，单靠传统的保险、再保险体系是无法承受的。保险市场方面的因素推动保险公司在传统体系之外，去寻求新的风险融资方式，如巨灾债券、巨灾保险期货和巨灾保险期权等。

从证券市场方面看，美国拥有世界上最发达的证券市场，美国证券市场具有极强的风险消化能力，1000亿美元损失足以击垮整个保险行业，但只相当于美国证券市场每天交易量的波动幅度。证券市场的产品创新是保持其旺盛生命力的源泉，它能为投资者提供更多的投资选择，所以，美国证券市场在不断地寻求新的产品创新点，吸收新的证券投资工具。

可见，正是保险市场方面的推动力和证券市场方面的吸引力，导致了保险风险证券化产品的出现。保险风险证券化将传统意义上的不可保风险，通过证券化，转移到资本市场，从而使其变成可保风险。

（3）网络保险。随着保险业和互联网的快速发展，网上保险营销逐渐为人们所接受。近年来，在互联网上提供保险咨询和销售保单的网站在欧美国家大量涌现，网上投保量不断增加。网络保险之所以发展迅速，其优势主要表现在以下三个方面：

一是成本。网络保险的成本优势是其流行的最主要原因，由于人力、场地和信息费的节省，利用网络可以使保险的搜寻、谈判、销售和签单等方面的费用减少，使保险公司的经营成本大幅降低。

二是选择。由于网络保险信息丰富，选择广泛，投保人可以迅速地获得多样化、大容量、高密度的专业信息，在信息充分的条件下进行比较和选择，从而减少投保的盲目性。

三是便利。网络可以超越时空限制，使投保人与保险公司可以全天候地进行网上交易。

（4）保险投资。保险投资包括证券投资、基础设施投资和房地产投资。保险业与资本市场、房地产市场可以形成一种良性互动关系,一方面,资本市场和房地产市场的发展离不开保险公司的参与;另一方面,保险业的发展也离不开资本市场和房地产市场的支持。一个运行良好的资本市场离不开一定数量的机构投资者,而保险业务的特点使保险公司能够获得大笔长期稳定的投资基金,成为资本市场上一个重要的机构投资者。保险公司参与资本市场和房地产市场,可以扩大市场规模,改善市场结构,促进市场主体的发育和市场机制的有效运行。

六 保险市场风险

保险市场所面临的金融风险主要有:保险公司面临着承保风险、投资风险和操作风险。投保人面临着信用风险和市场风险,随着保险投资范围的不断拓展,市场风险隐含着利率风险、汇率风险、股票价格风险和商品价格风险。

外汇市场及其风险

一 外汇及其特点

外汇的概念有动态和静态之分,动态外汇是指国际汇兑行为,静态外汇是指以外币表示的可以用于国际结算的支付手段。在中国,外汇的具体形式有:

(1) 外国货币。

(2) 外币有价证券,包括以外币计值的公债券、国库券、公司债券和股票。

(3) 外币支付凭证,包括以外币计值的各种票据和存款单。

(4) 其他外汇资金,如记账外汇。

外汇的主要特点有三个:

一是可偿性,即这种外币债权能够保证得到偿付。

二是可兑换性，即可以自由兑换成其他支付手段。

三是国际性，即外汇必须是国际上普遍接受的外币资产。

二　汇率及其种类

汇率，又称汇价，是指一种货币兑换成另一种货币的兑换比率。汇率的标价方法有两种：

(1) 直接标价法。它以一定单位的外币为标准，折合成若干单位的本币。

(2) 间接标价法。它以一定单位的本币为标准，折合成若干单位的外币。

汇率按不同的标准划分，可分为不同的种类：

一是按银行买卖外汇的角度来划分，汇率可分为买入汇率和卖出汇率。买入汇率是指银行向同业或客户买入外汇时所使用的汇率。如出口商将外汇卖给银行，故又称出口汇率。卖出汇率是指银行向同业或客户卖出外汇时所使用的汇率。如银行卖外汇给进口商，故又称进口汇率。买入价与卖出价之间的差价，称兑换收益，一般为1‰~5‰。现汇卖出价与现钞卖出价相同，但现汇买入价一般高于现钞买入价，这是因为现钞需要运回原发行国，有运费和保险费支出。

二是按银行划付外汇的方式来划分，汇率可分为电汇汇率、信汇汇率和票汇汇率。电汇汇率是指外汇银行在卖出外汇后，以电报方式委托境外分支机构或代理行付款给收款人所使用的一种汇率。信汇汇率是指以银行开具的付款委托书，通过信函方式寄给付款地银行，再转付给收款人所使用的一种汇率。票汇汇率是指银行在卖出外汇时，开立一张由境外分支机构或代理行付款的汇票交给汇款人，由汇款人自带或寄往国外取款所使用的一种汇率。

三是按外汇管制的松严程度来划分，汇率可分为官方汇率和市场汇率。官方汇率是指一国中央银行制订和公布的汇率。市场汇率是指由外汇市场供求关系决定的汇率。

四是按汇率波动幅度来划分，汇率可分为固定汇率和浮动汇率。固定汇率是指汇率基本固定，汇率的波动被限制在一定幅度以内。浮动汇率是指一国中央银行听任外汇市场供求来决定汇率，不对市场汇率进行干预。

五是按制订汇率的方法来划分，汇率可分为基本汇率和套算汇率。基本汇率是指根据本币与关键货币之间的实际价值对比制订出的汇率。套算汇率是指根据基本汇率套算出本币与其他国家货币之间的汇率。

六是按外汇交易的交割期限来划分，汇率可分为即期汇率和远期汇率。即期汇率是指买卖双方成交后，在两个营业日之内进行交割所使用的汇率。远期汇率是指远期外汇交易所使用的汇率。远期汇率与即期汇率之间的差额，称远期差价。

七是按衡量货币价值的角度来划分，汇率可分为名义汇率、实际汇率和有效汇率。名义汇率是指外币的本币价格。实际汇率是指扣除通货膨胀因素之后的名义汇率。有效汇率，又称汇率指数，是指各种双边汇率的加权平均，权数一般根据一国的主要贸易伙伴在其贸易总额中所占的比重来确定。

三 外汇市场

外汇市场是指外汇交易的场所或系统。无形市场是外汇市场的主要形式。实际上，外汇市场是由电话、电传、电报、计算机终端、通讯线路所组成的网络系统，这只是它的"硬件"部分，"软件"部分是由各种交易指令、资金转移、交割方式所组成。

外汇市场的参加者主要包括：

（1）商业银行。这是外汇市场的主要参加者和经营者。

（2）中央银行。这是外汇市场的重要参加者和管理者，具有稳定汇价的义务。

(3) 外汇经纪人。这是外汇买卖的中间商,分为自营商和跑街经纪人。

(4) 非银行客户。包括跨国公司、进出口商、国际投资者、外汇投机者等。

从外汇市场的结构来看,可分为两个层次:

一是外汇零售市场,又称客户市场,是指非银行客户与银行之间的外汇交易。一般与国际结算有关,主要是本币与外汇之间的交易。

二是外汇批发市场,又称同业市场,是指银行之间的外汇交易。在外汇市场上,同业交易一般占总交易额的90%以上,所以,同业市场是外汇市场的基础,决定着外汇市场行市。

外汇银行在经营外汇过程中很难避免外汇的敞口头寸。当一种外汇的买进额大于卖出额时,就称为长头寸或外汇多头;而当一种外汇的买进额小于卖出额时,就称为短头寸或外汇空头。两者合称为"敞口头寸"。有敞口头寸,就有外汇风险,必须通过同业交易来轧平头寸,规避风险。

外汇行市一般由外汇银行报出。经营外汇的银行分为询价行和报价行。询价行是价格的接受者,报价行是价格的确定者。报价一般是同时报出即期汇率的买价和卖价。汇率表示的基本单位是基本点,1个基本点一般是1个货币单位的万分之一,日元是百分之一。远期汇率的报价方式有两种:

其一,直接远期报价,即直接报出远期汇率。

其二,掉期率远期报价,指通过掉期率得出远期汇率。

掉期率不是汇率,而是以基本点表示的远期汇率与即期汇率的差额,即远期升水或远期贴水。所谓远期升水是指一种货币的远期汇率高于即期汇率。所谓远期贴水是指远期汇率低于即期汇率。两者相等,则称为远期平价。升贴水的主要原因是由于两国货币市场利率存在差异：利率较低的货币，远期汇率一般为升水；利率较高的货币，远期汇率一般为贴水。

四　外汇交易方式

外汇交易方式主要有：

（1）现汇交易。又称即期外汇交易，这是指买卖双方以当天汇率成交，在两个营业日之内进行交割。从成交日到交割日这一段时间，称交割期限。现汇交易是最基本的外汇交易方式，约占外汇交易总量的 2/3，现汇交易一般以美元为中心报价，成交时要缴保证金。

（2）期汇交易。又称远期外汇交易，这是指买卖双方按远期汇率成交，在约定的日期进行交割。期汇交易的交割期限一般有：1 个月、3 个月、6 个月、1 年。超过 1 年的，称为超远期外汇交易。期汇交易不需要缴保证金。期汇交易有两种不同的形式：一是固定交割日；二是在交割期限的任何一个营业日进行交割，又称择期交易。

（3）掉期交易。这是指同时买卖不同交割期的同一种货币。它是两笔外汇交易的组合：币种相同、金额相等、方向相反、交割期不同。其目的是为了规避汇率风险。掉期交易有三种具体形式：

一是即期对远期，即买进即期外汇，卖出远期外汇；或者卖出即期外汇，买进远期外汇。

二是明日对次日，明日指成交后的第二天，次日指成交后的第三天。明日买进，次日卖出；或者明日卖出，次日买进。主要用于银行同业交易。

三是远期对远期，即买进较短的远期外汇，卖出较长的远期外汇，或者相反。

（4）套汇与套利。套汇是指低汇率买进高汇率卖出，以赚取汇差。套利是指将低利率货币兑换成高利率货币，以赚取利差。套汇有广义和狭义之分。广义的套汇分为时间套汇、利息套汇、地点套汇。狭义的套汇仅指地点套汇。

时间套汇，实际上就是掉期交易，即利用不同交割期的汇率差异进行套汇。

利息套汇就是套利，即利用两国货币市场上的利率差异，将资金从低利率国家调往高利率国家，以获取利差收益。套利有两种形式：

一是保值套利，又称抵补套利，指套利者在将资金调往高利率国家的同时，在外汇市场上卖出远期高利率货币。

二是未保值套利，又称未抵补套利，指套利者将资金调往高利率国家，不进行反方向操作。

地点套汇是指利用不同外汇市场的汇率差异，一边买进一边卖出同一种货币。有直接套汇与间接套汇之分。直接套汇，又称两角套汇，指在两个市场上进行套汇。间接套汇，又称三角套汇或多边套汇，指在三个市场上进行套汇。一般认为，如果三角套汇无利可图，那么，三角以上套汇也将无利可图。如何判断三角套汇是否有利可图呢？具体方法是：先将外汇标价法统一，然后将三个价格相乘，不等于1，就说明有套汇机会。等于1或接近于1，就说明无利可图。

(5) 外汇期货交易。这是指在交易所内进行外汇期货合约买卖的一种外汇交易方式。外汇期货具有两大功能：一是风险转移；二是价格发现。与远期外汇交易相比，外汇期货交易具有以下特点：

①买卖外汇期货合约需要交纳保证金。

②外汇期货交易都必须在交易所内进行。

③外汇期货合约的金额、交割月份、交割地点都是标准化的。

④外汇期货合约的价格波动有严格的限制。每一种货币都规定了刻度值和每天的停板额。

（6）外汇期权交易。外汇期权实际上也是一种合约，买方买进一个权利，可以在合约期满时或在此之前，按约定汇率买进或卖出一定数量的外汇，也可以放弃履约。合约持有人称为买方，出售期权者称为卖方。期权较之期货或远期合约的一大优点是它的灵活性。外汇期权具有以下三个特点：

①期权合约的到期日和金额都是标准化的。

②外汇期权是一种选择的权利，不是义务。如果约定汇率与己有利就履约，否则就不履约。

③保险费。也称期权费，由于期权买方向卖方购得了一种权利，使卖方从一开始就承担了汇率风险，为了弥补卖方可能遭受的经济损失，期权交易规定，买方必须向卖方支付一笔费用，这就是保险费。保险费的高低取决于汇率的波动性和期权合约的期限。

五　外汇市场风险

外汇市场所面临的金融风险主要是汇率风险和操作风险，影响汇率变动的因素很多，包括利率、国际收支、货币供求、信贷价格和股票价格指数等。

金融期货与期权市场及其风险定价

一　金融期货与期权市场

如前所述，衍生金融工具是一种金融合约，包括远期合约、互换合约、期货合约和期权合约，其价值取决于作为基础标的物的资产或指数。特别是金融期货与金融期权，成为20世纪

70年代以来国际金融市场最重要的金融工具创新。牙买加体系取代布雷顿森林体系以后，随着储备货币多元化、利率市场化、汇率浮动化以及股价泡沫化，金融交易的风险急剧增加，为了规避和转移金融风险，金融期货市场与金融期权市场便应运而生。

期货合约是两个对手之间签订的一种在约定的时间按约定的价格购买或出售某项资产的协议。为了使交易顺利进行，期货交易所详细规定了期货合约的标准化条款。期货合约分为商品期货和金融期货两大类。商品期货包括农产品期货、金属期货和能源期货。金融期货包括：外汇期货、利率期货和股指期货。其中外汇期货出现得最早，1972年，芝加哥商品交易所成立了国际货币市场，推出外汇期货交易，被认为是最早的金融期货交易品种。1975年，芝加哥期货交易所推出了利率期货交易。1982年，堪萨斯城期货交易所推出了股指期货。目前，世界上最主要的金融期货市场包括：芝加哥商品交易所的国际货币市场、芝加哥期货交易所、纽约期货交易所、伦敦国际金融期货交易所、新加坡国际货币交易所、东京国际金融期货交易所，以及香港期货交易所等。

绝大多数金融期货交易采取对冲交易方式，其交割率低于3%。所谓对冲交易，是指投资者在一个市场买进，在另一个市场卖出同一种金融期货合同。金融期货交易需要交纳保证金，也称按金，有初始按金（指交易者进行交易之前按规定必须交存到保证金账户的金额）、维持按金（指交易者在保证金账户中必须具有的最低余额）和变动按金（指初始按金与维持按金之间的差额）之别。期货交易所实行双重保证金制度，即经纪公司要求客户交纳保证金，清算公司要求经纪公司交纳保证金。交易实行盯市制度（即逐日清算），清算公司每天要计算出交易者的盈亏额。

期权合约是关于在未来一定时间内按一定价格买卖特定商品的权利的合约。期权的标的资产包括：股票、股票指数、外汇、债务工具、商品、期货合约。以现货金融商品作为标的资产，称现货期权，包括现汇期权、利率现货期权、股指现货期权。以金融期货合约作为标的资产，称期货期权，包括外汇期货期权、利率期货期权、股指期货期权。世界上第一个期权场内市场是成立于1973年的芝加哥期权交易所。金融期权不同于金融期货，它既有场内的标准化金融期权合约交易（即内期权），又有场外的非标准化金融期权合约交易（即场外期权）。期权合约中的价格称为执行价格或敲定价格，期权合约中的日期称为到期日或执行日。

二 中国衍生金融工具市场尚在孕育之中

目前，中国内地还没有衍生金融工具交易。由于利率和汇率仍处于管制状态，为规避金融风险而推出衍生金融工具的必要性尚不具备。但是，利率市场化和人民币自由兑换是大势所趋，股票价格指数的波动也给投资者带来实际风险，因此，在中国内地建立衍生金融工具市场是迟早的事情，特别是股指期货市场呼之欲出。近年来，为满足顾客的需要，国内金融机构开创性设计了一些非标准的衍生金融工具，主要有：利率上限合约、零息票债券、指数化外汇期权票据，以及范围远期合约等。就中国目前而言，对衍生金融工具交易的管理，主要是指对国内金融机构在国际金融市场上与国外金融机构自营或代理衍生金融工具交易的管理。国内金融机构可根据实际需要，适当地进行避险性境外衍生工具交易，要设计定性与定量相结合的市场风险评估模型，设定能够承担的整体风险限额和每一种业务的风险限额，根据不同的业务，明确各部门、各级交易人员的交易敞口头寸、期限，以及止损额等权限，有效地控制市场风险。

三 期货价格与远期价格的关系

从本质上讲，期货合约与远期合约是相同的，区别在于期货合约是一种标准化的、在规范的交易市场进行交易的金融工具，而远期合约则是一种以一定价格在某一未来时间交换金融商品的私人合同。正因为如此，两者的定价理论是一样的。根据美国经济学家罗斯（S. A. Ross）的证明，当无风险利率恒定，并且对所有到期日都不变时，交割日相同的期货价格与远期价格相等。但是，当利率变动无法预测时，期货价格与远期价格就不相等。至于两者谁高谁低，则取决于标的资产价格与利率的相关性。当标的资产价格与利率呈正相关时，期货价格高于远期价格。反之，当标的资产价格与利率呈负相关时，期货价格则低于远期价格。这是因为当标的资产价格上升时，期货价格会随之上升，期货合同的多头将因为每日结算制而立即获利，并可以按高于平均利率的利率将所获得的利润进行再投资。而当标的资产价格下跌时，期货价格会随之下跌，期货合同的多头将因为每日结算制而立即亏损，但可以按低于平均利率的利率从市场上融资，以补充保证金。相比之下，远期合同的多头将不会因为利率变动而受到上述影响。所以，期货多头比远期多头更具吸引力，期货价格会在标的资产价格与利率呈正相关时高于远期价格。

此外，导致期货价格与远期价格产生差异的因素还有：税收、流动性、交易费用、违约风险、合同有效期长短，以及保证金处理方法等。在现实中，期货价格与远期价格的差异往往可以忽略不计。因此，在大多数情况下，我们可以合理地假定期货价格与远期价格相等，对远期合同的定价同样适用于期货合同。

四 无套利定价法

关于远期合同的定价，目前主要依据无套利定价法。其基本思路是：构建两种投资组合，让其终值相等，那么，其现值就一定相等，否则就可以进行套利，卖出现值较高的投资组合，买进现值较低的投资组合，并持有到期末，套利者就可以赚取无风险收益。众多的套利者都这样做，将导致现值较高的投资组合价格下降，现值较低的投资组合价格上升，直到套利机会消失为止，此时，两种投资组合的现值相等。可见，我们可以根据两种组合现值相等的关系求出远期价格。为了给无收益资产（即在到期日之前不产生现金流的资产）的远期定价，我们可以构建两种投资组合：

组合 A：一份远期合同多头加上一笔数额为 $Ke^{-r(T-t)}$ 的现金。

组合 B：一个单位标的资产。

在组合 A 中，数额为 $Ke^{-r(T-t)}$ 的现金以无风险利率投资，投资期为 $(T-t)$，到 T 时，其金额为 K，因为 $Ke^{-r(T-t)}e^{r(T-t)}=K$。在远期合同到期时，这笔现金正好可以用来交割一个单位标的资产。这样，在 T 时，两种组合都等于一个单位标的资产。根据无套利原则，这两种组合在 t 时的价值必须相等。用公式表示：

$$f + Ke^{-r(T-t)} = S$$

移项得：
$$f = S - Ke^{-r(T-t)}$$

式中：f 表示一份远期合同价值；S 表示标的资产现货价格；$Ke^{-r(T-t)}$ 表示交割价格现值；r 表示无风险利率；T 表示未来交易时间；t 表示现在时间。

上式表明，无收益资产远期合同多头的价值，等于标的资产现货价格与交割价格现值的差额。由于远期价格就是使远期合同价值为零的交割价格，当 f = 0 时，则有：

$$S - Ke^{-r(T-t)} = 0$$

整理得：
$$K = Se^{r(T-t)}$$

当交割价格等于远期价格时,得:

$$F = Se^{r(T-t)}$$

这就是现货期货平价定理。由上式可知,对于无收益资产来说,远期价格等于其标的资产现货价格的终值。

假设 $F > Se^{r(T-t)}$,即交割价格大于现货价格的终值,在这一情况下,套利者可以按无风险利率 r,借入 S 现金,期限为 $(T-t)$,然后用 S 购买一个单位标的资产,同时卖出一份远期合同,交割价格为 F。在 T 时,该套利者可以用一个单位标的资产来交割 F 现金,并归还借款本息 $Se^{r(T-t)}$,从而实现 $F - Se^{r(T-t)}$ 的利润。

假设 $F < Se^{r(T-t)}$,即交割价格小于现货价格的终值,在这一情况下,套利者可以进行反方向操作,卖空标的资产,将所得以无风险利率 r 进行投资,期限为 $(T-t)$,同时买进一份远期合同,交割价格为 F。在 T 时,该套利者可以收到投资本息 $Se^{r(T-t)}$,并以 F 现金购买一个单位标的资产,用于归还卖空时借入的标的资产,从而实现 $Se^{r(T-t)} - F$ 的利润。

四 布莱克-斯科尔斯期权定价公式

衍生金融工具市场的交易之所以火暴,涉及金额甚至达到天文数字,而交易秩序却井然有序,这在相当程度上得益于有一套切实可行的期权定价公式。

如何对期权作出准确的定价?经济学家们早在 20 世纪初就已经开始这方面的研究,但直到 20 世纪 70 年代以前,基本上都采用贴现方法进行计算,即先确定股票价格在到期日的期望值,然后再通过贴现,倒推出发行时期权的价值。这一方法需要找到贴现时所用的风险补偿,因为期权价值取决于从发行日到期末这一段时间内股票价格波动的风险程度。然而,确定风险补偿并不是一件容易的事，它不仅要反映股票价格变动，而且要反映投资者的风险偏好。虽然风险偏好在理论上可以严格定义，但在实践中，根本无法被观察到。由于无法确定风险补偿的数值，导致理论上计算出的期权价格与实际的市场价格偏差很大，期权交易规模因此而受到极大的限制。美国经济学家布莱克（Black）和斯科尔斯（Scholes）成功地解决了这一难题。他们发现，进行期权定价不需要任何风险补偿，这并不是说风险补偿不存在，而是股票价格中已经包含了风险补偿。1973年，布莱克和斯科尔斯提出了著名的布莱克－斯科尔斯期权定价公式。

布莱克和斯科尔斯的分析是从最简单的股票期权开始的。最简单的期权是仅能买到一股普通股的期权，这通常被认为是看涨期权。他们对这种看涨期权的一般特征进行了描述：股票价格越高，期权价格越大。当股票价格远大于执行价格时，期权几乎肯定要被执行，所以，期权价格就近似的等于股票价格减去一个与期权到期值相同、面值等于执行价格的国库券价格。当股票价格远小于执行价格时，期权几乎肯定不被执行，所以，期权价格就近似的等于零。如果期权到期日远未到，那么，在到期日被用来支付期权执行价格的国库券价格将会很低，期权价格会近似地等于股票价格。如果期权到期日很快到，那么，期权价格就近似的等于股票价格减去执行价格。如果股票价格不发生变化，那么，期权价格将随着到期日的临近而降低。布莱克和斯科尔斯根据期权价格与股票价格之间关系的一般特征，描绘出曲线图，据此发现，股票价格一定比例的变化将带来期权价格更大比例的变化。

他们在上述分析的基础上进一步深入研究，以不存在无风险套利的思路展开研究，在一种套利交易的预期收益率必须等于无风险资产回报率的均衡状态下，推导出期权定价公式。由于竞争的存在，使市场上存在的无风险套利机会逐渐消失，进而使市场不均衡状态回复到均衡状态，其结果是套利组合的预期收益率等于市场无风险利率。布莱克和斯科尔斯所推导的期权定价模型是以一种理想状态的市场假设为基础的，其假设条件有：

（1）期权为欧式期权。

（2）不存在无风险套利机会。

（3）股票不支付红利，不进行其他分配。

（4）允许卖空标的证券，但有惩罚限制。

（5）在期权有效期内，无风险利率为常数。

（6）买卖股票或期权没有交易费用和税收。

（7）股票价格在连续时间内，以一个与股票价格的平方成比例的变化率遵循几何布朗运动，所以，在任何一段时间内，股票价格的概率分布呈对数正态分布，而且股票收益率的方差具有稳定性。

他们认为，以上述假设为基础，期权价格将取决于股票价格、时间，以及被假定已知的其他固定值。所以，构建一个包含股票多头和看涨期权空头的套利组合是可能的，通过构建这样一个套利组合，总能使证券组合成为无风险的套利组合。他们还研究了套利组合的动态效果，得出了套利组合的收益与股票价格的变化无关。据此推导出布莱克－斯科尔斯期权定价公式：

$$C = SN(d_1) - Xe^{-r(T-t)}N(d_2)$$

其中：

$$d_1 = [\ln(S/X) + (r - \sigma^2/2)(T - t)] \div \sigma(T - t)^{1/2}$$
$$d_2 = d_1 - \sigma(T - t)^{1/2}$$

式中：C 表示买入期权的价格；$SN(d_1)$ 表示预期股票价格；$N(d_2)$ 表示欧式看涨期权被执行的概率；$Xe^{-r(T-t)}N(d_2)$ 表示期权执行价格的风险中性期望值的现值；S 表示股票价格；X

表示期权执行价格；r 表示无风险利率；T 表示期权执行期；t 表示现在日期；σ 表示股票收益率单位时间的标准差；σ^2 表示股票收益率单位时间的方差。

根据上式可知，如果行使期权，那么，买入期权的价格等于预期股票价格（等式右边第一项）与预期成本（等式右边第二项）之差。当股票价格 S 越高，股票价格波动幅度 σ 越大，无风险利率 r 越高，距离期权到期的时间 t 越长，期权执行价格 X 越低，行使期权的概率越高，所以，期权价格就越高。方程中除 σ 要通过市场数据估测以外，其他所有系数都可以观测到。从金融工程的角度来看，欧式看涨期权可以分析成资产或无价值看涨期权多头和现金或无价值看涨期权空头。换个角度看，如果买入期权的价格是已知的，那么，上式可以用于解决 σ 的市场估测问题。

根据欧式看涨期权与欧式看跌期权之间存在着平价关系，可以得到无收益资产欧式看跌期权的定价公式：

$$P = Xe^{-r(T-t)}N(-d_2) - SN(-d_1)$$

在标的资产无收益情况下，欧式看涨期权定价公式也适用于美式看涨期权。由于美式看涨期权与美式看跌期权之间不存在严密的平价关系，故美式看跌期权的定价尚未得到一个精确的解析公式，可以根据二叉树期权定价模型、蒙特卡罗模拟和有限差分方法求出。

布莱克-斯科尔斯期权定价模型的讨论都是以最简单的期权为基础的，对于复杂的期权定价，布莱克和斯科尔斯认为，几乎所有的衍生金融产品都可以分解为最简单的金融产品和最简单的期权的组合，或者纯粹是复合期权，通过最简单期权推导而来的布莱克-斯科尔斯期权定价模型可以用来分析这些金融产品的定价问题。

五 可变利率模型

美国经济学家、诺贝尔经济学奖获得者默顿（Merton）于1973年提出了可变利率模型，实际上是对布莱克－斯科尔斯期权定价公式的扩展，使其应用范围更加广泛。如前所述，布莱克－斯科尔斯期权定价公式是建立在一系列的假设条件基础上的，其中一个假设就是无风险利率为常数，但在现实中，利率在期权有效期内是可变的。用公式来表示：

$$C(S,t) = N(r,X,t,S,\sigma^2)$$

式中：利率 r 是可变的，其他字母的含义参照布莱克－斯科尔斯期权定价公式。

默顿通过分析投资组合，推导出可变利率模型，以贴现债券的收益率代表利率，债券收益率波动符合伊藤（K. Ito）过程。假设投资组合由股票、债券、看涨期权三个部分所组成：

以 QS、S 代表股票数量、股票价格；

以 QB、B 代表债券数量、债券价格；

以 QC、C 代表看涨期权数量、看涨期权价格。

那么，投资组合收益 VH 为：

$$VH = QSS + QBB + QCC$$

由上式可知，股票价格、债券价格和看涨期权价格的变化将会导致投资组合收益的变化。假设看涨期权价格可以表示为股票价格、债券价格和距离期权到期日时间的函数，并根据伊藤原理进行推导。默顿认为，如果组成投资组合的价值为零，在一般均衡条件下，价值为零的资本不可能产生确定的收益，所以，该投资组合均衡收益也一定为零。他提出一个命题：当利率可变时，如果一个投资组合为无风险投资组合，那么，就不能确保它的价值一定为零。

该命题存在 3 个未知数：

股票价格；

债券价格；

距离期权到期日时间。

存在 4 个约束条件：

投资组合价值为零；

投资组合与股票价格变化独立；

投资组合与债券价格变化独立；

在均衡条件下价值为零的投资组合收益一定为零。

存在 2 个边界条件：

股票价格为零则看涨期权也为零；

在到期日欧式看涨期权以零出售或者以股票与期权执行价格之差的较大值出售。

上述所有条件都可以用方程式来表示，通过解方程组，可以得出可变利率模型。

六 按比例分红模型

1973 年是期权定价研究的重大突破年，默顿于该年还提出了按比例分红模型。他重新假设了一种特殊的分红方案，从而使布莱克-斯科尔斯期权定价公式的适用范围更加广泛。如前所述，布莱克-斯科尔斯期权定价公式的假设条件之一是股票不支付红利，不进行其他分配。而现实情况是在期权有效期内，股票通常会进行分红、除权等活动。默顿通过假设一种特殊的分红方案来推导公式。他仍以欧式看涨期权作为分析对象，假设其红利是连续支付的，并构造一个由股票和看涨期权所组成的投资组合，那么，该投资组合的收益及其变化可以分别用以下公式来表示：

$$VH = SQS + CQC$$
$$dVH = QSdS + QCdC$$

应该注意到，股票的收益不仅包括股票价格变化所带来的收益，还包括被支付出去的红利，因此，该投资组合定价公式应作出相应的调整，通过调节投资组合中股票数量和看涨期权数量之间的比例，可以使该投资组合成为无风险投资，产生稳定的收益。在这种均衡条件下，投资收益率一定等于无风险利率。根据默顿假设的分红方案和风险中性论，再联系到上述可以转化为方程式的各种条件，可以推导出按比例分红模型。

如果将按比例连续分红方案中的分红比例设定为 δ，代入方程解中，并运用斯普里克尔定理，就可以得出一个以 δ 比例连续支付红利的欧式看涨期权定价公式。

七 跳跃模型

默顿于 1976 年提出了股票价格发生跳跃情况下的期权定价模型，又称跳跃模型，这是对布莱克－斯科尔斯期权定价公式假设条件的又一次扩展。布莱克－斯科尔斯期权定价公式的假设条件之一是股票价格具有连续性特征，然而，现实中的股票价格经常会出现跳空现象，不可能长期保持连续性。默顿认为，股票价格的波动可以分为两种类型：

（1）正常波动。这种波动通常以带有常数方差的几何布朗运动来描述，造成这种波动的原因有：短期利率的变动；股票供求的暂时失衡；对经济发展前景的预期发生变化。

（2）非正常波动。这种波动通常是由特殊因素引起的，这类因素不仅影响股价的边际效用，而且影响公司乃至整个行业的经营状况。一旦出现这类因素，股价会异常活跃；不出现时，股价则平淡无奇。这种非正常波动就是股价的跳跃过程。

这种随机跳跃过程与布莱克－斯科尔斯期权定价模型所依据的股价变动连续性的假设条件截然不同：股价变动连续性表明在

极小的时间间隔内股价变动十分微小；而跳跃变动则表明在连续观察之间，无论多么小的时间间隔，股价变动都会有显著的正概率。

默顿认为，股价的连续波动部分符合维拉过程，而跳跃波动部分符合泊松过程，这两种波动过程都可以通过随机微积分理论来推导，于是，他假设股票收益是由这两种股价变动共同导致的结果。随后，他又证明了期权价格的波动性，试图通过股票价格和时间来表示出一个关于期权价格的函数。由于股票价格的波动由连续波动和跳跃波动所构成，那么，期权价格的波动也可以由连续波动和跳跃波动来表示。据此，默顿通过构造一个由股票、期权和无风险资产所构成的投资组合来推导期权定价公式。由于股票价格和期权价格存在跳跃波动，这种投资组合的收益是可能存在风险的，所以，布莱克－斯科尔斯期权定价模型所表示的无风险投资组合方法无法采用。默顿认为，可以通过两种方法来解决这一问题：

（1）根据萨缪尔森（Samuelson）的观点，如果有人知晓期权预期收益可以用股票价格和到期日时间来表示，那么，就可以推导出期权定价模型。

（2）根据布莱克－斯科尔斯期权定价模型，既然股价波动是由连续波动和跳跃波动共同作用的结果，而收益风险来源于跳跃波动，假设跳跃波动部分仅仅代表与市场无关的非系统风险，那么，其股票预期收益率必须等于无风险收益率。此时的定价公式可以简化为布莱克－斯科尔斯期权定价公式。

总之，期权定价公式解决了困扰人们70年的难题，是一项重要的科学成就，布莱克、斯科尔斯和默顿在分析方法上的贡献已经远远超出了期权定价领域，对解决许多经济问题，包括有形资产投资项目定价、保险合同定价和经济担保定价等，都具有深远的影响。

金融市场的脆弱性

经济学家们往往从价格波动的角度来研究金融市场的脆弱性,而实际上,金融资产价格的非正常波动或过度波动从来就是金融体系脆弱性积累的结果。金融资产代表了持有者对金融商品、金融服务的请求权,一种金融资产的价格是其预期收益的风险调整贴现值。金融市场对某种金融资产进行定价,是根据该资产将带来的未来收入流量及影响这一流量变化的各种因素来确定的。而影响未来收入流量变化的各种因素难以被资产持有者所尽知,未来收入流量将主要根据预期来测算,这样,任何影响资产未来收入流量的心理预期都会引起资产价格的波动。因此,世界上并不存在完全效率的金融市场,也不存在由资产内在价值决定的均衡价格。

资产价格与交易行为之间的关系,不仅是交易行为由资产价格单向决定,而且是相互决定,中间的桥梁是心理预期,通过交易行为与资产价格之间的相互循环决定,资产价格实际上在间接地决定自己。就是说,资产价格通过与交易行为、心理预期的交互作用,结果导致市场决定市场的自我循环和价格的过度波动,直到市场趋势发生逆转,然后,开始新一轮的反方向循环。市场参加者的主体力量都是根据市场趋势来决定买卖的,以至于不断强化这种市场趋势,直到市场能量释放完毕,再开始反方向的运行。因此,虚拟经济并不完全取决于实体经济,通过市场决定市场的自我循环,导致资产价格的过度波动性。

一般认为,金融市场的过度波动性取决于以下因素:

一是过度投机。以股票市场为例,当经济繁荣推动股价上涨时,投资者开始涌向股市,使得股价迅速上涨,以至于无法用基础经济因素来解释,由于脱离了基础经济因素,市场预期最终会发生逆转，导致股市崩盘。这一过程表明，市场集体行为的非理性导致过度投机。

二是宏观经济波动。宏观经济波动一般比较缓和，但只要有所波动，甚至只是有波动的迹象，都会对金融市场产生较大的影响。这是因为资产价格的定价依据是未来收入流量，其中心理预期起着决定性作用，所以，金融市场对于宏观经济波动所作出的反映往往是既快速又剧烈。

三是技术性特征。金融市场上有利于高卖低买的技术性特征，往往会加剧其波动性。仍以股票市场为例，从事保证金交易的投资者进行大规模的股票交易，从而推动股价急剧上升，当价格朝着反方向变动时，迫于保证金的压力，投资者又不得不强制平仓，导致股价大跌。

金融市场的波动性，使职业投资家也难以规避其风险，1995年新加坡交易员尼森（Nick Lesson）搞垮巴林银行，1998年美国长期资本管理公司破产，以及2000年美国老虎基金解散，这些事例都表明金融市场的不可预测性。

汇率的过度波动性是金融市场脆弱性的又一个重要表现。所谓汇率的过度波动性，是指外汇市场汇率的波动幅度超出了基础经济因素所能解释的范围。一般认为，盯住汇率制条件下发生汇率错位的原因主要是：某种外部因素的冲击，导致资产价格和商品价格作出过度反应，由于金融资产市场和商品市场的调整速度不一致，使汇率发生过度波动。当市场参加者对当前汇率的稳定性失去信心时，往往会抛售该国货币，使汇率水平难以维持，最终导致盯住汇率制崩溃，引发货币危机。

问题的复杂性不仅在于资产价格的过度波动性和汇率的过度波动性，还在于主要金融资产价格的波动并不是孤立的，而是具有很强的关联性。

戈登模型（Gordon Model）揭示了股票价格、预计基期每股

股息、贴现率与股息年增长率之间的关系,用公式表示:

$$P = D/(r + i - g)$$

式中:P 表示股票价格;D 表示预计基期每股股息;r 表示货币市场利率;i 表示股票风险报酬率;g 表示股息年增长率。

利率平价模型揭示了在资本自由流动和利率市场化的条件下,一国货币市场利率与汇率之间的关系,用公式表示:

$$r = r^* + f$$

式中:r 表示本国货币市场利率;r^* 表示外国货币市场利率;f 表示本国货币预期贬值率。

上述两模型分别阐述了货币市场价格与股票价格、外汇价格之间的关系,而实际上,在资金可以自由流动的条件下,股票市场和外汇市场是两个密切联系的金融市场,两个市场的价格也必然存在关联,由此我们可以推导出下列公式:

$$P = D/(r^* + f + i - g)$$

由上式可知,股票市场价格与本国货币预期贬值率成反方向变动,一国货币的预期贬值可能导致该国股票价格指数的下跌。

第五章　利率研究

利之所在，虽千仞之山，无所不在；
深源之下，无所不入焉。

《管子·禁藏》

以上三章分别从金融体系的三个层面，即金融工具体系、金融机构体系和金融市场体系，深入探讨了金融风险的生成机理，从中我们可以得出结论：影响金融安全的六大因素是利率、汇率、股票价格指数、信贷定价、国际收支和货币供求。下面我们将分别对这六大因素进行深入研究，介绍相应的经典理论和前沿成果，为后面的金融风险管理和外部监管提供有益的借鉴和手段。本章将探讨利率。

英国著名经济学家凯恩斯（Keynes）说："把经济体系中的任何一个因素提出来，都与利率有一定关系。"[①] 利率是一个国家最重要的宏观经济变量，历来是经济学家们探索和研究的重要领域，更是各国政府力图控制和掌握的政策工具，几乎所有国家的政府都曾经或一直在试图管制利率。发展中国家由于缺乏市场机制，出于对金融资源的控制，大都实行利率管制。而西方国家出于各种因素的考虑，也曾经经历过较长的管制利率过程。随着

[①] 凯恩斯：《就业、利息与货币通论》，商务印书馆，1963，第175页。

贸易自由化和经济全球化的出现,西方国家在 20 世纪 60 年代掀起了一场利率自由化浪潮,拉美和亚洲的一些国家紧随其后,越来越多的国家实现了利率市场化。

利息与利率

所谓利息,是指借款人支付给贷款人的报酬,它体现了信用行为的收益性。关于利息的含义,不同的经济学家有不同的认识,可谓是众说纷纭。

英国经济学家配第(Petty)认为:出租土地要收取地租,出租货币要收取货币租金,利息就是货币租金。①

英国经济学家诺思(North)说:贸易产生利润,借贷产生利息,利息是资本租金。②

英国经济学家西尼尔(Senior)认为:利息是节欲的报酬。

英国著名经济学家、剑桥学派代表人物马歇尔(Marshall)指出:利息是等待的报酬。

奥地利经济学家庞巴维克(Bohm-Bawerk)认为:利息是时间的报酬。

美国经济学家费雪(Fisher)说:利息是人性不耐的结果。③

凯恩斯指出:利息是对人们放弃货币流动性的报酬。④

英国经济学家、诺贝尔经济学奖获得者希克斯(John R. Hicks)认为:利息是对证券的不完全货币性的衡量。

利率是利息率的简称,是指借贷期利息与本金的比率。利息的计算方法有两种:

---

① 配第:《货币略论》,商务印书馆,1978,第 126 页。
② 诺思:《贸易论》,商务印书馆,1982,第 103 页。
③ 费雪:《利息理论》,上海人民出版社,1959,第 43 页。
④ 凯恩斯:《就业、利息与货币通论》,商务印书馆,1963,第 142 页。

一种是单利法，即只对本金计算利息，不对利息计算利息。公式为：

$$R = Prn$$

式中：R 表示利息；P 表示本金；r 表示利率；n 表示借贷期。

另一种是复利法，即既对本金计算利息，又对利息计算利息，公式为：

$$R = P[(1+r)^n - 1]$$

利率按不同的标准划分，可分为不同的类型：

一是按债权人是否承担通货膨胀风险划分，可分为实际利率和名义利率。实际利率是指物价不变条件下的利率。名义利率是指包含通货膨胀因素的利率。名义利率与实际利率的关系是：

$$r = i + p$$

式中：r 表示名义利率；i 表示实际利率；p 表示通货膨胀率。

二是按借贷期内利率是否调整划分，可分为固定利率和浮动利率。固定利率是指在借贷期内不随市场供求变化而进行调整的利率。浮动利率是指在借贷期内随市场供求变化而定期地加以调整的利率，一般为3个月调整一次或6个月调整一次。

三是按利率的决定方式划分，可分为官方利率、公定利率和市场利率。官方利率是指由一国中央银行规定的利率。公定利率是指由银行同业公会确定的利率。官方利率和公定利率在一定程度上反映了非市场力量对利率形成的干预。市场利率是指由市场供求关系决定的利率。

四是按利率作用划分，可分为基准利率和差别利率。基准利率是指在多种利率并存的条件下起决定性作用的利率。在西方国家，基准利率通常是指中央银行再贴现率或影响最大的短期资金市场利率，如美国联邦基金利率、伦敦银行同业拆借利率。差别利率是指银行对不同部门、不同期限、不同种类、不同用途，以及不同借贷能力的客户的存款和贷款制订不同的利率。

实际利率论

利率理论主要是关于利率由什么因素决定、受哪些因素影响的论述。古典学派以萨伊（Say）定律为基础，认为一个自由竞争的经济，在其内部包含着达到和维持充分就业的强大力量，这些力量会防止经济背离充分就业。在充分就业的条件下，储蓄和投资的真实数量是利率的函数。古典学派的利率理论一般被称为实际利率论，其代表人物是奥地利经济学家庞巴维克和美国经济学家费雪。他们认为，非货币的实际因素（即生产率、节约）是利率的决定因素。生产率可以用边际投资倾向表示，节约可以用边际储蓄倾向表示。投资流量会随利率的提高而减少，储蓄流量会随利率的提高而增加，所以，投资是利率的递减函数，储蓄是利率的递增函数。投资引起资金需求，储蓄引起资金供给，利率的变化取决于投资流量与储蓄流量的均衡点。

货币供求论

凯恩斯及其追随者认为，利率不是取决于储蓄与投资的相互作用，而是由货币供求关系决定的，故凯恩斯学派的利率理论一般被称为货币供求论。凯恩斯认为，货币供给是一个外生变量，由中央银行直接控制。货币需求是一个内生变量，取决于人们的流动性偏好。所谓流动性偏好，是指人们的一种心理倾向：宁愿持有流动性高、不生利的货币，而不愿持有流动性差、能生利的资产。当货币供给既定时,如果人们的流动性偏好增强,货币需求就会增加,利率就会上升;反之,如果人们的流动性偏好减弱,货币需求就会减少,利率就会下降。因此,利率是由流动性偏好决定的货币需求与中央银行控制的货币供给共同决定的。从图像上看,货币供给曲线与货币需求曲线的相交点决定均衡利率。

凯恩斯指出,当利率降到一个不能再降的低点时,货币需求变得无限大,此时利率将不再变动。就是说,无论供应多少货币,都会被流通所吸纳,不再对利率产生任何影响,这就是著名的"流动性陷阱"。

可贷资金论

新古典学派的利率理论,一般被称为可贷资金论。它既是对古典学派利率理论的补充,也是对凯恩斯学派利率理论的修正。其代表人物是英国经济学家罗勃逊(Robertson)和瑞典经济学家、诺贝尔经济学奖获得者俄林(Bertil G. Ohin),最后由美国经济学家勒纳(Lerner)公式化。

可贷资金论一方面肯定了古典学派关于储蓄与投资对利率的决定作用,指出完全忽视货币因素的不当;另一方面也肯定了凯恩斯学派关于货币因素对于利率的影响作用,指出完全否定实际因素的不妥。所以,可贷资金论在利率决定问题上同时考虑了货币因素和实际因素,认为利率取决于可贷资金的需求与供给的相互作用。可贷资金总供给包含总储蓄和新增的货币供给量;可贷资金总需求包含总投资和新增的货币需求量,利率就是由可贷资金的总供给曲线与总需求曲线的均衡点决定的。用公式表示:

$$F_S = S + \triangle M_S$$
$$F_D = I + \triangle M_D$$
$$F_S = F_D$$

式中：F_S 表示可贷资金总供给；S 表示总储蓄；$\triangle M_S$ 表示新增的货币供给量；F_D 表示可贷资金总需求；I 表示总投资；$\triangle M_D$ 表示新增的货币需求量。

由于 F_S 与 F_D 的均衡取决于商品市场的均衡和货币市场的均衡，而商品市场均衡的决定条件是 $I = S$，货币市场均衡的决定条件是 $\triangle M_S = \triangle M_D$，因此，两个市场要同时达到均衡是难以做到的。可贷资金论认为，如果做到商品市场的供求差额等于货币市场的供求差额，即 $S - I = \triangle M_D - \triangle M_S$，也可以使可贷资金的供求达到均衡，由此决定的利率就是可贷资金供求均衡状态下的市场利率。

这样，储蓄与投资决定的是自然利率，可贷资金供求决定的是市场利率。市场利率与自然利率经常是不一致的，但可以通过对商品市场和货币市场的调节，使自然利率接近或者等于市场利率。

IS – LM 模型

新古典学派的可贷资金论，后来由英国经济学家希克斯和美国经济学家汉森（Hansen）改造成著名的 IS – LM 模型。

在实际利率论、货币供求论和可贷资金论中，都没有考虑收入因素。如果不考虑收入因素，利率水平就无法确定，因为储蓄与投资是收入的函数。收入增加导致储蓄增加，如果事先不知道收入水平，就不可能知道利率是多少。投资引起收入变动，而投资又受利率的制约，如果事先不知道利率，也不可能知道收入是多少。收入变动会引起交易需求和预防需求的变动，在货币供给既定的条件下，还会导致投机需求的变动，而投机需求变动与利率变动直接相关，所以，如果事先不知道收入水平，就不可能知道利率是多少。由此可知，不考虑收入因素是毫无道理的。

IS – LM 模型的方程式分为三个部分:

(1) IS 部分包括一个储蓄函数、一个投资函数和一个储蓄等于投资的均衡条件,政府支出和税收是非强制性的。

(2) LM 部分包括一个货币需求等式、一个货币供给等式和一个货币市场均衡条件。

(3) 就业部分是一个总生产函数,由它可以推导出一个劳动力需求函数,说明失业时,需增加一个限制条件,即工资刚性,说明充分就业时,可以用劳动力供给函数与劳动市场的均衡条件来表示。

希克斯认为,应该将收入作为一个与利率相关的变量来考虑,对货币因素与实际因素进行综合分析,在此基础上,他建立了 IS – LL 模型。汉森认为,利率受制于投资函数、储蓄函数、流动性偏好函数和货币供给函数等四大要素,他通过对可贷资金论和流动性偏好论的综合理解,重新推导出 IS – LL 模型,并将其更名为 IS – LM 模型。

在商品市场上,IS 曲线是使投资和储蓄相等的利率与收入不同组合的轨迹。由于

$$Y = S + C = I + C$$

式中:Y 表示收入;S 表示储蓄;C 表示消费;I 表示投资。所以,$S = I$ 是商品市场均衡的条件。由于储蓄是收入的递增函数,投资是利率的递减函数,因此有

$$S(Y) = I(r)$$
$$dS/dY > 0, dI/dr < 0$$

式中:r 表示利率;dS/dY 表示边际储蓄倾向;dI/dr 表示投资边际收益。IS 曲线是一条向下倾斜的曲线,从 IS 曲线所反映的利率与收入的关系来看,是利率决定收入。低利率将导致投资增加,为了使投资与储蓄相等,收入必须增加。

在货币市场上，LM 曲线是使货币需求和货币供给相等的利率与收入不同组合的轨迹。货币总需求包括满足交易预防动机的货币需求和满足投机动机的货币需求，货币总需求须等于货币总供给。用公式表示：

$$L(PY,r) = L_1(PY) + L_2(r)$$
$$M = L_1(PY) + L_2(r)$$

式中：M 表示货币总供给；L 表示货币总需求；L_1 表示满足交易预防动机的货币需求；L_2 表示满足投机动机的货币需求；P 表示物价指数；Y 表示收入；r 表示利率。

LM 曲线是一条向上倾斜的曲线，从 L_M 曲线所反映的收入与利率的关系来看，是收入决定利率。收入水平越高，用于满足交易预防动机的货币需求就越大，在货币供给既定的条件下，为了满足投机动机的货币需求减少，利率势必上升。

把商品市场和货币市场结合在一起分析，即把 IS 曲线与 LM 曲线共置于 (r, Y) 平面，其相交点决定均衡利率和均衡收入水平，表明同时达到两种均衡。

IS-LM 模型既克服了实际利率论只考虑商品市场均衡的缺陷，又克服了货币供求论只考虑货币市场均衡的缺陷，还克服了可贷资金论忽视收入因素的缺陷，因而被认为是解释名义利率决定过程最成功的理论。

预期假说

金融市场上存在各种利率，不同利率对经济运行的影响不同。这就需要从理论上对利率结构形成的内在机理进行分析，特别是分析利率的期限结构，由此形成了利率期限结构理论。所谓利率的期限结构，是指利率与金融资产期限之间的关系。它可以用债券收益率曲线来表示。债券收益率曲线是指将期限不同、风险和流动性相同的债券，按照其收益率高低连成一条曲线。债券收益率曲线通常分为向上倾斜、水平、向下倾斜三种类型。如果向上倾斜，表明长期利率高于短期利率；如果呈水平状，表明长期利率等于短期利率；如果向下倾斜，表明长期利率低于短期利率。

预期假说就是一种利率期限结构理论。预期假说认为，债券投资者并不偏好某种期限的债券，当某一债券的预期收益率低于其他债券时，人们将不再持有该种债券。如果人们预期未来短期利率会上升，就会购买短期债券，而不愿购买长期债券，结果导致短期债券需求增加，供给相对减少，价格上升，短期利率下降；长期债券需求减少，供给相对增加，价格下跌，长期利率上升。同理，如果人们预期未来短期利率会下降，那么，长期利率将趋于下降。由此可见，长期债券利率等于当前短期利率与人们对未来短期利率的预期值的平均值。

用债券收益率曲线来解释，就是：债券收益率曲线的形状取决于人们对未来短期利率的预期。如果人们预期未来短期利率不变，那么债券收益率曲线就呈水平状；如果人们预期未来短期利率上升，那么债券收益率曲线就向上倾斜；如果人们预期未来短期利率下降，那么债券收益率曲线就向下倾斜。

市场分割理论

市场分割理论也是一种利率期限结构理论。该理论认为，不同期限的债券市场是彼此分割的，某一投资者往往只偏好一种期限的债券，而对其他期限的债券并不痴迷。如企业偏好投资于短期债券，保险公司和养老基金会偏好投资于长期债券，所以，所有投资者都偏好于使其资产寿命与负债寿命相匹配的投资，不同期限的债券根本不是替代品，某一期限债券的预期收益率对另一期限债券的需求没有任何影响，各种期限债券的利率将由各自的供求关系所决定。

债券收益率曲线的不同形状，是由不同期限债券的供求差异所造成的。当长期债券供给增加而需求不变时，长期债券价格就会下跌，利率就会上升，但短期债券投资者不会转而去购买长期债券，长期债券利率的变动不会对短期债券利率产生影响，故长期债券的供求关系只决定自身的利率曲线。同理，短期债券的供求关系也只决定自身的利率曲线。

如果长期债券市场出现供大于求，短期债券市场出现供小于求，那么，就会出现长期利率高于短期利率的现象，债券收益率曲线就向上倾斜；如果长期债券市场出现供小于求，短期债券市场出现供大于求，那么，就会出现长期利率低于短期利率的现象，债券收益率曲线就向下倾斜。

流动性报酬理论

流动性报酬理论是又一种利率期限结构理论。该理论认为，不同期限的债券不完全是替代品，投资者对不同期限的债券可以有所偏好，但一种期限债券的预期收益率可以影响其他期限债券的预期收益率。当投资者偏好于投资某一期限债券时，仍然关心其他期限债券的预期收益率，他们不会允许所持有的债券比其他期限债券的预期收益率低很多，当非偏好期限债券的预期收益率较高，具有正值的流动性报酬时，他们就会购买这种债券。由此可见，长期债券利率等于当前短期利率与人们对未来短期利率的预期值的平均值，加上长期债券随供求变化而变化的流动性报酬。

流动性报酬理论对现实经济中有关利率的诸多事实做出了令

人信服的解释，使我们从债券收益率曲线中知晓未来短期利率的市场预期：

水平曲线表示未来短期利率预期轻微下降；

陡峭向上倾斜的曲线表示未来短期利率预期上升；

轻度向上倾斜的曲线表示未来短期利率预期不变；

向下倾斜的曲线表示未来短期利率预期大幅下降。

CIR 模型与网状模型

CIR 模型又称为考克斯－英格索－罗斯模型，由考克斯（Cox）、英格索（Ingersoll）和罗斯（Ross）三位经济学家于 1981 年提出，是利率的一种一般均衡模型，分为单因素模型和双因素模型两种形式。

单因素模型认为，利率围绕一个平均值波动，如果利率偏离了平均值，总归会回到平均值。利率回到平均值的时间由单因素模型中的调整速度来描述，如果调整速度接近于 1，就说明利率会很快地回到平均值；如果调整速度不等于 1，就说明利率回到平均值需要一段时间。

双因素模型认为，利率的变化可以描述为两种随机过程：即短期利率的随机过程和长期利率的随机过程。随着时间的推移，短期利率将趋向于长期利率水平。

网状模型由霍氏（Ho）和黎氏（Lee）两位经济学家于 1986 年提出。网状模型认为，每个期间的利率都会上下移动，在利率移动的约束条件下可以寻求短期零息票利率的轨迹，从而形成一个预期短期利率树，将预期利率用于贴现现金流，可以计算出每个树枝的期望值。利用该模型，可以画出每个期间的利率，当网状模型中的期间数越来越多时，模型的解就会越来越复杂。

影响利率的因素

由上述各种利率理论可知,影响利率的因素很多、很复杂,有些因素与封闭型经济体制有关,有些因素与开放型经济体制有关。在决定一国利率的过程中,各种因素的相对重要性将取决于一国经济和金融的开放程度。具体地说,影响利率的因素主要有:

(1) 平均利润率。利息是利润的一部分,利率的高低首先取决于利润率的高低,但是,决定利率高低的利润率并不是单个企业的利润率,而是一定时期内一国的平均利润率。

(2) 资金供求状况。从理论上说,利率的取值范围在零与平均利润率之间,但是,在某一时点的金融市场上,利率则由资金供求状况来决定,而资金供求状况又受货币供求状况的影响。在通常情况下,资金供大于求,利率就下降;资金供不应求,利率就上升。

(3) 宏观经济政策。宏观经济政策包括财政政策和货币政策。随着政府对经济干预程度的加强,宏观经济政策对利率的影响也越来越大。中央银行的货币政策工具,包括调整再贴现率、调整存款准备金率和开展公开市场业务,都会对市场利率产生一定影响。政府的财政政策工具,包括提高或降低税率、扩大或缩小财政开支,都会影响到货币供求,进而影响到市场利率。总之,实行扩张性宏观经济政策,利率一般会下降;反之,实行紧缩性宏观经济政策,利率一般会上升。

(4) 国际利率水平。随着国际经济联系的日益加深,国际利率水平及其变动趋势会对一国利率水平具有很强的示范效应,使各国的利率水平呈现出一种趋同趋势。一般而论,国际金融市场利率的下降会使本国利率水平呈下降趋势,至少可以抑制本国利率水平的上升势头。

(5) 预期通货膨胀率。在纸币本位制条件下,通货膨胀是不可避免的。通货膨胀会造成信贷资金本金的贬值,为了弥补这种损失,贷款人必须提高利率。通货膨胀还会对信贷资金利息的实际价值造成损失,为了保证实际利息不至于贬值,贷款人在决定利率水平时,必须考虑预期通货膨胀率的影响。

(6) 汇率。汇率和利率是现代经济体系中两个最重要的经济参数。汇率变动会影响到利率:当外汇汇率上升时,本币贬值,国内居民对外汇的需求就会增加,对本币的需求就会减少,结果导致本币供给增加,本币利率水平下降;反之,当外汇汇率降低时,本币升值,国内居民对外汇的需求就会减少,对本币的需求就会增加,结果导致本币供给减少,本币利率水平上升。

利率管制与利率市场化

一些学者认为,20世纪30年代的世界经济大萧条,直接导致了各国政府对本国金融业的管制。大萧条不仅改变了人们对于自由市场经济的认识,也改变了人们对于政府干预经济的评价,甚至认为有管制比没有管制好。基于这样的认识,各国政府对经济各部门进行了较为广泛的干预,金融机构更是政府管制的重点,而利率管制又是金融管制中的重中之重。大萧条也导致了经济学家们对传统经济理论的重新思考和批判,使凯恩斯的需求管理理论成为主流经济理论,这一理论为政府干预经济奠定了理论基础。凯恩斯从经济增长投资瓶颈的假设出发,提出了低利率政策。托宾(Tobin)模型论证了实际利率低可以引导更多的投资这一结论。总之,金融管制源于经济学家们和市场参与者的共同呼吁,他们一致要求政府干预市场。事实上,利率管制降低了融资成本,防止了金融机构之间的恶性竞争,避免了利率波动可能导致的经济动荡,只是损害了存款人的利益。因此,从20世纪30年代到70年代,是各国政府管制利率时期。

20世纪70年代以后,西方国家在经济持续增长中所积累的矛盾逐渐暴露出来,主要矛盾是经济停滞与通货膨胀并存,又称为滞胀。这一病症很令经济学家感到棘手:降低利率可以促进经济增长,但却增加了流动性,可能加重通货膨胀;提高利率可以抑制通货膨胀,但对经济增长不利,使货币政策无所适从。这时,有一批经济自由主义学者崭露头角,并逐渐取代了凯恩斯。如:弗里德曼(Milton Friedman)的货币主义、哈耶克(Hayek)的经济自由主义、卢卡斯(Robert E. Lucas)的理性预期学派、布坎兰(James M. Buchanan)的公共选择学派、麦金农(Mckinnon)和萧(E. S. Shaw)的金融压制与金融深化论等,这些经济自由主义者的共同之处是站在凯恩斯的对立面,反对凯恩斯的政府干预。他们认为,经济效益的根源是资源的有效配置,而资源有效配置的一种自动机制就是市场机制,所以,市场机制是完善的,私人企业制度是优越的。政府干预经济,用人为的方法来配置资源,不管是否按经济规律办事,都会导致资源配置的浪费和失调,从而降低经济效益,破坏市场经济的内在和谐。因此,要实现经济自由化,在金融领域就是要实现利率市场化。归纳起来讲,管制利率的弊端主要表现在以下几方面:

(1)导致成本与收益的扭曲。金融本来就是资金的成本与收益在一定时间内流动。在全面管制利率的条件下,政府既管制存款利率,又管制贷款利率,银行以低利率吸收廉价存款,再以低利率贷给借款人,所以,借款人成为管制利率的主要受益者。政府如果只管制存款利率而允许贷款利率浮动,银行就会获得较大的利差,而成为管制利率的主要受益者。但无论如何,存款人都是利益的最大损失者。

(2)导致信贷配给。所谓信贷配给,是指在管制利率条件下，银行不能通过提高利率，只能通过一些非利率的贷款条件来消除超额的资金需求。非利率的贷款条件主要包括借款人以往的信用记录、对借款人的特殊要求、信贷员的个人好恶等。

(3) 降低资本产出率。由资本使用者之间通过自由竞争所决定的利率将自动地使资本用于报酬高的投资，淘汰报酬低的投资。如果由政府规定一个低利率，并人为地分配资本，就限制了竞争性利率的选择机能，从而不可避免地导致资源配置的低效率。

(4) 对商业银行经营行为的不良影响。政府抑制存款利率，从表面上看，会降低银行的融资成本，其实不然，在相同的利率水平下，银行之间的竞争会从利率竞争变为向顾客提供非利息商品的竞争，如提供各种服务、广告宣传、增设分支机构、延长营业时间等。银行要吸收同样的存款，可能要付出更高的代价。政府抑制贷款利率，可能使银行减少贷款，或者使隐性贷款利率提高。总之，银行存贷款利率如果长期低于均衡利率水平，必然导致自我融资和黑市的产生。

(5) 在开放资本账户的条件下，管制利率可能导致国外金融机构取代本国金融机构。如果存款利率偏低，居民就会将资金存入国外金融机构，导致资本外流。所以，在管制利率的条件下，不可能开放资本账户，不可能实现人民币的完全自由兑换。

从各国解除利率管制的时间和步骤来看，大体上分两种情况：

一种是渐进式，如德国（3年）、泰国（4年）、美国（6年）、日本（8年）和韩国（10年）等。采用渐进式改革的国家基本上都是先放开贷款利率，后放开存款利率；在存款方面，先放开长期利率，后放开短期利率，先放开大额存款利率，后放开小额存款利率。

另一种是一步到位式，如英国、法国、瑞典、智利和阿根廷等。采用一步到位式改革的国家，既要注意利率机制改革与金融体制改革之间的配套，又要注意金融体制改革与贸易体制、外汇体制以及价格体制改革之间的配套。

从改革的结果来看，不管采用哪种改革方式，也不管是发达国家还是发展中国家，一般都会出现实际利率偏高的情况，都会在一定程度上发生银行危机，都会出现道德风险问题。总体而言，发达国家实施利率市场化的效果比发展中国家要好，亚洲国家比拉美国家要好。

成功实施利率市场化的条件主要有：

（1）完善的会计制度；

（2）稳定的宏观经济形势；

（3）适宜的金融监管体系；

（4）健全的金融体系，包括完善的金融市场和具有竞争性的金融机构，因为金融机构是利率市场化的主体，金融市场是市场利率形成的基础。

中国利率市场化改革

中国目前显然还不完全具备上述条件。因此，只能实行渐进式改革方案。从渐进式改革国家的利率市场化过程来看，大体上分为三个阶段：

第一阶段，将利率提高到市场均衡利率的水平。

第二阶段，完善利率浮动机制，扩大利率浮动范围，下放利率浮动权。

第三阶段，实行基准利率引导下的市场利率体系。这一阶段要通过增加金融交易品种，扩大交易规模，形成金融资产多样化，然后，先实现非存贷款交易的利率市场化，通过非存贷交易与存贷款的利率竞争，促使银行放开贷款利率，并进而放开存款利率，最终实现利率市场化。

借鉴国外实施利率市场化改革的成功经验，中国自20世纪90年代起，加快了利率机制改革的步伐。中国人民银行货币政策委员会明确提出，金融体制改革的一个重要内容是实现利率市场化。改革的次序是：先外币，后本币；先农村，后城镇；先贷款，后存款；先大额，后小额。近年来，中国的利率市场化改革也正是按照这一思路进行的，并在实践中取得了一定的成果。具体步骤如下：

（1）推进货币市场的发展与统一，促进市场利率信号的形成。市场利率信号的质量取决于货币市场的规模、运行是否规范有效、对经济运行的影响程度等。推进货币市场的发展与统一，可以使市场上形成的利率信号能够准确地反映资金供求状况，从而形成一个可靠的基准性利率。要重点推进拆借市场的发展，将拆借市场的发展作为利率市场化改革的突破口，银行的基准利率逐步由目前的再贷款利率转变为同业拆借利率。这是因为同业拆借利率代表市场主体取得批发性资金的成本，能够及时反映市场资金供求的变化，在市场利率结构中具有导向性作用。

（2）推进银行间利率体系的建立与完善。要根据市场利率波动和资金供求变化的情况，及时调整中央银行的再贷款利率，使其成为货币市场的主导利率之一，取消准备金利率，促使商业银行积极参与货币市场交易和国债交易，逐步以再贷款利率、同业拆借利率和国债二级市场利率为基础，形成一个比较完善的银行间市场利率体系。

（3）根据市场利率变化，及时调整贷款利率，进一步扩大银行贷款利率的浮动范围。

（4）从大额定期存单开始，逐步扩大存款利率的浮动范围，推进存款利率的市场化。

（5）在利率市场化的币种选择上，要先放开外币利率管制，通过推进外币利率的市场化，为人民币利率的市场化积累经验。

（6）在推动利率市场化的进程中，要大幅度简化利率品种，建立合理的利率体系，使不同利率水平之间保持合理的结构，保证导向性利率与其他利率之间的传导顺畅。

第六章 汇率研究

> 合天下之众者财，理天下之财者法。
> 《王安石·度支副使厅壁题名记》

汇率在国际贸易和国际投资中发挥着越来越重要的作用，使汇率问题逐渐成为经济学家们关注的焦点。一国货币与另一国货币之间的兑换比率如何确定、受哪些因素影响是汇率理论首先要解决的问题，它随着经济形式和西方经济理论的变迁而不断地发展和演变，为一国中央银行制定汇率政策提供了理论依据。

货币制度演变

在讨论汇率决定问题之前，有必要先回顾一下货币制度的历史演变。从总体上看，货币制度的演变大致上经历了三个阶段：即金本位制、金汇兑本位制和纸币本位制。

金本位制最初是指金币本位制，以黄金为基础，黄金直接参与流通。后来，由于黄金产量不能满足经济发展对货币日益增长的需求，黄金参与流通的程度逐渐下降，并且逐渐被纸币所取代，只有大规模支付时，黄金才以金块形式参与支付，这种形式的货币制度被称为金块本位制。金块本位制也是一种金本位制，以黄金为基础，纸币代表黄金流通，并与黄金保持着固定比价，黄金在一定程度上仍参与清算和支付。

随着经济的进一步发展,黄金支付完全被纸币所取代,货币制度就演变成金汇兑本位制。金汇兑本位制仍是一种金本位制,纸币成为法定的偿付货币,政府公布单位纸币的含金量,并极力维护纸币与黄金的比价,纸币充当价值尺度、流通手段和支付手段职能,黄金只发挥贮藏手段和稳定纸币币值的作用。

当黄金与纸币的兑换关系最终被完全切断以后,货币制度就演变成纸币本位制。纸币本位制,又称信用货币制,是指中央银行通过信用关系而发行或创造货币的一种货币制度。目前世界各国都实行信用货币制,其特点有三个:

一是信用货币由现金和活期存款所构成。

二是信用货币通过金融机构的存贷款业务投放到流通中。

三是信用货币不具有自发调节机制,容易发生通货膨胀或通货紧缩,故需要中央银行的管理和调控。

纸币本位制的最大优点是富有弹性,能够充分满足经济发展和贸易规模不断扩大的需要。

与一国货币制度演变相一致,国际货币制度的演变过程也分为三个阶段:

(1)从19世纪70年代西方主要国家实行金币本位制开始,到第一次世界大战爆发以前,是实行国际金本位制时期,由于两次世界大战和20世纪20年代末30年代初的世界经济大萧条,最终导致布雷顿森林体系取代国际金本位制。

(2)从第二次世界大战结束后,到1971年美元停止兑换黄金,是实行布雷顿森林体系(即金汇兑本位制)时期,由于特里芬难题的存在,使牙买加体系取代布雷顿森林体系。所谓特里芬难题,是指布雷顿森林体系中存在的根本性缺陷,由美国经济学家特里芬(Triffin)于20世纪50年代提出,故名之。在布雷顿森林体系中,美元作为关键货币,使美国具有双重责任:

一是提供足够的国际清偿力（即美元）。

二是保证美元按固定官价兑换黄金，以保持各国对美元的信心。

但是，既保持信心又保证清偿力是有矛盾的，美元供给过多，就不能保证美元按固定官价兑换黄金，从而发生美元信心危机；美元供给过少，不能满足各国对清偿力的需求，就会发生清偿力危机。美元供给多也不是，少也不是，就是特里芬难题。

(3) 从1976年牙买加会议以后到现在，是实行牙买加体系（即纸币本位制）时期。

汇率决定基础

在金币本位制度下，各国都规定金币的含金量，两种货币之间的比价就由各自的含金量对比来决定。这种以两种货币的含金量之比得到的汇价，被称为金平价或铸币平价。铸币平价是决定汇率的基础，实际汇率会随市场供求变化而围绕铸币平价上下波动，波动的幅度受制于黄金输送点。这是因为在金币本位制度下，黄金可以自由输出和输入，如果汇价涨得过高，人们便不再愿意购买外汇，而愿意通过运送黄金的方式结清价款。输金费用包括：包装费、保险费、运输费以及运送期利息。黄金输入的界限，叫黄金输入点；黄金输出的界限，叫黄金输出点。实际汇率以铸币平价为中心点，以黄金输出点为上限，以黄金输入点为下限，在上下限幅度内波动。黄金输出点和黄金输入点，合称为黄金输送点。就是说，铸币平价加输金费用，是实际汇率上涨的最高点；铸币平价减输金费用，是实际汇率下跌的最低点。由于黄金输送点限制了实际汇率的波动，所以，汇率波动幅度较小，汇率制度是稳定的。

在金块本位和金汇兑本位制度下，政府掌握了绝大多数黄金，黄金的输出和输入受到极大的限制。此时，汇率由两种纸币所代表的含金量之比，即由法定平价来决定，实际汇率会随市场供求变化而围绕法定平价上下波动。然而，由于黄金输送点已不复存在，故汇率的波动幅度没有了自然限制，只好改由政府人为地来规定和维护。政府通过设立外汇平准基金来维持汇率稳定，使汇率波动限制在政府允许的幅度内。当外汇汇率上涨超出了规定的幅度，就出售外汇；当外汇汇率下跌超出了规定的幅度，就买进外汇。

在纸币本位制度下，纸币与黄金已经脱钩，纸币不再代表黄金，故铸币平价和法定平价不再是汇率决定的基础。两种纸币之间的汇率可以由两种纸币所代表的价值量之比来决定，所以，纸币所代表的价值量是汇率决定的基础。此时，实际汇率的波动幅度如何控制？只好由政府来决定控制的方式，既可以由政府直接调控（如盯住汇率、管理浮动汇率），也可以由市场供求来自发平衡（如自由浮动汇率）。

国际借贷说

汇率理论主要是关于汇率由什么因素决定，受哪些因素影响的论述。汇率理论最早可追溯到19世纪60年代，一般认为，国际借贷说是最早出现的比较系统的汇率理论。该理论由英国经济学家戈逊（Goschen）在1861年提出。

戈逊认为，一国短期外汇汇率是由外汇供求决定的，而外汇供求又是由国际借贷引起的，如商品进出口、旅游支出、利润收付、债券买卖和资本交易等，都会引起国际借贷关系的变化。

在国际借贷中，尚未进入支付阶段的借贷，即固定借贷，不会影响外汇供求；只有已进入支付阶段的借贷，即流动借贷，才会影响外汇供求。

当一国流动债权大于流动债务时，外汇供给会大于外汇需求,外汇汇率就会下降;当一国流动债权小于流动债务时,外汇供给会小于外汇需求,外汇汇率就会上升;当一国流动借贷相等时,外汇收支平衡,汇率会处于均衡状态。

汇兑心理说

汇兑心理说由法国经济学家阿夫达里昂(Aftalion)于20世纪20年代提出。

阿夫达里昂认为,人们之所以需要外汇,除了购买外国商品以外,还有支付、投资、外汇投机和资本外逃等的需要,这种外汇所带来的效用就是外汇的价值基础,因此,外汇价值的高低由人们主观心理评价中的边际效用大小来决定。外汇的边际效用递减,购买外汇的边际成本就会递增,外汇汇率就取决于外汇的边际效用与边际成本之比。如果人们认为外汇提供的边际效用大于边际成本,就会大量地购买外汇,结果导致外汇汇率上升;反之,如果人们认为外汇提供的边际效用小于边际成本,就会抛售外汇,结果促使外汇汇率下跌。

汇兑心理说揭示了人们主观心理评价和预期对汇率变动的影响,有一定的合理性。

购买力平价说

购买力平价说由瑞典经济学家卡塞尔(Cassel)于1922年系统地提出。

购买力平价说,英文称"Theory of Purchasing Power Parity",故又称3P理论。购买力平价说的基本观点是:人们之所以需要外汇,是因为外汇在外国具有购买力;同样,外国人之所以需要本币,是因为本币在本国具有购买力。因此,两种货币的汇率取决于两种货币在各自国家的购买力之比,即购买力平价,汇率的变动也是因为两种货币的购买力发生变化所致。购买力平价有两种基本形式:即绝对购买力平价和相对购买力平价。

绝对购买力平价说认为,在某一时点上,两国货币之间的兑换比率取决于两国货币的购买力之比。由于货币购买力是物价指数的倒数,故两国货币之间的汇率就等于两国物价指数之比。用公式表示:

$$E = P/P_f$$

式中:E 表示汇率;P 表示本国物价指数;P_f 表示外国物价指数。

绝对购买力平价实际上就是国际的一价定律,即不同国家的可贸易品的物价指数以同一种货币计量是相等的。

相对购买力平价是对绝对购买力平价假定条件的放松而得到的。相对购买力平价说认为,交易成本的存在使一价定律不能完全成立。由于各国物价指数计算中的商品及其权重存在着差异,所以,各国物价指数以同一种货币计算并不完全相等,存在着一定偏差。相对购买力平价意味着汇率的变动是由两国通货膨胀率的差异决定的,如果本国通货膨胀率超过外国,那么,本币将会贬值。用公式表示:

$$E_1/E_0 = (P_1 - P_0) \div P_0 / (P_{f1} - P_{f0}) \div P_{f0}$$

式中:E_1 表示当期汇率;E_0 表示基期汇率;P_1 表示本国当期物价指数;P_0 表示本国基期物价指数;P_{f1} 表示外国当期物价指数;P_{f0} 表示外国基期物价指数。

购买力平价说的绝对形式和相对形式有其内在联系:绝对购买力平价是相对购买力平价的基础。就是说,如果绝对购买力平价是正确的,那么相对购买力平价也是正确的;反之,如果相对购买力平价是正确的,绝对购买力平价则不一定正确。

20世纪70年代以来，购买力平价说有了进一步发展，已经融入了货币主义和发展经济学的内容，人们将购买力平价与货币供应量、实际国民生产总值结合起来，对汇率进行预测，得到如下公式：

$$E = P/P_f = M \div KY/M_f \div K_f Y_f$$

式中：E 表示汇率；P 表示本国物价指数；P_f 表示外国物价指数；M 表示本国货币供应量；M_f 表示外国货币供应量；Y 表示本国实际国民生产总值；Y_f 表示外国实际国民生产总值；K、K_f 表示行为系数。

该方程式表明，一国货币供应量增长较慢而实际国民生产总值增长较快，汇率就会上升；反之，一国货币供应量增长较快而实际国民生产总值增长较慢，汇率就会下降。

购买力平价说在外汇理论中占有十分重要的地位，是估计均衡汇率的最简便方法，从统计验证来看，相对购买力平价非常接近均衡汇率。在各国放弃金本位之后，购买力平价说指出以国内外物价指数对比作为汇率决定的基础，说明一国货币的对内价值是货币对外价值的基础，货币对外价值是货币对内价值的体现，货币的对内贬值必然引起对外贬值。这些观点至今仍为许多经济学家所接受。购买力平价说的不足也是十分明显的：它以物价作为影响汇率的唯一因素，忽视了非贸易品、贸易成本和贸易壁垒的存在，忽视了国际资本流动对汇率的影响，使购买力平价在短期内往往偏离现实汇率。

利率平价说

在开放经济条件下，国内外金融市场之间的联系更加紧密，国际资本流动的发展使汇率与利率的关系更加密切。从金融市场的角度来分析汇率与利率的关系，就是利率平价说。

利率平价说的基本思想是由英国经济学家凯恩斯和爱因齐格（Einzig）提出来的。他们认为，在没有交易成本的条件下，远期差价（即远期汇率与即期汇率的差额）是由两国利率差异决定的，高利率国家的货币在远期外汇市场上必定贴水，低利率国家的货币在远期外汇市场上必定升水。因为在两国利率存在差异而又不存在资金流动障碍的情况下，资金会从低利率国流向高利率国，以赚取利差。在比较金融资产收益率时，套利者不仅考虑两种资产的利率，而且考虑两种资产由于汇率变动所产生的收益变动。套利者往往将套利与掉期交易结合起来进行，以规避汇率风险。大量掉期交易的结果，导致低利率货币的即期汇率下浮，远期汇率上浮；相反，高利率货币的即期汇率会上浮，远期汇率会下浮。由此造成低利率货币出现远期升水，高利率货币出现远期贴水。随着抛补套利活动的不断进行，远期差价就会不断加大，直到两种资产所提供的收益率完全相等时，抛补套利活动才会停止。此时，远期差价正好等于两国利率差异。用公式表示：

$$(1+i)/(1+i_f) = S/F$$

式中：i 表示本国利率；i_f 表示外国利率；S 表示即期汇率；F 表示远期汇率。

利率平价说分为套补的利率平价和非套补的利率平价两种。上述分析的是套补的利率平价，它假设套利者将套利与掉期交易结合起来进行。非套补的利率平价假设套利者只进行套利，不进行掉期交易，此时，套利者通过对未来汇率的预期来计算投资收益。

利率平价说的研究角度从商品流动转移到资金流动，指出汇率与利率之间存在的密切关系，这对于正确认识外汇市场汇率的形成机制是非常重要的。汇率与利率是相互作用的，不仅利率的差异会影响到汇率变动,而且汇率的改变也会通过资金流动,影响到金融市场的资金供求,进而影响到利率变动。

国际收支说

汇率是外汇市场上的价格,外汇市场供求的变动对汇率有着最直接的影响,说到底,外汇市场上的交易行为都是由国际收支决定的,因此,国际收支状况与汇率之间存在着密切的联系。

国际收支说就是从国际收支的角度来分析汇率的决定。第二次世界大战以后,经济学家们利用凯恩斯的宏观经济模型来分析影响国际收支的因素,进而研究这些因素是如何通过国际收支而作用到汇率上的,从而形成了国际收支说。

国际收支说认为,汇率通过自身的变动来实现外汇市场的供求平衡,从而使国际收支始终处于收支平衡状态。国际收支包括经常账户收支和资本账户收支,用公式表示:

$$B = CA + K = 0$$

式中:B 表示国际收支;CA 表示经常账户收支;K 表示资本账户收支。

经常账户收支主要由商品和劳务的进出口所决定,其中:进口主要由本国国民收入和实际汇率(即 eP_f/P)所决定,出口主要由外国国民收入和实际汇率所决定。资本账户收支主要由本国利率、外国利率和对未来汇率的预期〔即 $(E-e)/e$〕所决定。用公式表示:

$$CA = f(Y, Y_f, P, P_f, e)$$
$$K = f(i, i_f, e, E)$$
$$B = f(Y, Y_f, P, P_f, i, i_f, e, E) = 0$$

式中:Y 表示本国国民收入;Y_f 表示外国国民收入;P 表示

本国物价指数；P_f 表示外国物价指数；i 表示本国利率；i_f 表示外国利率；e 表示当前汇率；E 表示未来汇率。

上述因素是这样影响汇率的：本国国民收入的增加将通过边际进口倾向而带来进口的增加，导致外汇需求增加，本币贬值；外国国民收入的增加将带来本国出口的增加，导致外汇供给增加，本币升值。本国物价指数的上升将带来实际汇率的升值，本国产品竞争力下降，导致本国经常账户收支恶化，本币贬值；外国物价指数的上升将带来实际汇率的贬值，本国产品竞争力上升，使本国经常账户收支得到改善，本币升值。本国利率的提高将吸引资本流入，本币升值；外国利率的提高将造成资本流出，本币贬值。

货币分析法

美国货币主义学派将货币分析方法推广到汇率研究之中，形成了汇率的货币分析法。

货币分析法的基本观点是：汇率是两国货币的相对价格，不是两国商品的相对价格，故汇率是由货币市场的货币存量决定的。当货币存量与货币需求一致时，汇率就达到均衡；当货币存量大于货币需求时，物价指数就上升，汇率就下跌；当货币存量小于货币需求时，物价指数就下降，汇率就上升。

货币分析法有两种模型：

一种是汇率的货币模型，又称弹性价格货币分析法。该模型认为，汇率是货币相对价格的一种表现形式，一国的实际货币需求是相对稳定的，不受货币存量的影响，只受一国实际经济活动的影响，如实际国民收入、利率及货币供给量等，当货币供给大于货币需求时，以汇率表示的货币相对价格就会下降。用公式表示：

$$E = \alpha(y - y_f) + \beta(i - i_f) + (M - M_f)$$

式中：E 表示汇率；y 表示本国实际国民收入；y_f 表示外国实际国民收入；i 表示本国利率；i_f 表示外国利率；M 表示本国货币供给量；M_f 表示外国货币供给量；α 和 β 为常数。

从上式可知，本国与外国之间的实际国民收入、利率和货币供给量通过对各自物价指数的影响而决定汇率。其中：

本国利率上升，会导致本国物价指数上升，本币贬值。

本国实际国民收入增加，会导致本国物价指数下降，本币升值。

本国货币供给量增加，会导致本国物价指数的同比例上升，本币的同比例贬值。

另一种是汇率的超调模型，又称黏性价格货币分析法。该模型是由美国经济学家多恩布什（Dornbucsh）于20世纪70年代提出的。该模型认为，商品市场与货币市场的调整速度是不一致的，商品市场价格具有黏性，这使得购买力平价在短期内不能成立，经济中存在着由短期平衡向长期平衡的过渡过程。所谓短期平衡是指价格来不及发生变动时的经济平衡。所谓长期平衡是指价格充分调整之后的经济平衡。货币模型所得出的结论，实际上是超调模型中的长期平衡。

多恩布什认为，货币市场失衡以后，商品市场价格具有粘性，而货币市场的反应却很灵敏，利率会立即调整，从而使货币市场恢复平衡。由于商品价格黏住不动，货币市场的平衡完全依靠自身的调整，故利率在短期内必然超调，即利率调整的幅度超过新的长期平衡的要求。在资本自由流动的条件下，利率变动会引起大量的套利活动，导致汇率立即变动，也出现超调，即汇率变动的幅度也超过新的长期平衡的要求。

超调模型是在开放经济条件下进行宏观经济分析的基本模型，是对货币主义和凯恩斯主义的一种综合。它首次涉及汇率的动态调整问题，从而开创了汇率动态学。它具有鲜明的政策含义,论证了实行自由浮动汇率并不是最合理的,政府有必要对资金流动和汇率进行干预,以避免汇率过度波动给金融市场和实体经济带来巨大的冲击。

资产组合说

资产组合说,又称资产选择论。这一理论形成于20世纪70年代,其代表人物是美国经济学家布朗森(Branson),他对资产组合进行了最早、最系统和最全面的论述。

布朗森认为,外汇不仅是货币,还是一种金融资产,资产持有者对外汇的数量和币种的需求取决于其资产选择行为。所谓资产选择,是指资产持有者调整所持有的金融资产的种类和数量,从而选择一套最符合其收益风险偏好的资产组合。

一国资产的种类,可分为三类:本币、以本币表示的有收益资产、以外币表示的有收益资产。用公式表示:

$$W = M + B + eF$$

式中:W表示资产总量;M表示本币供给量;B表示本币资产供给量;F表示外币资产供给量;e表示汇率。

资产组合说隐含着三个重要的前提:

一是货币自由兑换。

二是资金可以在三个市场自由流动。

三是三个市场对利率和汇率的变动都很敏感。

由于利率、国际收支、通货膨胀和经济增长等各种因素的变化,不同金融资产的收益和风险会随之变化,资产持有者会不断地调整自己的资产组合,直到各种资产的预期边际收益率相等为止。资产持有者对资产组合的调整,意味着在资产市场上买卖不同的资产,继而在外汇市场上抛售某一种货币,买进另一种货币，从而导致汇率变动。当资产持有者的调整行为完成时，资产市场处于均衡状态，汇率也处于均衡水平。

资产供给量变动也会对利率和汇率产生影响，资产绝对量变动，会产生总量效应；资产相对量变动，会产生替换效应。经常账户盈余会导致外币资产存量增加，外汇汇率下降；经常账户赤字会导致外币资产存量减少，外汇汇率上升。由此可见，从短期看，汇率是由资产选择决定的，不是由购买力平价决定的，均衡汇率是由三种资产市场供求相等的均衡点决定的。

在国际资本流动大大超过国际贸易规模的现实中，资产组合说对于理解和分析预期汇率的波动具有重要意义。

影响汇率的因素

撇开各种汇率理论的纷争，从现实情况出发，影响汇率的因素，可以归纳为以下几点：

（1）利率。各国利率的差异及变化，是影响汇率的一个重要因素。一国利率较高，本币资产的收益率也相对较高，就会吸引大量外资流入，导致外汇供给增加，本币汇率上升；反之，一国降低利率，就会使短期资本外流，导致外汇需求增加，本币汇率下降。由于利率对汇率的影响在短时间内会迅速产生作用，所以，提高利率成为各国政府稳定汇率的一个重要的政策手段。

（2）国际收支。国际收支差额及其大小，也是影响汇率的主要因素。一国国际收支发生顺差，就意味着外汇的收入大于支出，在外汇市场上就表现为外汇供给大于外汇需求，外汇汇率就会下跌；反之，一国国际收支发生逆差，就意味着外汇的收入小于支出，在外汇市场上就表现为外汇的供不应求，外汇汇率就会上升。由于国际收支对汇率的影响是通过市场供求变化逐步体现出来的，故需要一个过程，即存在时滞。

(3) 物价水平。一国物价水平的提高，会削弱该国商品的国际竞争力，对出口不利，导致出口减少，国际收支出现逆差，在外汇市场就表现为外汇的供不应求，结果导致外汇汇率上升，本币汇率下降；反之亦然。由于物价水平的变动是通过国际收支而对汇率产生影响的，故它的时滞会更长。

(4) 中央银行的市场干预。由于汇率变动对一国国际收支具有直接而巨大的影响，所以，各国中央银行为了防止汇率的剧烈波动对国内经济造成的不利影响，往往会对外汇市场进行干预。平抑汇价，保持汇率稳定是各国中央银行的责任。

完善人民币汇率制度

现行人民币汇率制度是以市场供求为基础的、单一的、有管理的浮动汇率制度，这种汇率制度赖以存在的基础有两个：

一是银行结售汇制，非银行客户（不包括"三资企业"）必须将出口所得的外汇无条件地卖给外汇银行，不能持有外汇账户，后来调整为大型外贸企业可以持有一部分外汇，1996年在此基础上人民币实现了经常项目下的可兑换，非银行客户的贸易用汇可以通过外汇银行的售汇来满足，非贸易用汇仍受到严格的外汇审批控制，所以，非银行客户不能根据自己的意愿持有外汇。

二是半市场化的外汇市场，其市场结构分为两个层次：

(1) 外汇零售市场。这是外汇银行与非银行客户之间的结售汇市场，外汇银行实行会员制，其会员资格的取得需经过中国人民银行和国家外汇管理局的审批，具有严格的市场准入规则。

(2) 外汇批发市场。这是通过中国外汇交易系统进行的银行同业外汇交易市场，主要为银行平衡外汇头寸提供服务，银行同业市场是外汇市场的基础，决定人民币汇率，中国人民银行在此市场上既以会员的身份进行公开市场操作，又以管理者的身份对银行持有的外汇额度进行控制，所以，外汇银行也不能根据自己的意愿持有外汇。

通过上述分析可以看出，在银行、企业和居民都不能根据自己的意愿持有外汇的背景下，人民币汇率的形成机制确实存在一些问题，包括基本汇率的确定缺乏科学依据、外汇市场的半市场化、市场汇率名不副实，以及汇率调节经济的杠杆作用发挥不够等，因此，进一步完善人民币汇率制度，改变人民币汇率窄幅浮动的局面，逐步消除人民币汇率升值的国际压力，避免国际经济争端的激烈化和复杂化，改善与贸易对象国的经济贸易关系十分必要。对此，我们主张分近期和远期两个阶段采取相应的对策，最终实现人民币完全自由兑换目标。

第一，近期对策。人民币汇率制度不宜选择自由浮动汇率制，而应该实行管理浮动汇率制，管理就是宏观调节，由于中国外汇市场供求的波动较大，所以，在一定时期内中央银行频繁地进行宏观调节是必要的。今后，应减少中央银行对外汇市场的干预频率，让市场的作用越来越大，并逐步达到让市场起决定性作用。与此同时，应逐步扩大人民币汇率的波动区间，允许在5‰的范围内浮动，推进人民币结售汇制度改革，由强制结售汇逐渐过渡到意愿结售汇，可以先由国家外汇管理局审定，允许一部分中资企业保留一定比例的外汇收入，并逐步扩大这类企业的范围和留存外汇的比例，简化进口用汇的审批内容和程序，最终实现所有进出口企业完全按照意愿选择是否留存外汇以及留存多少外汇，使市场交易主体自由地根据汇率信号作出反应，使汇率能够真实地反映外汇市场的供求变化，真正发挥汇率调节经济的杠杆作用。人民币中心汇率可以参照一篮子货币，货币篮子中可以包括美元、日元、欧元、英镑和韩元等十多个国家和地区的货币，并根据贸易情况选择适当的权数，这样做，有助于淡化外汇市场对人民币汇率的关注程度。

第二，远期对策。随着中国经济实力的不断增强，人民币最终将成为完全自由兑换货币。货币自由兑换的好处很多，能够促进国内外价格体系的接轨，进而促进国内外市场的融合，有利于资源的合理配置，优化产业结构，提高企业竞争力和劳动生产率等，但货币自由兑换也可能带来一些风险或冲击，在条件尚不成熟时贸然推行货币自由兑换，甚至可能带来灾难性后果。因此，我们应该在提高人民币经常项目可兑换程度的基础上，有序、有条件地实现人民币资本项目下的自由兑换，以及国内公民个人的自由兑换，积极稳妥地推进人民币完全自由兑换的进程。

所谓"有序"是指货币自由兑换有一个逐步展开的过程。事实证明，采取先开放经常项目，后开放资本项目的顺序是适合中国国情的，今后各项目的开放也应该分阶段地逐步进行，不能一蹴而就。等条件成熟时，可以考虑先开放直接资本，后开放金融资本，先开放资本输入，再开放资本输出。我们认为，这种资本管制的不对称性必将贯穿于人民币自由兑换过程的始终。

所谓"有条件"是指货币自由兑换需要具备的制度环境。我们认为，人民币可兑换改革的制度环境应包括以下4个方面：

①宏观经济稳定。

②外汇储备充足。

③金融体系配套。其中完善外汇市场和货币市场并使之相互融通，尤为重要。

④微观主体重塑。在资本项目开放以前，需要重塑微观经济主体，加大国有企业经营机制转变的力度，使之对市场价格的反应更灵敏，提高其市场竞争力和抗衡价格波动的能力。

在资本项目开放以前，改革国有金融机构并使其主要问题初步得到解决，是完全必要的。因为按照中国对世界贸易组织的承诺，到2006年12月11日，将允许外资法人银行不受限制地经营人民币业务，所以，中国国有金融机构，尤其是国有商业银行的国际竞争力和抗金融风险问题必须得到解决,这也将有助于国有金融机构更好地适应新的汇率机制。

　　金融改革的深化和资本项目的开放还将使得金融监管的重要性更加突出。因为在金融业开放以前,各类金融机构数目少,业务单一,所以金融监管的环境比较稳定,监管起来也比较容易。随着金融开放度的不断增大,金融机构的数目日益增多,竞争趋于激烈,所以,金融监管的环境日趋复杂化,监管的范围和难度大大增加了。在资本项目开放以前,需要建立高效、稳健的各类金融监管制度,以便在发展高效运转的各类金融市场的同时,确保整个金融体系的安全和稳定。

第七章　股票价格指数研究

　　天道之数，至则反，盛则衰。

《管子·重令》

　　一般认为，股票是重要的金融资产，股票价格指数是资本市场乃至国民经济的晴雨表，股票定价的依据是预测股票每年能给股东带来多少股息收益。用公式表示：

$$P = D/R$$

　　式中：P 表示股票价格；D 表示预期股票收益；R 表示利率。

　　然而，在现实中，股票价格的变动并不一定与国民经济的发展变化相对应，这是何缘故呢？主要是因为影响股价的因素太多太复杂。大体而论，可分为基本因素和技术因素两类，基本因素既有宏观层面的，也有微观层面的；技术因素主要包括：市场特征、公众预期、投机操纵及供求力量对比等。

股票价格类型

　　股票市场是资本市场中最活跃、最具有魅力的一部分。股票价格类型主要有：

一　开盘价与收盘价

开盘价，又称开市价，是指某种股票在证券交易所每个交易日开市后的第一笔买卖成交价格。世界上大多数证券交易所都采用成交量最大原则来确定开盘价。如果开市后一段时间内（通常为半小时）某种股票没有买卖或没有成交，则取前一日的收盘价作为当日股票的开盘价。如果某种股票连续数日未成交，则由证券交易所的场内经纪人根据客户对该股票买卖委托的价格走势提出指导价，促使成交后，作为该股票的开盘价。在无形交易市场中，如果某种股票连续数日未成交，则以前一日的收盘价作为其开盘价。

收盘价，又称收市价，是指某种股票在证券交易所每个交易日最后一笔买卖成交价格。如果某种股票当日没有成交，则以最近一次成交价作为收盘价。初次上市的股票，以其上市之前公开销售的平均价格作为收盘价。如果证券交易所每日开前、后两市，则会出现前市收盘价和后市收盘价，一般以后市收盘价作为当日收盘价。上海证券交易所以最后一笔成交价格作为收盘价，深圳证券交易所以每个交易日最后一分钟内的所有成交价加权平均而得出收盘价。

人们经常会见到以月或年为时间段的开市价和收市价，这是以交易日的开市价和收市价为基础统计出来的，如月开市价是指当月第一个交易日的开市价。月收市价是指当月最后一个交易日的收市价。

二　最高价与最低价

最高价是指某种股票在每个交易日从开市到收市的交易过程中所产生的最高价格。如果当日该种股票成交价格没有发生变化，则最高价就是即时价。如果当日该种股票停牌，则最高价就是前市收盘价。如果证券市场实施了涨停板制度或者涨幅限制制度，则最高价不得超过〔前市收盘价×（1+最大允许涨幅比率）〕。

最低价是指某种股票在每个交易日从开市到收市的交易过程中所产生的最低价格。如果当日该种股票成交价格没有发生变化，则最低价就是即时价。如果当日该种股票停牌，则最低价就是前市收盘价。如果证券市场实施了跌停板制度或者跌幅限制制度，则最低价不得低于〔前市收盘价×（1-最大允许跌幅比率）〕。

在某种股票价格的统计中，人们经常会见到历史最高价和历史最低价。前者是指该种股票上市以来的最高成交价格。后者是指该种股票上市以来的最低成交价格。

三　成交价与除权价

成交价是指买卖双方充分参与，在一定的撮合原则下，由市场供求决定的价格。股票市场按价格形成是否连续来划分，可分为连续市场和集合市场。连续市场是指当买卖双方的投资者连续委托买进或卖出股票时，只要彼此符合成交条件，都可以在交易时段中任何时点发生交易，成交价不断地根据供求而出现涨跌变化。集合市场是指买卖双方的投资者间隔一段较长时间，市场累积买卖申报后才作一次竞价成交。随着股票市场的发展，世界上大多数股票市场在大部分交易时间均采用连续竞价方式进行交易。目前，上海证券交易所和深圳证券交易所同时采用集合竞价和连续竞价两种方式，即对每个交易日上午9点15分至9点25分电脑撮合系统接受的全部有效委托进行集合竞价处理，对其余交易时间的有效委托进行连续竞价处理。

集合竞价是这样确定成交价的：

（1）系统对所有买入有效委托按照委托限价由高到低的顺序排列，限价相同者按照进入系统的时间先后排列；对所有卖出有效委托按照委托限价由低到高的顺序排列，限价相同者按照进入系统的时间先后排列。

（2）系统根据竞价规则自动确定集合竞价的成交价，所有成交均以此价格成交。集合竞价的成交价确定原则是：以此价格成交，能够得到最大成交量。

（3）系统依照顺序逐步将排在前面的买入委托与卖出委托配对成交，按照"价格优先、同等价格下时间优先"的成交顺序依次成交，直到不能成交为止，即所有买入委托的限价均低于卖出委托的限价。未成交的委托排队等待成交。

集合竞价之后的新委托逐笔进入系统，与排队的委托进行连续竞价撮合。连续竞价是这样确定成交价的：

（1）对新进入的一个买入有效委托，若不能成交，则进入买入委托队列，排队等待成交；若能成交，即其委托买入限价高于或等于卖出委托队列的最低卖出限价，则与卖出委托队列顺序成交，其成交价取卖方叫价。

（2）对新进入的一个卖出有效委托，若不能成交，则进入卖出委托队列，排队等待成交；若能成交，即其委托卖出限价低于或等于买入委托队列的最高买入限价，则与买入委托队列顺序成交，其成交价取买方叫价。

除权价，又称除权参考价，是指交易所为了指导投资者买卖除权后的股票，在除权日提供的一个交易参考价格。上市公司向股东分派股息或配股时，会宣布一个股权登记日，对股权登记日持有股票的在册股东进行分红配股。股权登记日后第一个交易日股票除权，失去分红配股的权利之后，股票一般会以较低的价格交易。除权参考价是按照股票除权前后投资价值不变的原则计算的，即投资者在股权登记日按收市价买卖股票，与在除权日按除权参考价买卖股票，投资价值是相同的。用公式表示：

$$C = (F - S + P \times R) \div (1 + G + R)$$

式中：C 表示除权参考价；F 表示除权前股价；S 表示派息率；P 表示配股价；R 表示配股率；G 表示送股率。

除权日实际交易价格并不一定等于除权参考价，除权参考价仅仅是除权日股票交易的一个理论参考价格。当实际交易价格高于除权参考价时，称为填权，参与分红配股的在册股东可以获利；反之，当实际交易价格低于除权参考价时，称为贴权，参与分红配股的在册股东将遭受损失。填权和贴权是股票除权后的两种可能，它与整个股票市场状况、上市公司经营业绩以及送配股比例等因素有关。

四　市赢率

市赢率是每股市价与每股净利润的比率，是衡量股票投资价值与股价水平高低的一个常用指标。市赢率又称本益比，以倍数来表示，反映股票市价是赢利的多少倍。市赢率与投资价值成反比，市赢率越高，投资价值越低。但这不是绝对的，如果公司发展前景好，未来赢利会大幅增加，那么，即使目前市赢率偏高，仍有投资价值。

如果要反映一个行业或一个市场的总体投资价值，可以把一个行业或一个市场看成一家上市公司，用整个行业或整个市场的股票市价总值除以对应的税后利润总额，得出平均市赢率：

$$A = G/P = \sum ES / \sum TS$$

式中：A 表示平均市赢率；G 表示股票市价总值；P 表示税后利润总额；E 表示每股市价；S 表示股份数；T 表示每股税后利润。

中国目前计算市赢率和平均市赢率所遵循的原则是：

（1）赢利性公司全部纳入计算范围。

（2）新股上市后，统一按前一个会计年度每股赢利计算每日市赢率。

（3）送配股和分派现金红利的公司，应先对每股赢利进行调整，再计算市赢率。

股票价格指数

股票价格指数是运用统计学中的指数方法编制而成的，是反映股票市场总体价格或某一类股票价格走势的指标。

若按反映的价格走势所涵盖的范围来划分，可分为反映整个市场股票价格走势的综合指数和反映某一行业或某一类股票价格走势的分类指数。前者如恒生指数，所反映的是香港股市的整体走势。后者如恒生国企指数，所反映的是在香港上市的 H 股价格走势。

若按纳入指数计算范围的股票样本数量来划分，可分为全部上市股票价格指数和成分股指数。全部上市股票价格指数是指将所有上市股票都纳入指数计算范围，如上海证券交易所综合指数，就是将全部上市股票的价格变化都纳入计算范围。成分股指数是指从指数所涵盖的全部股票中选取一部分具有代表性的股票，作为指数样本（即成分股），计算时只把所选取的成分股纳入指数计算范围。如深圳证券交易所成分股指数，就是从深圳证券交易所全部上市股票中选取 40 种，作为成分股，纳入指数计算范围，通过这个指数可以近似地反映出全部上市股票的价格走势。在编制成分股指数时，为了保证所选样本具有充分的代表性，国际上惯用的做法是：综合考虑样本股的行业代表性以及其市价总值和成交量在全部上市股票中所占的比重，指数公布后，要根据市场情况，定期或不定期地进行更换。

股票价格指数的计算方法有两种：即算术平均法和加权平均法。

算术平均法是将组成指数的每只股票价格进行简单地平均，

计算出一个平均值。

加权平均法是在计算股价平均值时，不仅考虑每只股票的价格，还要根据每只股票对市场影响的大小，对平均值进行调整。

在实践中，一般是以股票的发行数量或成交量作为影响市场大小的依据，纳入指数计算，称为权数。由于以股票的实际平均价作为指数不便于人们计算和使用，所以，一般很少直接用平均价来表示指数水平，而是以某一基准日的平均价作为基准，将以后各个时期的平均价与基准日平均价进行比较，计算出各个时期的比值，再转换成百分值或千分值，以此作为股价指数的值。如上海证券交易所综合指数的基准日指数为 100 点，深圳证券交易所成分指数的基准日指数为 1000 点。另外，上市公司经常会有增资、拆股和派息行为，使股票价格产生除权除息效应，失去连续性，不能进行直接比较，所以，在计算股票价格指数时，要考虑上述因素的变化，及时地对指数进行校正。

世界著名指数

目前，世界上最著名的股票价格指数主要有以下几种。

一　道·琼斯指数

道·琼斯指数，即道·琼斯股票价格平均指数，是世界上最有影响的算术平均股价指数。它以在纽约证券交易所挂牌上市的一部分具有代表性的公司股票作为编制对象，由四种股票价格平均指数所构成：

（1）以 30 种著名的工业公司股票作为编制对象的道·琼斯工业股价平均指数。

（2）以 20 种著名的运输公司股票作为编制对象的道·琼斯运输业股价平均指数。

(3) 以 15 种著名的公用事业公司股票作为编制对象的道·琼斯公用事业股价平均指数。

(4) 以上述 65 种公司股票作为编制对象的道·琼斯综合股价平均指数。

在四种道·琼斯股价指数中，以道·琼斯工业股价指数最为著名。道·琼斯指数由美国报业集团道·琼斯公司负责编制，登载在其属下的《华尔街日报》上。历史上第一次公布道·琼斯工业股价指数是在 1884 年 7 月 3 日，当时的指数样本是 11 种股票。从 1928 年 10 月 1 日起，其样本股票增加到 30 种，并一直保持至今，但作为样本股的公司调整过多次。

二　日经指数

日经指数是由日本经济新闻社编制并公布的反映东京证券交易所股价走势的股票价格平均指数。

日经指数的前身是 1950 年 9 月开始编制的"东证修正平均股价"。1975 年 5 月 1 日，日本经济新闻社向道·琼斯公司购买商标，并将所编制的股价指数定名为"日本经济新闻社道·琼斯股票平均价格指数"。1985 年 5 月 1 日，经双方协商，更名为"日经平均股价指数"，简称日经指数。日经指数按计算对象的采样数不同，可分为两种：

一种是 1950 年 9 月开始编制的日经 225 种平均股价指数；另一种是 1982 年 1 月开始编制的日经 500 种平均股价指数。

由于日经 225 种平均股价指数的延续时间较长，具有很好的可比性，所以，该指数已成为考察日本股票市场最可靠、最常用的指标。

三　伦敦金融时报指数

伦敦金融时报指数是由英国著名的报纸《金融时报》编制

和公布的，反映伦敦证券交易所的股价走势。该指数有三种：

一是以 30 种样本股构成的价格指数；

二是以 100 种样本股构成的价格指数；

三是以 500 种样本股构成的价格指数。

通常所讲的伦敦金融时报指数是指第二种，即伦敦金融时报 100 种指数，采用加权平均法计算出股价指数。该指数以 1935 年 7 月 1 日作为基准日，以该日的股价指数为 100 点，以后各个时期的股价与基准日股价相比较，所得的数值就是各个时期的指数。

四 恒生指数

恒生指数是由香港恒生银行下属的恒生指数服务有限公司编制的，是以在香港联合证券交易所上市的 33 种股票作为样本股票，以其发行量作为权数，采用加权平均法编制而成的股价指数。

该指数于 1969 年 11 月 24 日首次公布，基准日为 1964 年 7 月 31 日，基准日指数为 1000 点。恒生指数的成分股具有很好的市场代表性，其总市值约占香港联合证券交易所市场资本总额的 70%。为了更好地反映各类股票的价格走势，恒生指数于 1985 年开始公布四个分类指数，将 33 种成分股分别纳入工商业、金融、地产、公共事业等四个分类指数中。

中国常见指数

目前，在中国股票市场上常见的指数主要有以下几种。

一 上证综合指数

上证综合指数是由上海证券交易所编制的，以上海证券交易所挂牌上市的全部股票作为计算范围，以发行量作为权数的加权平均股价指数。

该指数从1991年7月15日开始公布，基准日为1990年12月19日，基准日确定为100点。1992年2月21日，第一只B股上市，又增设了上证A股指数和上证B股指数，分别反映上海证券交易所全部A股和全部B股的股价走势。上证综合指数反映上海证券交易所全部股票（包括A股和B股）的股价走势。上证A股指数以1990年12月19日为基准日。上证B股指数以1992年2月21日为基准日。从1993年6月1日起，上海证券交易所还公布了上证分类指数，包括工业类指数、商业类指数、房地产类指数、公用事业类指数和综合类指数。

二　深证综合指数

深证综合指数是由深圳证券交易所编制的，以深圳证券交易所挂牌上市的全部股票作为计算范围，以发行量作为权数的加权平均股价指数。

该指数以1991年4月3日为基准日，基准日指数确定为100点。深证综合指数反映深圳证券交易所全部股票（包括A股和B股）的股价走势。另编制深证A股指数和深证B股指数，分别反映深圳证券交易所全部A股和全部B股的股价走势。深证A股指数以1991年4月3日为基准日，1992年10月4日开始公布。深证B股指数以1992年2月28日为基准日，1992年10月6日开始公布。

三　上证30指数

上证30指数是由上海证券交易所编制的一种成分股指数，是从上市的所有A股股票中选取具有市场代表性的30种样本股票作为计算对象，以流通股数作为权数计算得出的加权股价指数，可以大致反映上海证券交易所全部上市A股的股价走势。该指数以1996年1月至3月的平均流通市值作为指数的基期，基期指数确定为1000点。上证30指数在选取样本股时考虑的因素有：

（1）行业代表性。
（2）地区代表性。
（3）流通市值规模。
（4）交易活跃程度。
（5）财务状况和经营业绩。

确定符合条件的股票以后，再根据下列原则进行最终评选：

（1）行业分布。
（2）地区分布。
（3）流通市值排名。
（4）成交金额排名。

上证30指数的样本股将根据市场情况，由专家委员会按照样本稳定与动态跟踪相结合的原则进行适时地调整，每次调整一般不超过三只股票。

四 深证成分股指数

深证成分股指数是由深圳证券交易所编制的一种成分股指数，是从上市的全部股票中选取具有市场代表性的40种样本股票作为计算对象，以流通股数作为权数计算得出的加权股价指数，可以大致反映深圳证券交易所全部A股和B股的股价走势。该指数以1994年7月20日为基准日，基准日指数确定为1000点。成分股指数于1995年1月23日开始试公布，1995年5月5日正式启用。以40种A股作为计算A股成分指数和行业分类指数的样本股票，这40家公司有B股的，其B股作为计算B股成分指数的样本股票。深圳证券交易所还编制行业分类指数，包括工业类指数、商业类指数、金融类指数、地产类指数、公用事业类指数和综合类指数。

深证成分股指数在选取样本股时考虑的因素有：
（1）上市规模。
（2）交易活跃程度。
（3）上市交易日期的长短。

确定符合条件的股票以后，再根据下列原则进行最终评选：
（1）地区代表性。
（2）平均市赢率排名。
（3）行业代表性及发展前景。
（4）公司财务状况、赢利记录、发展前景及管理素质。

为了保证指数的代表性，深圳证券交易所定于每年的1月、5月、9月，对成分股的代表性进行考察，讨论是否需要更换。

宏观经济分析

如前所述，影响股票价格指数的因素很多很复杂，大体上分为两类：即基本因素和技术因素。基本因素的分析框架是宏观经济分析、产业行业分析和公司分析，下面先进行宏观经济分析。

所谓宏观经济分析，就是对国民生产总值、经济周期、通货膨胀和宏观经济政策进行梳理和剖析。

一　国民生产总值分析

国民生产总值是指一定时期内国民经济各部门各地区所生产的全部商品劳务的市场价值，其构成如下：

$$Y = C + I + G + (X - M)$$

式中：Y 表示国民生产总值；C 表示个人消费；I 表示投资；

G表示政府开支；X表示出口；M表示进口。

个人消费，反映个人或非营利性组织所购买、消费的商品劳务的市场价值。个人消费支出主要有三类：即耐用消费品、非耐用消费品、劳务。其中耐用消费品行业与宏观经济形势的联系更为紧密，因为耐用消费品的收入弹性较大，非耐用消费品和劳务的收入弹性较小。

投资，由固定资产投资和企业库存两部分所组成。固定资产投资是指企业、非营利性组织和个人对使用期限在一年以上的固定资产的购置，包括厂房、机器设备和运输工具等，固定资产投资的周期性变化与经济周期的变动密切相关。企业库存包括原材料、半制成品和制成品，反映了企业所持有的实物存货的价值。企业库存的变动与经济周期也密切相关。当经济萧条时，商品供给大于商品需求，商品销售困难，企业库存就会上升。当经济繁荣时，商品供给小于商品需求，商品销售顺畅，企业库存就会下降。

政府开支，包括军事采购支出；基础设施建设支出；公用事业及科教文卫支出；社会福利及社会救助支出；国有企业建设支出；财政补贴；减免税等，反映政府对经济生活的调节作用，政府开支的增减及支出结构的变化会对相关产业和行业产生重大的影响。

净出口，指出口减进口的余额。它的增长将会推动外贸企业的生产和销售，并带动相关行业和企业的发展。

一般而论，股票价格变动与国民生产总值的变化应该是一致的，但其比例并不是一成不变的。近年来，许多国家政府开始认识到股市的财富效应对拉动经济增长的作用，一些经济学家也意识到适度的股市泡沫对经济发展具有积极作用，通过泡沫的增长促进社会财富的增加，同时，企业不断创利，不断填实泡沫，这将有利于经济增长和经济结构的调整。

二 经济周期分析

毫无疑问，经济从衰退到萧条、到复苏、再到繁荣的周期性变化会对股票市场产生根本性的影响。第二次世界大战以来，西方国家经济周期的时间长度大约是 48 个月，其中衰退萧条期约 11 个月，复苏繁荣期约 37 个月。一般来说，股票价格的变动与经济周期大体上是一致的。在经济繁荣时期，公司经营状况好，获利多，可分派的股息多，股票价格就上扬；在经济萧条时期，公司经营状况差，获利少，可分派的股息少，股票价格就下跌。经济周期的变化对不同行业的影响程度是不同的，消费品行业所受的影响较小，投资品行业所受的影响较大。

三 通货膨胀分析

通货膨胀对于股票市场的影响比较复杂，既可能刺激股票价格上扬，也可能导致股票价格下跌。货币供给量开始增加时，能刺激生产，增加公司赢利，导致股票价格上涨。货币供给量进一步增加，就将推动利率上涨，导致股票价格下跌。总之，通货膨胀可能影响公司的赢利，影响投资者对资本收益率的预期，使投资者产生错觉。

四 宏观经济政策分析

宏观经济政策包括货币政策和财政政策。两大政策的松紧力度和搭配方式的不同，对社会经济生活以及产业发展前景的影响是不同的。相机抉择，组合使用，是货币政策与财政政策协同作用的主要内容。在调节宏观经济运行时，货币政策与财政政策各有两种政策选择，可以构成四种不同的政策组合模式：

（1）松的货币政策与松的财政政策的组合。
（2）紧的货币政策与紧的财政政策的组合。

(3) 松的货币政策与紧的财政政策的组合。
(4) 紧的货币政策与松的财政政策的组合。

这四种政策组合模式会产生四种不同的政策效应。

模式一，又称双松政策。所谓松的货币政策是指中央银行通过降低存款准备金率、降低再贴现率、开展公开市场业务等手段来增加货币供应量，扩大信贷支出规模，进而扩大社会总需求。所谓松的财政政策是指政府通过减少税收、扩大财政支出规模、动用历年财政结余、造成财政赤字等手段来增加社会上的货币量，进而扩大社会总需求。由于政府和中央银行共同向社会注入货币资金，因而社会总需求在短时间内会迅速扩张起来，从而对经济增长产生强烈的刺激作用。一般认为，双松政策只有在经济中存在大量未被利用的闲置资源时才适于采用。这时，由于注入了大量的货币，会促使闲置资源有效运用，扩大就业，刺激经济增长。但是，如果经济中不存在足够的闲置资源，那么，注入的大量货币，就会充塞流通渠道，导致通货膨胀，从而对经济运行产生不利的影响。

模式二，又称双紧政策。所谓紧的货币政策是指中央银行通过提高存款准备金率、提高再贴现率、开展公开市场业务等手段来减少货币供应量，压缩信贷支出规模，进而抑制社会总需求。所谓紧的财政政策是指政府通过增加税收、削减财政支出规模、增加财政盈余等手段来减少社会上的货币量，抑制社会总需求。由于政府削减了一部分有支付能力的需求，中央银行也减少了货币供应，因而社会上的货币供给量会明显减少，使社会总需求在短期内迅速收缩。双紧政策能够有效地抑制投资需求和消费需求，进而制止通货膨胀。但其代价是可能导致经济停滞甚至萎缩，已投入的一部分生产要素将会被浪费。

模式三，即松金融与紧财政的组合。紧财政是指财政收支受到严格控制，基本上保持年度收支平衡甚至盈余，这样，就堵住了财政分循环向总循环增加货币量的渠道，从而抑制社会总需求，制止通货膨胀。这时，货币供应已成为中央银行独立控制的变量，中央银行可以适当扩大信贷支出规模，以适应经济增长的需要。因此，这种政策组合的效应是在控制通货膨胀的同时，保持经济的适度增长。当然，货币政策过于松弛，也难以保证不出现通货膨胀。

模式四，即紧金融与松财政的组合。紧金融是指中央银行的货币供应被严格控制住，银根抽紧，社会总需求缩小，以避免过高的通货膨胀率。在货币供给量稳定或缩小的情况下，政府通过财政赤字、动用历年财政结余等手段来扩大财政支出规模。由于财政超支部分不过是银行存款和社会上现金的减少部分，而财政支出又具有定向供应货币的机制，这样，就可以起到调整产业结构的作用。因此，这种政策组合的效应是在保持经济协调增长的同时，尽可能地避免通货膨胀。但是，长期运用这种政策组合，会积累起大量的财政赤字。

从上述四种政策组合效应的分析来看，所谓松与紧，实际上是财政与金融在资金供应上的松与紧，也就是银根的松紧。凡是使银根松动的措施，如减税、增加政府开支、降低存款准备金率、降低再贴现率、扩大信贷支出等，都属于松的政策措施；相反，凡是抽紧银根的措施，如增税、削减政府开支、提高存款准备金率、提高再贴现率、压缩信贷支出等，都属于紧的政策措施。至于到底应该采用哪一种政策组合模式，则取决于宏观经济运行状况以及所要实现的政策目标。一般而言，当社会总需求明显地小于总供给时，就应该采取双松政策，迅速扩大社会总需求，克服经济衰退。当社会总需求大大超过总供给时，就应该采取双紧政策，有效地抑制社会总需求的膨胀，促使经济稳定。当着重要解决经济结构不协调问题时，适宜采取紧金融与松财政的组合，既发挥财政定向调节产业结构的独特作用，又有效地控制货币供应量。当着重要解决经济效率不高问题时，适宜采取松金融与紧财政的组合，严格控制无偿资金的供给，适当增加信贷资金的供给，以提高经济运行效率和资金使用效益。

产业行业分析

产业行业分析包括产业分析和行业分析。

一 产业分析

三次产业划分是对国民经济各种行业所进行的一种基本分类，它按照产业活动的先后次序分为第一产业、第二产业和第三产业。

第一产业：即农业，包括农业、林业、牧业、渔业。

第二产业：即工业，包括采掘业、制造业、建筑业、电力、供水、供气等。

第三产业：即服务业，包括商品流通部门、生产生活服务部门、文化娱乐服务部门、社会公共服务部门。其中，商品流通部门包括交通运输、邮电通讯、公共饮食、商业、贸易、仓储等；生产生活服务部门包括银行、保险、证券、信托、房地产、公用事业、旅游业、信息咨询、技术服务、水利等；文化娱乐服务部门包括文化、文学艺术、广播电影电视等；社会公共服务部门包括科学、教育、卫生、体育、社会福利等。

一国经济三次产业的就业比重和增加值比重在排序上的变化，表现出阶段时序性和层次性特征，由于第三产业比第一产业、第二产业具有更高的收入弹性，所以，随着经济发展和人均收入水平的提高，中国第三产业的发展将会大大加快。

二 行业分析

所谓行业，是指生产类似或密切联系的产品、提供类似或密切联系的劳务的企业群体。

若按要素密集的性质划分，可分为资本密集型行业、技术密集型行业、劳动密集型行业。

若按行业生命周期划分，可分为成长型行业、发展型行业、成熟型行业、衰退型行业。

若按产品的耐用性划分，可分为耐用消费品行业、非耐用消费品行业。

若按市场的竞争性划分，可分为完全竞争行业、垄断竞争行业、寡头垄断行业、完全垄断行业。

在行业分析中，要注意商业周期、行业生命周期和产品生命周期之间的关系，增长性行业的发展主要依靠技术进步和产品创新，与商业周期变动毫无关联。周期性行业，如零售业、耐用消费品行业，与商业周期变动直接相关。稳定性行业，如饮食业、公用事业，需求的收入弹性较小，比较稳定，不易受商业周期的影响。行业生命周期的制约因素很多，主要有能源、技术、人口、社会、市场竞争和政府干预等。行业生命周期的变动对股票投资的影响主要是通过它对公司业绩的影响程度来体现的。投资者在选择投资方向时，需注意所投资的企业的行业生命周期和产品生命周期，以降低投资风险。

公司分析

公司分析，又称财务报表分析，是指通过对公司财务报表的相关数据进行汇总、计算和对比，综合地分析、评价公司的财务状况和经营成果。

公司分析的目的是满足各阶层的信息需求。

债权人关心的是公司的偿债能力和资产流动性。

投资者关心的是公司的赢利能力、经营效率和发展前景。

财政、税务和国有资产管理部门通过公司财务报表分析，获得微观信息，加强宏观调控和管理。

公司管理者通过财务报表分析，全面掌握公司的财务状况和经营成果，找出存在的问题，进一步提高公司的管理水平。

公司财务报表是根据会计记录，对公司的财务状况和经营成果进行综合反映的一种书面文件。根据财务报表所反映的内容，可分为资产负债表、损益表和现金流量表。

资产负债表是根据资产等于负债加所有者权益这一会计等式编制而成的，通过对资产负债表的分析，可以了解公司的资产分布状况、所承担的负债情况以及所有者权益变动等信息，以判断公司的资本结构是否合理，财务状况和偿债能力如何，股东所持有的权益是多少等。

损益表是反映公司在一定时期内经营成果的财务报表，主要通过列示收入、费用支出、所得利润，来揭示公司的销售、净利润增长等经营业绩。

现金流量表是为会计报表使用者提供公司在一定时期内现金和现金等价物流入流出信息的，以便会计报表使用者了解和评价公司获取现金和现金等价物的能力，并据此预测公司的未来现金流量。

财务报表分析的主要方法是财务比率分析。所谓财务比率分析，是指对同一张财务报表的不同项目和不同类别，或者对两张财务报表的相关项目进行比较分析，以比率来反映它们之间的相互关系，从中发现问题，并据以评价公司的财务状况和经营成果。财务比率分析大致上可分为五大类：

一 偿债能力比率分析

偿债能力比率分析主要是对流动比率、速动比率、利息支付倍率、应收账款周转率进行分析。

（1）流动比率分析。流动比率是流动资产与流动负债的比值，可以反映公司的短期偿债能力。公司能否偿还短期债务，要看有多少债务以及有多少可变现的偿债资产，流动资产越多、短期债务越少，则偿债能力越强。一般认为，公司合理的最低流动比率是2，即处于流动资产中变现能力最差的存货额约占流动资产总额的50%。公司流动比率只有与同行业平均流动比率、与本公司历史上的流动比率进行比较，才能知晓这一比率是高还是低。在一般情况下，营业周期、应收账款数额和存货周转速度是影响流动比率的主要因素。

（2）速动比率分析。速动比率是扣除存货的流动资产与流动负债的比值。没有公司希望用变卖存货的办法还债，所以，将存货从流动资产中扣除而计算出的速动比率，所反映的短期偿债能力更加令人信服。一般认为，正常的速动比率为1，当然，这只是一般的看法，行业不同，速动比率会有很大的差别。影响速动比率可信性的重要因素是应收账款变现能力。

（3）利息支付倍率分析。利息支付倍率，也称利息保障倍率，是指经营业务收益（即未扣除利息费用和所得税之前的利润）与利息费用（含资本化利息）的比值，可以衡量公司偿付债务利息的能力。如何合理确定公司的利息支付倍率，这需要与同行业平均水平进行比较，也需要与本公司的历史水平进行比较。结合这一指标，还可以测算公司长期负债与营运资金比率，长期负债会随时间的延续而不断地转化为流动负债，需要动用流动资产来偿还，因此，保持长期负债低于营运资金，就不会因为这种转化而造成流动资产小于流动负债的局面。

(4) 应收账款周转率分析。应收账款周转率是指年度内应收账款转换为现金的平均次数，反映应收账款流动的速度。用时间表示的应收账款流动速度是应收账款周转天数，也称应收账款回收期或平均收现期，它表示公司从取得应收账款的权利到收回款项、转换为现金所需要的时间。应收账款与存货一样，在流动资产中具有举足轻重的地位，及时收回应收账款，不仅增强了公司的短期偿债能力，也反映了公司管理应收账款的效率。一般来说，应收账款周转率越高，平均收现期越短，表明应收账款的回收速度越快，否则，公司的营运资金就会过多地呆滞在应收账款上，从而影响正常的资金周转。

二　资本结构比率分析

资本结构比率分析主要是对股东权益比率、资产负债率、长期负债比率、股东权益与固定资产比率进行分析。

（1）股东权益比率分析。股东权益比率是股东权益与资产总额的比值。它反映公司基本财务结构是否稳定。一般而言，股东权益比率高是低风险、低报酬的财务结构；股东权益比率低是高风险、高报酬的财务结构。因为所有者出资不像负债那样，有还本付息的压力。

（2）资产负债率分析。资产负债率，也称举债经营比率，是负债总额与资产总额的比值。它反映债权人所提供的资本占全部资本的比例。对债权人而言，最关心的是贷款的安全程度，能否按期收回本息。对股东而言，由于公司通过举债而筹措的资金与股东提供的资本在经营中发挥同样的作用，所以，股东最关心的是全部资本利润率是否超过贷款利率。对经营者而言，借款比例越大，越显得公司的活力充沛，无债经营，反而说明公司不思进取。

（3）长期负债比率。长期负债比率是长期负债与资产总额的比值。长期负债的稳定性比流动负债强，比所有者权益弱。如果长期负债比率过高，就意味着股东权益比率过低，公司的资本结构风险较大。

(4) 股东权益与固定资产比率分析。股东权益与固定资产比率是股东权益与固定资产总额的比值，可以衡量公司财务结构的稳定性。由于所有者权益没有偿还期，故最适合用于购买固定资产。该比率越大，说明公司的资本结构越稳定。

三 经济效益分析

经济效益分析主要是对存货周转率、固定资产周转率、总资产周转率、股东权益周转率、主营业务收入增长率进行分析。

(1) 存货周转率分析。存货周转率是销售成本与平均存货的比值。用时间表示的存货周转速度是存货周转天数。存货周转率越高，存货的占用水平就越低，流动性就越强，存货转化为现金的速度就越快。

(2) 固定资产周转率分析。固定资产周转率是销售收入与固定资产平均余额的比值。该比率越大，表明固定资产运用效率越高。

(3) 总资产周转率分析。总资产周转率是销售收入与平均资产总额的比值。该比率越高，说明公司销售能力越强。

(4) 股东权益周转率分析。股东权益周转率是销售收入与平均股东权益的比值。该比率越大，表明所有者资本的运用效率越高，营运能力越强。

(5) 主营业务收入增长率分析。主营业务收入增长率是本期主营业务收入减上期主营业务收入的差额与上期主营业务收入的比值。该比率可以衡量公司的产品生命周期，判断公司发展所处的阶段。一般而言，如果主营业务收入增长率超过10%，表明公司产品处于成长期，将继续保持较好的增长势头。如果主营业务收入增长率在5%~10%,表明公司产品已进入稳定期,需着手开发新产品。如果主营业务收入增长率低于5%,表明公司产品已进入衰退期。

四 赢利能力比率分析

赢利能力比率分析主要是对销售毛利率、销售净利率、资产收益率、股东权益收益率、主营业务利润率进行分析。

(1) 销售毛利率分析。销售毛利率是毛利润与销售收入的比值。毛利润是销售收入减去销售成本。该比率表示每一元销售收入带来多少毛利润。

(2) 销售净利率分析。销售净利率是指净利润与销售收入的比值。该比率反映每一元销售收入带来多少净利润,表示销售收入的实际收益水平。

(3) 资产收益率分析。资产收益率是净利润与平均资产总额的比值。该比率越大,表明资产的利用效率越高。公司资产是由投资者投入或举债形成的,收益多少与公司资产规模、资产结构、经营管理水平密切相关。为了正确评价公司经济效益的高低,可以用该比率与本公司前期、与本公司计划、与本行业平均水平、与本行业先进水平进行比较,分析形成差异的原因。

(4) 股东权益收益率分析。股东权益收益率是净利润与平均股东权益的比值。该指标反映股东权益的收益水平。

(5) 主营业务利润率分析。主营业务利润率是主营业务利润与主营业务收入的比值。该指标反映公司的主营业务获利水平。

五 投资收益分析

投资收益分析主要是对每股净收益、股息发放率、市赢率、投资收益率、每股净资产、净资产倍率进行分析。

（1）每股净收益分析。每股净收益是指本年赢利与普通股股数的比值。该指标反映普通股的获利水平，比率越大，股东投资效益越好。

（2）股息发放率分析。股息发放率是普通股每股股息与每股净收益的比值。该指标反映股东从每股净收益中所分得的股息。公司要综合考虑经营扩张的资金需求、财务风险和最佳资本结构等因素，来决定支付股息的比例。

（3）市赢率分析。市赢率是每股市价与每股净利润的比值。每股市价是指每股普通股在证券市场上的买卖价格。用每股净利润与每股股价进行比较，反映投资者对每元利润所愿意支付的价格，比率越高，表明公司未来成长的潜力越大。

（4）投资收益率分析。投资收益率是投资收益与平均投资额的比值。该指标反映公司长期投资和短期投资的收益水平。

（5）每股净资产分析。每股净资产是净资产与普通股股数的比值。净资产，又称所有者权益，是资产总额减负债总额的净值。该指标反映每股普通股所代表的股东权益额。

（6）净资产倍率分析。净资产倍率是每股市价与每股净资产的比值。它表明公司股票以多少倍于净资产的价格进行交易。

道氏理论

技术分析是将股价变动的历史资料作为归纳和演绎的依据，通过数学运算、图表、波浪及周期等分析方法，来判断股票价格的未来走势。其原理是：假设股价变动是由供求双方的力量对比所决定的，价位循着一定方向推进，结果可以重复，当供求双方的力量对比发生变化时，尽可能地提供量化指标来说明。技术分析由于只关心市场价格的变动，不关心影响价格的因素，所以，它并不是投资选择的灵丹妙药，一般只能用来做短线操作的分析工具。

　　道氏理论是最古老、最著名的技术分析工具之一。道氏理论的基本原理由美国华尔街金融日报编辑道氏（Dow）首创，并由纳尔逊（Nelson）和汉密尔顿（Hamilton）发扬光大。

　　道氏理论同时运用道·琼斯工业股价平均数和铁路股价平均数，来判断多头市场是否转为空头市场，或者空头市场是否转为多头市场，以及多头或空头市场是否持续。当两种股价平均数都上升时，表示各公司业绩向好的方向发展，所以，股市将为多头市场；当两种股价平均数都下降时，表示各公司业绩转坏，故股市转为空头市场。道氏理论假定任一时点上，股票市场必定存在三种移动：即基本移动、继发性移动和日常移动。这三种移动同时运作，并交互影响。股价循环似潮水的涨落，基本移动似潮流，继发性移动似波浪，日常移动似波纹。两者的区别在于：潮水的涨落具有规律性，可以事先预知；而股市的起伏变化没有规律，故无法事先以数学模型加以预测。

　　基本移动是一种长期涨跌趋势。如：长期上涨就是多头市场；长期下跌就是空头市场。在多头市场里，股价平均数的新高峰必然高于前一高峰。在空头市场里，股价平均数的新谷底必然低于前一谷底。基本移动的上升趋势可以分为三个阶段：

　　第一阶段，一方面，有远见的投资者对企业业绩看好，开始买进，导致股价逐渐上升；另一方面，企业发表的财务报告内容并不理想，所以，一般投资者开始脱离股市。

　　第二阶段，景气已复苏，公司业绩逐渐改善，股价稳定上升，成交量也显著增加。

　　第三阶段，好消息不断出现，资金大量涌入，股价急剧上升，成交量大幅增加，新上市股票显著增多，而投机者更是趁机哄抬，结果导致投机股股价大幅上涨，投资股股价反而持平，这就是多头市场快要结束的预兆。

基本移动的下降趋势也有三个阶段：

第一阶段，有远见的投资者已经预料到景气将衰退，企业业绩将转坏，开始抛售手中股票，导致股价略跌；一般投资者不明真相而纷纷买进，结果促使股价反弹，但交易量逐渐减少。

第二阶段，买者渐少，卖者大增，股价直线下跌，不过，股价暴跌以后，可能出现次级移动的反弹现象。

第三阶段，坏消息不断出现，股价持续下跌，但已没有暴跌现象，投机股股价下跌幅度最大，而投资股股价虽下跌，但幅度较小，股市中交易的股票主要是投资股股票，这就是空头市场快要结束的预兆。

基本移动中常伴随着继发性移动，就是说，多头市场中突然出现中期回档现象或空头市场中突然出现中期反弹现象。这些回档或反弹现象就是继发性移动。在一个多头或空头市场中常会出现2～3个继发性移动，这些继发性移动的持续期约为两周至数月，继发性移动的回档或反弹幅度一般可达到先前上升或下跌幅度的3/8。日常移动是指每天股价的移动，其持续期约为数小时至数日。在股票市场的三种移动中，基本移动最为重要，继发性移动可以用来帮助预测基本移动，而日常移动则不重要。

道氏理论认为，股市的走势只有在两种股价平均数互证的情况下才能明确的显示出来。如果两种股价平均数反向变动，则不会有互证的事情发生。互证现象可以用两种方法表示：

第一种是两种股价平均数同时出现新的高峰或新的谷底。此方法主要用于判断基本移动；

第二种是两种股价平均数盘旋一段时间以后，突然窜高或滑落。此方法主要用于判断继发性移动。

波浪理论

波浪理论是技术分析大师艾略特（R. H. Eliot）发明的一种价格趋势分析工具，根据周期循环的波动规律来分析和预测股价或股价指数走势。

艾略特认为，股价上升5波以后，会出现下降3波的调整，如此波动构成股价变动的一个循环，接着又开始第二次循环，最后以上升5波宣告全部上升过程的结束。波浪理论的循环以8浪循环为基础，在每一个上升、下降的完整过程中均包含一个8浪循环。波浪分为：

50年的超级循环；

10年的循环；

1~4年的基本波动；

6个月的次级波动；

6周的短期波动。

所有这些循环都是按照费波纳茨级数展开的，一组奇异数字为：1，1，2，3，5，8，13，21，34，55，89，144，233，377……

黄金分割律

黄金分割律原来是美学中一种最和谐的比率，现在被人们移植到股价技术分析中来，主要用于分析股价的支撑位和阻力位，以预测股价的涨跌幅度。基本原理是：根据奇异数字组合数列的规律，将1分割成0.382与0.618，结合股市的实际情况，预测未来股价变动。

黄金分割律除了0.382与0.618以外，0.191与0.809也是不可忽视的支撑点或阻力点。在实际操作中，可以将上述系数分别转化为百分数以后再用于计算。在上升行情中，用股价上升的底价乘以（1+19.1%）、（1+38.2%）、（1+61.8%）、（1+80.9%）、（1+100%），就是可能遇到的阻力位；股价超过一倍以后，用股价上升的底价乘以（1+119.1%）、（1+138.2%）、（1+161.8%）、（1+180.9%）、（1+200%），就是可能的新阻力位。在下跌行情中，用股价下跌的高价乘以（1-19.1%）、（1-38.2%）、（1-61.8%）、（1-80.9%）、（1-100%），就可以得到股价下跌过程中可能遇到的支撑位。

一般认为，黄金分割律对于大势判断的可靠性要高于对个股走势判断的可靠性，在成熟股市中应用的有效性要高于在不成熟股市中应用的有效性。

行为金融学的分析范式

行为金融学的诞生并不是近年来的事情，在主流金融学的兴起和发展过程中，作为社会科学领域重要分支的行为学早已渗入金融学领域，只是一直在边缘位置若隐若现。早在1951年，美国经济学家布鲁尔（Burell）就发表了"一种可用于投资研究的实验方法"一文，率先提出了用实验来讨论理论的必要性。1967年，美国经济学家巴曼（Bauman）发表了"科学投资分析：是科学还是幻想"一文，更加明确地批评了金融学科片面依靠模型的治学态度，并指出金融学与行为学的结合应该是今后金融学的发展方向。追随他们理论的金融专家也陆续有一些研究成果问世，但都是散见的，没有引起人们的足够重视。行为金融学的大发展还是在20世纪80年代以后，在主流金融学模型与实证不断背离的困境中，由美国经济学家卡恩曼（Kahneman）和特维尔斯基（Tversky）所创立的预期理论独树一帜，使行为金融学终于成为金融学寻找学科发展的突破口。2002年度的诺贝尔经济学奖授予了卡恩曼,这种战略目光显示了行为金融学在未来学科发展中的地位。

行为金融学提出了人类行为的三点假设,即有限理性、有限控制力和有限自利,并以此为根据来解释金融活动中与理性选择理论相悖的地方。当然,行为金融学并不是完全否定主流金融学理论,而是在接受其人类行为具有效用最大化倾向的前提下,对其理论进行修正和补充,丰富了分析问题的视角。行为金融学发展到今天,积累了许多独特的分析范式,下面从五个方面加以介绍,这对于我们正确认识证券市场行为,特别是研究中国证券市场的问题,如封闭式基金价格与净值脱离现象、公告日效应和周末效应等,提供了新的思路和分析方法。

一 预期理论

预期理论是一种研究人们在不确定条件下如何作出决策的理论,由卡恩曼和特维尔斯基于1979年提出。其基本观点是:人类行为虽然具有效用最大化倾向,但由于有限理性、有限控制力和有限自利的存在,人们并不完全像传统金融理论所假设的那样,在任何条件下都清楚地计算得失和风险概率,人们的选择往往受个人偏好、社会规范和观念习惯的影响,所以,未来的决策存在不确定性。具体地说:

(1) 决策参照点决定行为者对风险的态度。所谓参照点是指人们对某事物的期望。决策参照点是指人们在决策时,以自己身处的位置和衡量标准作为判断行为效用的依据。人们面临获得,会倾向于风险规避;面临损失,会倾向于追求风险;而获得和损失是相对于参照点而言的,在参照点上,人们更重视预期与结果的差距,而不是结果本身。决策参照点决定行为者对风险的态度,如果改变人们在评价事物时所使用的参照点,就可以改变人们的风险偏好。如:一个企业要想影响其员工对风险的偏好,就可以通过改变员工的绩效期望水平来达到目的。由于决策参照点的存在，使预期具有不确定性和不稳定性，由预期所带来的行为不可能与理性选择理论完全相符。

（2）损失规避。卡恩曼和特维尔斯基通过实验发现，人们对损失和获得（或收益）的敏感程度是不同的，行为者在大多数情况下，对预期损失的估值要比对预期收益的估值高出两倍。这是因为在不确定条件下，人们的偏好是由财富增量而不是由总量所决定的，所以，人们对损失的敏感度要高于对收益的敏感度，这种现象被称为损失规避，可用于解释人们的决策行为与数量模型之间的偏差。卡恩曼和特维尔斯基用两种函数来描述个人的选择行为：一是价值函数；二是决策权数函数。传统金融理论中效用函数的所有点都是凹的，而卡恩曼和特维尔斯基则用价值函数取代了效用函数，认为，由于损失规避的存在，价值函数表现为正的增量是凹的，表现为负的增量是凸的。这表明人们在已经亏损的情况下，会成为一个风险追求者，而不是一个风险厌恶者。如在上一轮赌局中遭受损失的人会更有参加下一轮赌局的冲动。

（3）非贝叶斯法则的预期。所谓贝叶斯法则，是指当分析样本数接近于全部样本数时，样本中事件发生的概率将会接近于总体中事件发生的概率。就是说，只有对全部样本进行统计的结果才是真正的结果，样本数量越接近真实数量，统计的结果越可信；样本数量越小，统计的结果越不能反映真实情况。卡恩曼和特维尔斯基认为，行为者在不确定情况下作预期时，经常会表现出非贝叶斯法则，人们不能正确地理解统计样本大小的意义，会将小样本中的概率分布当作总体的概率分布，夸大小样本的代表性，对小概率加权太重，犯了小数定律偏差。

（4）框架效应。卡恩曼和特维尔斯基注意到行为选择与行为环境之间的关系，认为，人们面对决策时，不仅考虑行为的预期效用,还会受到问题的框架方式的影响,即问题以什么方式呈现在行为者面前,会在一定程度上影响到人们对风险的态度。面对相同预期效用的确定性收益与风险性收益,如果方案是代表收益的,行为者就会选择确定性收益,即风险规避。面对相同预期效用的确定性损失与风险性损失,如果方案是代表损失的,行为者就会选择风险性损失,即风险爱好。

(5)投资中的处置效果。这是指投资者所持有的股票在价格下跌时,会更倾向于继续持有,而不是卖出股票,以期待扳平的机会。

二 启发式认知偏向

所谓启发式认知偏向,是指人们由于走捷径而导致的判断偏差。人们在作判断的过程中,会走一些思维捷径,这些思维捷径,有时会帮助人们快速地作出准确的判断,有时也会导致判断的失误或偏差。卡恩曼和特维尔斯基总结了三种最典型的启发式认知偏向,即代表性偏向、可得性偏向和锚定效应。

1. 代表性偏向

代表性偏向是指人们简单地用类比的方法去判断。使用代表性偏向进行判断,往往会导致过分自信。股票市场上的龙头股现象就是使用代表性偏向进行判断的结果,一个板块的龙头股价格上升或下跌,常常会带动板块内的其他股票价格上升或下跌。使用代表性偏向的表现很多:

(1)人们常常对先验概率不敏感,在判断时收到新信息的干扰,往往就忘掉了已有的重要信息,或不能区分信息的重要程度,从而导致判断的偏误。

(2)人们常常认为事物发生的频率应该依照其概率分布,否则,这种频率的发生概率就很小,这是一种经验主义的认知偏向。

（3）人们对作预测的难易程度不敏感，在作决策时，会被一些与预测相关性很小的因素所迷惑。如赞美性的语言描述与中性色彩的语言描述，会影响投资者对股票赢利预期的判断。

（4）判断者会有一种可得性幻觉。可得性幻觉是指人们在面对一组描述某事件的信息时，经常会忽略不熟悉或看不懂的信息，只凭自己熟悉的或能够理解的信息作出判断，这些被忽略的信息也许对作出正确判断是关键的。

（5）人们不理解向平均回归的意义，没有意识到回报率总是围绕着平均回报率波动这一事实。

2. 可得性偏向

可得性偏向是指当人们需要作出判断时，往往会依赖快速得到的信息或最先想到的信息，而不去致力于挖掘更多的信息。人们在使用可得性偏向进行判断时，从记忆中最先搜寻到的信息往往会成为判断的依据。可得性偏向可分为四种表现形式：

（1）事件的可追溯性所造成的可得性偏向。如事件发生的次数越多，越容易记住；事件越不寻常，越容易记住；事件发生的时间越近，记忆越清楚；对事件越熟悉，越会作出判断。

（2）搜索信息集合的有效性所造成的可得性偏向。人们在搜索记忆中的信息集合时，有的信息集合能够反应到脑海中，有的信息集合则不能反应到脑海中，搜索信息集合的有效性会导致判断者的认知偏向。

（3）想象力所造成的可得性偏向。人们在对某事物的发生频率进行估测时，由于对该事物不熟悉，只能借助于对相关信息的搜索，以此在脑海中构筑和计算该事物的发生频率。

（4）幻觉相关所造成的可得性偏向。幻觉相关是指当一件事发生在另一件事之后，会给人们造成一种这两者之间有因果联系的幻觉。

3. 锚定效应

锚定效应是指当人们需要对某事件作定量估测时，会将某些特定的数值作为起始值，这些起始值就像锚一样，使估测值落在某一区域内。如果这些锚定的方向有误，其估测就会产生偏差。锚定效应有三种表现：

（1）不充分的调整。不充分的调整是指人们在估测某一数值时，会受到某些起始值的影响而作出不准确的估测。

（2）连续事件和独立事件的估测偏向。这是指人们往往偏向于高估连续事件发生的概率，而低估独立事件发生的概率。在生活中，人们对连续事件发生概率的高估，会导致对某一计划的成功过于乐观，而对独立事件发生概率的低估，则会导致不能充分认识到某一复杂体系出问题的风险程度。

（3）主观概率分布的估测偏差。这是指人们在估测某一数值的致信区间时，往往先得出一个指数的期望值，然后分别向下和向上进行调整，而这种心理调整常常是不充分的，导致主观致信区间过于狭窄。

三 噪声交易者和套利限制

传统金融理论的重要支撑是有效市场假说，市场上理性交易者能够正确评估证券价格，如果存在非理性交易者，那么，一方面非理性交易者的非理性行为会相互抵消，而对市场的有效性没有影响；另一方面非理性交易者的非理性方向相同，由于套利的存在，短期内的价格偏离会很快得到纠正，使市场恢复效率。

美国经济学家西勒弗（Shleifer）认为，有效市场假说是不成立的，因为套利的力量不可能不受条件的限制，在各种宏观条件约束下，套利无法剔除非理性行为对理性行为的长期而实质性的影响。西勒弗明白，要想挑战有效市场假说，必须论证以下两点：

1. 要论证噪声交易者的存在

所谓噪声交易者是指那些不是根据期望收益和风险来买卖资产的交易者，也指那些对收益和风险作出非理性预期的交易者。噪声交易者的交易需求与预期收益不相关，故可以将噪声交易者的交易需求视为空噪声。由于噪声交易者的存在，市场上会出现两类异常现象：

一是市场价格对信息的反应不足。表现为股票和债券的价格变化没能瞬时反映公布的信息，要经过几周甚至几个月的调整，才能对这些信息作出充分反映。

二是市场价格对信息的反应过度。表现为一组对公司有利的信息常常会导致相应的股票价格被高估，而当这种高估现象逐渐消失时，这一股票的回报率就会下降。

当投资者认为收益是均值回归时，那些被低估的股票价格的初始上扬会被投资者视为一个偏离平均收益的异常点，因此，一个正的信息冲击不会使投资者过分偏离原先的投资决策，这就会造成反应不足。当一连串正的信息冲击不断强化，最终使投资者落入效应趋势时，价格在上升过程中会产生惯性，从而导致价格上升到高于资产真实价值的水平，这就会引发反应过度。由此可得出两点结论：

（1）短期内股票价格波动在时间序列上呈现正相关，这是因为当股票价格稍有上涨时，市场上的噪声交易者会买进，从而导致市场需求量和价格的追涨。

（2）长期内股票价格波动在时间序列上呈现负相关，这是因为一段时期以后，股票价格又回归到其实际价值。

2. 要论证套利限制的存在

因为只有存在套利限制，噪声交易者对市场价格的影响，才不会被其他交易者的投机行为所完全抵消。具体地说，套利限制来自三个方面：

（1）噪声交易者数量过多，会支配市场，而理性交易者将无力纠偏价格。如标准普尔指数中新股票被纳入指数所产生的需求上升，导致价格上扬，并没有被套利行为消除掉。

（2）融资约束会导致套利者在最需要资金的时候，被迫放弃预期收益高的投资，而套利者放弃投资本身，又会导致该资产的价格偏离更大。

（3）套利者选中某一价格偏离价值的股票进行投资，在短时间内，会继续呈现偏离加大的趋势。

四 心理账户

传统经济学认为，钱具有完全可替代性，不管100元钱是如何得到的，它的价值是相等的，人们就这100元的消费行为也应该是相同的。但美国经济学家塞勒（Thaler）认为，钱具有不可替代性，并据此提出了心理账户概念。人们会把不同的东西归在不同的心理账户中。如一个人有钱和电影票，它们分属两个心理账户，丢了钱不会影响到电影票所在账户的预算，所以，大部分人仍旧会去看电影。但是，丢了电影票，如果再想去看电影，就要再去买票，丢了的电影票与再买的电影票都被归入同一个心理账户，所以，人们会觉得价格偏高，于是就不去了。可见，投资者会将一项决策分成几个心理账户，对各个心理账户采取不同的决策，在考虑问题时，往往每次只考虑一个心理账户，将目前要决策的问题与其他决策分开。心理账户的研究主要关注三个因素：

1. 收入来源

根据钱的来源不同，人们会将它们分到不同的心理账户中，不同心理账户的边际消费倾向是不一致的。人们会把辛苦挣来的钱存起来而舍不得花。如果有一笔意外之财，可能很快就会花掉。这表明人们在头脑中分别为这两类钱建立了两个心理账户。

2. 支出项目

人们会将收入安排到不同的支出项目中去，各个项目之间的资金不具有完全替代性。如人们将收入的一部分作为储蓄，剩余部分分摊到食品、房租、水电费和日用品等项目中，人们很不愿意再去动用储蓄账户中的钱，但其他账户之间的流动性则较强。

3. 对心理账户核算的频率

对于心理账户，是每天核算，每周核算，还是每年核算，对人们的决策行为具有很大的影响。这项发现可以解释股权溢价之谜，所谓股权溢价之谜是指在证券市场上，虽然股票的历史回报率远远高于国债的历史回报率，但投资者却更乐于投资国债的现象。虽然从长期来看，股票的回报率高于国债的回报率，但是，在短期内股票价格的波动却较大，由于投资者心理账户的短期核算，一旦股票价格下跌，投资者受损失规避的影响，就会马上抛出股票，很少有人忍住不抛，作长期投资的。

五　非理性繁荣

传统金融理论认为：股票价格是根据风险水平调整过的未来预期收入的现值。就是说，股票价格的波动与该股票所代表的资产的预期收入的波动应该是一致的。但是，美国经济学家希勒（Shiller）认为，股价波动并不是与股息波动密切联系的，价格增长与收益增长的联系一点也不紧密。从历史上看，美国历史上只有三个比较大的牛市，即三个股价持续飞速增长的时期：1920年代的股票牛市，结束于1929年；1950年代和1960年代的牛市，紧接着就是1973～1974年的崩盘；第三次是1982～1999年的牛市，20世纪末美国股价处于惊人的高位，只是一个投机性的泡沫，是由投资者购买行为造成的价格非持续性增长，不是由真实的价值和基本信息引起的增长。至于过度波动（即非理性繁荣）的原因主要有以下几个方面：

1. 引发性事件

引发性事件有：互联网热、网上交易的激增、共同基金的发展、实用主义价值观、生育高峰、媒体大量报道，以及分析师的乐观预测等。虽然这些事件与股票的价格波动没有直接关系，但同样是影响股市行为的因素。

2. 反馈性机制

上述因素引发了经济繁荣，而反馈性机制又会将这些因素的作用放大。最初的价格上涨导致更高的价格上扬，因为通过投资者需求的增加，最初价格上涨的结果会反馈到更高的价格中，第二轮价格上涨又反馈到第三轮，然后反馈到第四轮，以此类推。因此，催化因素的最初作用被放大，会产生远比其本身所能形成的大得多的价格上涨。

3. 新时代理论

用新时代来描述经济的做法，出现在 1990 年代股市取得惊人发展之后，并且所有与新时代有关的说法都具有股市的色彩。新时代理论列举了市场并没有疯狂的五大理由：全球化的发展，高新技术产业的繁荣，低通货膨胀率，利率的降低，收益的迅速增长。这些美好的描述，使人们对股票价格的进一步上扬充满信心。

4. 心理依托和从众心理

股市并没有得到基本面的依托，而是得到了心理依托，人们甚至对股市的正常水平一无所知，这种心理依托是指一些人类行为模式，它们并不是人们无知的结果，而是人类智慧的产物。投资者总是努力去做正确的事情，但是，当无法把握自己行为的准确性时，有限的能力和特定的行为模式就会决定其行为。心理依托主要包括数量依托和道德依托。

数量依托给出股市应该达到的水平，人们以它作为标准，来衡量股市是定价过高还是定价过低，并决定是否买进。在判断股价水平时，最可能的数量依托是记忆中离现在最近的价格，它使股价日复一日地趋同。而过去的股价就成为股价发展势头会被逆转的原因之一。

道德依托决定人们是应该购买股票还是将已投入股市的财富移作他用。根据道德依托，将会在主张投资于股市的情感与满足其消费需求之间进行权衡。

所谓从众心理，是指在群体活动中，行为者必然会受到其他行为者和整个行为环境的影响，产生一种模仿、攀比、追随和相互传染的倾向。实验证明，定期进行沟通交流的人的想法会很相像。如果大多数人都彼此独立，那么，任何错误想法所造成的后果就会相互抵消，也就不会对价格产生什么影响。如果大多数人的想法是非理性的，而且这些想法又都很相似，那么，他们就足以成为股市兴衰的原因。处于相同时期的人们会作出相似的判断，一部分原因是由于他们在对相同的信息作出反应，另一部分原因是从众心理，基于这种社会的选择性，每个人与他周围的其他人会关注相同的事物。注意力的社会基础是那个认识到某些信息的重要性的人能够引发团体中其他成员的关注，并且能产生一致的世界观和信息集合，可能导致整个群体犯相同的错误。从众心理会形成一种时代风尚，能够在股市上掀起狂澜，其力量会驱赶人们继续做别人都在做的事情，如果这种基本力量是乐观或贪婪的，那么，市场就会持续繁荣。

第八章 信贷定价研究

图于未然，治于无事。

《张九龄·治府兵第七章》

信贷定价研究主要是探讨贷款定价问题，因为在中国，存款利率是由中国人民银行制定并控制的。贷款是商业银行主要的盈利资产，贷款利润的多少与贷款价格密切相关。在贷款需求既定的条件下，贷款价格越高，利润就越大；反之，贷款价格越低，利润就越小。然而，贷款价格的高低会直接影响到贷款需求，因此，合理确定贷款价格，既能保证银行相应的利润，又能为客户所接受，是信贷定价研究的关键之所在。

信贷定价原则

所谓信贷定价原则，是指银行在确定贷款价格时所依据的法则或标准，主要包括以下三个原则：

1. 追求利润最大化原则

商业银行是金融企业，作为企业，追求利润最大化始终是其经营的最主要目标。信贷业务是银行最传统的资产业务，而资产业务是银行运用资金获得收益的业务，存贷利差就是银行获得利润的主要手段，因此，银行在确定贷款价格时，必须在确保贷款收益足以弥补资金成本和各项费用的基础上，尽可能地实现利润最大化。

2. 保证贷款安全原则

贷款业务是一项风险性业务，保证贷款安全是银行贷款管理的核心内容。除了贷前调查、贷时审查、贷后检查之外，合理的贷款定价也是保证贷款安全的一个重要方面。贷款定价的最基本要求是使贷款收益足以弥补贷款成本，贷款成本除了资金成本和管理费用以外，还应包括贷款风险所带来的各项风险费用，如为弥补可能的贷款损失而计提的呆账准备金，为管理不良贷款而花费的各项费用。因此，银行在贷款定价时，必须遵循风险与收益对称的原则，贷款风险越大，贷款成本就越高，相应的，贷款价格也越高。

3. 扩大市场份额原则

商业银行要发展，就要竞争，要不断扩大信贷市场的份额。影响一家银行信贷市场份额的因素很复杂，但贷款定价始终是其中一个重要因素，因此，银行在贷款定价时，必须考虑同业、同类贷款的价格水平，不能盲目地实行高价政策。

信贷价格构成

一般来说，信贷价格的构成包括：贷款利率、贷款承诺费、补偿余额和隐含价格四个部分。

1. 贷款利率

贷款利率是一定时期客户向银行支付的利息与贷款本金的比值，是信贷价格的主要部分。贷款利率分为年利率、月利率和日利率。年利率是贷款利率的基本形式，通常以百分比来表示。贷款利率一般有一个基本水平，它取决于中央银行的再贷款利率以及资金供求、同业竞争状况。在确定一笔具体贷款的利率时，银行可以使用低于一般利率的优惠利率，也可以使用高于一般利率的惩罚利率。总之，贷款利率的确定，应以收取的利息足以弥补费用支出并取得合理的利润为依据。银行贷款的费用支出包括：资金成本、管理费及风险费用。

2. 贷款承诺费

贷款承诺费是指银行对客户没有实际使用的贷款部分所收取的费用。银行与客户签订了贷款协议，为了履行贷款承诺，银行必须保持一定数额的流动性资产，这就需要放弃其他贷款或投资，使银行产生一定的利益损失，为了弥补这一损失，借款人需要交纳承诺费。

3. 补偿余额

补偿余额是根据银行的要求，借款人保留在银行的一定数额存款，通常作为银行同意贷款的条件而写进贷款协议中。银行要求补偿余额的理由是：存款是银行业务的基础，是贷款的前提条件，银行发放贷款应该成为现在和未来获得存款的手段。作为客户，不仅是资金使用者，也是资金提供者；只有作为资金提供者，才能成为资金使用者。

4. 隐含价格

隐含价格是指贷款定价中的一些非货币性内容。为了保证客户能够按时足额地偿还贷款，银行常常在贷款协议中增加一些附加性条款，这些条款，可以是禁止性的，也可以是义务性的，它们不直接给银行带来收益，但可以防止给银行造成损失。

影响信贷价格的因素

影响信贷价格的因素主要包括：

1. 信贷资金供求状况

信贷资金供求状况是影响信贷价格的一个基本因素。信贷资金需求是指借款人在某一时期希望从银行取得贷款的数量。信贷资金供给是指所有银行在某一时期能够提供的贷款数量。当信贷资金供大于求时，信贷价格就下降；当信贷资金供不应求时，信贷价格就上涨。

2. 资金成本

银行的资金成本一般分为资金平均成本和资金边际成本。资金平均成本是指每一单位的资金所花费的利息和费用，它不考虑未来利率和费用的变化，主要用来衡量银行过去的经营状况。资金边际成本是指每增加一个单位的资金所花费的利息和费用，它反映未来新增资金的成本，所以，以它作为新贷款定价的基础比较合适。由于每一种资金来源都有不同的边际成本，故银行不可能根据某一种资金的边际成本来确定贷款价格，而只能根据平均边际成本来确定贷款价格。

3. 贷款风险程度

由于贷款的对象、种类、期限和保障程度不同，贷款风险程度也各异。银行为承担贷款风险所花费的各项费用，即贷款风险成本，应该纳入信贷价格之中。由于一笔具体贷款的风险程度和风险成本受多种因素的影响，要想精确地测算并非易事，为了便于操作，银行一般根据历史上某一类贷款的平均费用水平，再考虑未来的变化因素，来确定贷款风险费用率。

4. 贷款费用

银行向客户提供贷款，需要做大量细致的工作，如对借款人的资信进行调查、分析和评估，对担保品进行鉴定、估价和管理，对贷款文件进行整理、归档和保管等，所有这些工作都需要花费大量的人力、物力和财力。这些因素构成了贷款费用。

5. 借款人信用

借款人信用是指借款人的实际偿债能力和还款意愿。借款人信用越好，贷款风险越小，贷款价格也就越低。反之，借款人信用不佳，银行就应该以较高的贷款价格和严格的约束条件来限制其借款。

美国经济学家斯蒂格里茨（Stiglitz）在1981年发表的论文"不完全信息市场中的信贷配给"中，对信贷市场进行了分析。他提出了一个存在非对称信息和逆向选择问题的信贷模型：企业知道其投资行为所蕴涵的风险，银行则不了解借款企业的风险状况。风险较大的企业愿意以较高的利率借款，而利率的提高将会使低风险的企业退出信贷市场，从而产生逆向选择，使银行贷款的平均风险上升，并减少银行的预期利润。利率和合同条款的变化可能诱使高风险的企业从事风险更大的投资项目，从而产生道德风险，进一步降低了银行的预期利润。在这种情况下，银行宁愿选择在较低利率水平上拒绝一部分贷款需求，而不愿在较高利率水平上满足所有企业的借款要求，于是就产生了信贷配给现象。信贷市场上的信贷配给现象，说明了价格调整的不充分和资源配置中数量约束的必要性。

信贷定价方法

目前，信贷定价方法主要有四种：即目标收益率定价法、基础利率定价法、成本加成定价法、优惠加数（或乘数）定价法。

1. 目标收益率定价法

这是根据银行贷款的目标收益率来确定贷款价格的方法。其定价程序为：先计算出产权资本收益率，然后将产权资本收益率与目标收益率进行比较，产权资本收益率应该高于目标收益率，如果前者低于后者，就需要重新定价。资金成本是贷款费用中最主要的部分，在计算资金成本时，应将债务成本与股权成本分开来计算。计算债务成本时，应先计算出单项债务的边际成本，再计算出全部债务的加权边际成本。而股权资本的边际成本则可以通过资本资产定价模型来计算。

2. 基础利率定价法

基础利率主要有：国库券利率、大额可转让定期存单利率和银行同业拆借利率。客户可以在银行认可的利率表中选择基础利率和到期日，所确定的贷款利率是同期市场利率加一个加息率。贷款到期时，经借贷双方同意，贷款可以展期，客户可以再次选择基础利率和到期日。

3. 成本加成定价法

这是以贷款成本加一定利差来确定贷款利率的方法。确定信贷价格的依据是贷款成本和利润目标，贷款成本包含资金成本、贷款服务成本和营业成本。

4. 优惠加数（或乘数）定价法

这两种方法是西方国家商业银行普遍采用的信贷定价方法。优惠加数是指在优惠利率的基础上加一定百分点而形成的利率。优惠乘数是指在优惠利率的基础上乘以一个系数而形成的利率。不同的借款人，其风险等级各异，银行为了控制信用风险而根据借款人的风险等级来确定其所适用的优惠利率。

投资组合理论

投资的多样化和分散化，是金融风险管理中普遍运用的投资理念，它可以有效地降低金融风险，增强收益的稳定性。就银行而言：

持有多种外汇，可以有效地降低汇率风险；

资产负债的多样化，可以避免或减少流动性风险；

持有不同期限和定价方式的资产负债，可以有效地降低利率风险；

证券及衍生金融产品的分散化投资，可以有效地降低市场价格风险；

将贷款分散地投放给不同的企业，可以减少因借款企业破产而面临的信用风险。

然而，在实践中，如何进行多样化和分散化的投资，既能获得良好的收益，又能有效地降低风险，是投资者所面临的一个决策难题。

20世纪50年代，美国经济学家马科维茨（Markowitz）率先提出了投资组合理论，成为现代金融学的发端。之后，不少学者对投资组合进行了更深入的探索和研究，具有代表性的成果是莫迪利亚尼（Modigliani）和米勒（Miller）提出的MM定理、夏普（Sharpe）提出的资本资产定价模型，以及罗斯（Ross）提出的套利定价理论。

1952年，马科维茨在《金融杂志》上发表了"资产组合选择：投资的有效分散化"一文，最早采用风险资产的期望收益率（均值）和用方差（或标准差）代表的风险来研究资产的组合和选择问题。投资组合的选择，狭义是如何构筑各种有价证券的头寸，来更好地满足投资者的收益与风险偏好；广义是指对所有资产和负债的构成作出决定，甚至包括对人力资本的投资。其原理是将多项风险资产组合到一起，可以对冲掉一部分风险而不降低平均的预期收益率。

马科维茨认为，风险资产的收益是不确定的，在不同的情况下，其收益表现不同。为了衡量该种资产的平均收益率，他提出了期望收益率（均值）这一概念。期望收益率等于该资产在各种可能状态下的收益率的加权平均数，权数为各种可能状态下的几率。在现实中，实际收益率与期望收益率存在着差距，产生这种差距的不确定性就是风险。马科维茨用方差（或标准差）对风险进行衡量，风险等于资产在各种可能状态下的实际收益率与期望收益率之间差额的平方的加权平均数，将方差开方后取绝对值，就得到标准差。在用期望收益率（均值）和方差（或标准差）对资产组合的平均收益率和风险进行度量之后，马科维茨提出了有效资产组合的概念。所谓有效资产组合，是指在特定的风险下期望收益率最高的资产组合，或者在特定的期望收益率下风险最小的资产组合。只有这样的资产组合，才是投资者的合理选择。

当然，马科维茨的均值——方差分析法并不完善。在现实中，投资的最大收益率可能高于均值很多，但最大损失可能是血本无归。这时，就会出现正的偏斜，使用方差就有可能高估投资组合决策中的真实风险。相反，如果资产收益的分布是负偏斜的，使用方差就有可能低估投资组合决策中的真实风险。对此，马科维茨提出用其他离散程度的衡量方法来代替或补充均值——方差分析法，如采用资产收益分布的偏斜度、收益的平均绝对偏离、协方差等。

马科维茨用协方差公式科学地揭示了产生分散风险的关键在于选择相关程度低的证券所构成的资产组合，从理论上否定了持有证券越多、风险分散效果越好的投资理念。根据资产组合投资的方差定义以及期望值的特性，可以推导出在只有两种资产的组合中，其方差与两种资产的协方差呈正相关。协方差是用来衡量两种资产之间收益的相关程度的，协方差的正负表示两种资产收益变动的方向。协方差为正，表示两种资产的收益呈同方向变动；协方差为负，表示两种资产的收益呈反方向变动。协方差的数值越大，表示两种资产的收益越密切；协方差数值越小，表示两种资产的收益越疏远。

马科维茨还引入相关系数这一概念，以取代协方差，来衡量两种资产收益的相关程度。相关系数等于协方差与两种资产的标准差之积的比值。它的正负与协方差的正负相一致，就其绝对值而言，与协方差大小呈同方向变动，与个别资产的方差呈反方向变动。相关系数的绝对值介于 0~1 之间。若相关系数=0，表示两种资产的收益是不相关的事件；若相关系数＝＋1，表示两种资产的收益是完全正相关的事件，意味着一种资产收益变动的百分比与另一种资产收益变动的百分比相同，而且方向一致；若相关系数＝－1，表示两种资产的收益是完全负相关的事件，意味着一种资产收益变动的百分比与另一种资产收益变动的百分比相同，但方向相反。当相关系数远离＋1时，整个资产组合的风险较小；当相关系数等于＋1时，资产组合的风险等于个别资产风险的加权平均数；当相关系数等于－1时，多元化的资产组合完全可以消除风险。

传统金融理论认为，投资者追求的目标是期望收益最大化。马科维茨认为，这是不合理的，因为只追求期望收益最大化的投资者绝不会选择一个多元化的资产组合。如果一种证券具有最高的期望收益，那么，该投资者就会将全部资金投资于这种证券。如果几种证券具有相同的最高期望收益，那么，投资于这几种证券的组合与投资于某一证券是无差别的。马科维茨用期望效用原则取代了期望收益原则，他认为，一个追求期望效用最大化的投资者宁愿要确定情况下的零收益，也不愿要盈亏各半的不确定收益，因为即使两种情况下的期望收益是相同的，但后者的期望效用会低一些。

MM 理论

MM 理论，又称莫迪利亚尼—米勒理论，是由美国经济学家莫迪利亚尼和米勒于 20 世纪 50 年代末 60 年代初创立的，主要研究与资本结构有关的一些问题。

假定公司的全部资本分为股权资本和债务资本，债务是永久性负债，那么，公司价值就是其普通股的市场价值与负债的市场价值之和。MM 理论的基本假设条件有五个：

(1) 公司负债无破产风险。
(2) 公司经营风险是可以计量的。
(3) 所有的现金流动都是永续年金。
(4) 投资者对公司未来的经营利润和风险有相同的预期。
(5) 公司股票和债券的交易没有交易费用，投资者能够取得与债券利率相同的借款。

当不考虑公司所得税时，有两个基本命题：

命题一：公司价值取决于未来净经营收益的资本化程度，资本化的利率与公司风险类别是一致的。此命题有两个直接推论：一是公司的资本平均成本与资本结构无关；二是公司的资本平均成本等于同类风险的非举债公司的资本化利率。

命题二：举债公司的权益资本成本等于非举债公司权益资本成本加风险报酬。风险报酬的多少取决于公司举债经营的程度，权益资本成本随负债的增加而增加。

当考虑公司所得税时，举债经营会增加公司价值。因为负债利息是一项免税支出，所以，投资者可以从举债公司中取得较多的权益资本收益。这种情况也有两个基本命题：

命题一：非举债公司的价值是公司税后收益与其权益资本成本的比值，举债公司的价值等于同类风险的非举债公司的价值加税款节省额。此命题表明，当债务资本占全部资本的比重为100%时，公司价值最大。

命题二：举债公司的权益资本成本等于同类风险的非举债公司的权益资本成本加风险报酬，风险报酬的多少取决于公司债务结构以及所得税税率。考虑税金因素时权益资本成本的增长速度要慢于不考虑税金因素时权益资本成本的增长速度。

20世纪50年代以后，莫迪利亚尼和米勒发表了"资本成本、公司财务和投资理论"、"股息政策、增长与股份的评估"等一系列论文，提出了关于资本成本与股息政策的不变性定理，即著名的莫迪利亚尼—米勒定理。该定理分析的是在不确定条件下的资本结构、股息政策与资本成本、企业市场价值之间的关系。该定理指出：资本的利润是资本未来的一系列收益流，根据这些收益流就可以求出确定的资本收益率。如果资本收益率大于利率，投资就有利可图；如果资本收益率小于利率，投资就亏损。这样，可以将利率作为资本的成本。但是，在不确定的条件下，资本的收益是一个随机变量，无法预先确定，所以，不能与利率相比较。这时，资本预期收益率（即资本预期收益与资本市场价值之比）就成为衡量资本成本的尺度。

莫迪利亚尼和米勒认为，股权资本与债务资本在总资本中的比例构成资本结构，两者预期收益率的加权平均值就是资本成本的尺度。虽然债务资本比股权资本要便宜，但在不确定的条件下，随着债务资本的增加，金融风险也会加大，为了弥补债务资本带来的风险，股东会要求一个更高的股权资本收益率，从而提高了股权资本成本。可见，债务资本增加所引起的资本成本减少被由此所引起的股权资本成本的增加所抵消，所以，资本结构变化对资本成本没有影响。据此，他们得出 MM 定理一：增股融资与借款之间的选择不影响公司的市场价值和平均资本成本；公司的股票预期收益率增长与负债股权比率呈线性关系，这就是杠杆效应。

如果两家公司资本结构不同，其他都相同，那么，它们的资本成本和市场价值将相等，否则，就存在套利机会，通过投资者调整自身投资组合，使这两家公司的资本成本和市场价值相等。据此，他们又得出 MM 定理二：为了股东的最大利益，公司只有在投资收益率大于或等于资本成本时才会进行投资。

上述定理的成立基于两个前提条件：

一是股东和公司一样能进入同一个资本市场，个人借贷与公司借贷是充分替代的。

二是任何公司想通过改变资本结构来改变公司市场价值的意图，都会被股东改变自身投资组合的对策所抵消。

投资者通过销售股票来创造自己的股息，自己能找到收益与风险的平衡点。当投资者能够以与公司相同的条件在市场上借款时，他们可以通过调整自身投资组合来追求利益最大化，而公司的经营目标则是追求价值（即净财富）最大化。

资本资产定价模型

美国经济学家、诺贝尔经济学奖获得者夏普在马科维茨的资产组合理论的基础上，建立了资本资产定价模型。该模型主要分析预期收益与市场风险之间的关系，它假定投资者可以根据自己愿意承受风险的程度来选择借贷或者一个最优的风险证券组合。该模型认为，最优风险资本资产的组合取决于投资者对不同证券的预期收益的评估，而不是取决于投资者自身对风险的态度。如果一个投资者没有获得比其他投资者更多的信息，他就没有理由持有与其他投资者不同的证券组合。该模型不仅适合于组合证券，也适合于单个股票；不仅包含了金融投资，也包含了实物投资。它对于计算投资收益，控制投资成本，具有重要的现实意义。

资本资产定价模型的假设条件如下：

（1）税金和交易费用为零。

（2）所有投资者具有同质期望。

（3）投资者投资的范围仅限于金融市场上交易的资产。

（4）所有投资者都是理性的，追求投资资产组合的方差最小化。

（5）所有投资者都在同一个证券持有期计划自己的投资资产组合。

（6）存在大量的投资者，他们是价格接受者，单个投资者的交易行为对证券价格不发生影响。

夏普认为，风险分为非系统风险和系统风险。非系统风险是指企业特有的风险。系统风险是指市场所承受的风险。投资者可以通过分散化投资来降低非系统风险，而进行投资分散化的人比不进行投资分散化的人，可以要求相对较低的预期收益率，这样，在市场交易中就处于比较有利的地位。市场的均衡价格就是根据竞争优势者的行为来确定的，因此，市场定价的结果，将只对系统风险提供风险补偿。

夏普提出市场组合的概念，市场组合包含所有市场上存在的各种资产。各种资产所占的比例与每种资产总市值占市场所有资产总市值的比例相同，就是说，将所有投资者的资产组合加总起来，其价值等于整个经济中全部财富的价值，这就是市场组合。在风险水平既定的条件下，如果一个投资组合可能获得最大的预期收益，那么，这个投资组合就是有效组合。据此，他提出了两基金分离定理，即在所有风险资产组合的有效组合边界上，任意两个分离的点都代表两个分离的有效投资组合，而有效组合边界上任意其他的点所代表的有效投资组合，都可以由这两个分离的点所代表的有效投资组合的线性组合生成。有效组合边界上的两个分离的点可以看作两项风险资产，可以生成一条双曲线，而有效组合边界本身也是一条双曲线。任意两条不同的双曲线不可能在同一侧有两个分离的切点。如果这两条双曲线在这两个点相交，那么，由这两个点生成的双曲线一定会有一部分落在有效组合边界之外。由有效组合边界的定义可知，这是不可能的，所以，这两条双曲线一定重合，两基金分离定理成立。

分别以投资组合的预期收益率和标准差作为纵轴和横轴，在所有风险资产组合的有效组合边界的左下端，就是最小方差组合。因为有系统风险存在，最小方差组合不是无风险的，其预期收益率一定高于无风险利率（r_f）。加入无风险证券后，代表新组合的点一定落在连接 r_f 点与所有风险资产组合的有效组合边界的某一点的半直线上。当半直线围绕 r_f 点逆时针旋转时，落在半直线上的点，其效用值最大。效用值最大的半直线一定是与有效组合边界相切的那一条。这条半直线实际上构成了无风险证券与风险资产组合的有效组合边界，被称为资本市场线。就是说，由市场组合和无风险证券构成一个新的两基金分离定理，所有的合乎理性的投资组合都是市场组合和无风险证券的一个线性组合，而所有这样的线性组合构成了资本市场线。在无风险证券和风险资产组合的有效组合边界上，资本市场线上任意一点所代表的投资组合，都可以由一定比例的无风险证券和由切点所代表的风险资产组合生成。所以，不管投资者的收益与风险偏好如何，只需找到切点所代表的风险投资组合，加上无风险证券，就可以为所有投资者提供最佳的投资方案，而投资者的收益与风险偏好则反映在投资组合中无风险证券所占的比重上。

如果切点所代表的风险资产组合的预期收益率和标准差分别是 $E(r_M)$ 和 σ_M，投资于这一风险资产组合的资金比例是 w_M，投资于无风险证券的资金比例是 $(1-w_M)$，那么，新组合的预期收益率 $E(r_P)$ 和标准差 σ_P 分别为：

$$E(r_P) = r_f + [E(r_M) - r_f]\sigma_P / \sigma_M$$

$$\sigma_P = w_M \sigma_M$$

这就是著名的资本资产定价模型。此模型表明了有效证券组合预期收益率与标准差之间的均衡关系。由于单个风险证券是无效证券组合，所以，此模型没有指出单一证券预期收益率与风险之间的关系。夏普对此问题进行了深入的研究，他认为，每一种证券在市场证券组合的标准差中所占份额依赖于它与市场证券组合之间协方差的大小，所以，一种证券与市场证券组合之间的协方差是对这种证券风险的相对测定。这意味着具有较大协方差的证券应提供较大的预期收益率，以引起投资者购买该种证券的兴趣。单个股票与市场资产组合的协方差和单个股票对市场资产组合方差的贡献度是成正比的，个人资产的风险溢价与市场资产组合的风险溢价是成比例的，单个证券的合理风险溢价取决于单个证券对投资者整个资产组合风险的贡献程度。资产组合风险对投资者来说，其重要性在于投资者将根据资产组合风险来确定他们要求的风险溢价。个人资产风险溢价与相关证券的 β 系数也成比例，用公式表示：

$$\beta_i = \text{cov}(r_i, r)/\sigma^2$$

式中：β_i 表示 i 种证券的协方差风险；r_i 表示第 i 种证券的预期收益率；r 表示市场证券组合的预期收益率；σ_2 表示市场证券组合的方差。

单个证券的风险溢价为：

$$E(r_i) - r_f = [\text{cov}(r_i, r)/\sigma^2][E(r) - r_f] = \beta_i[E(r) - r_f]$$

式中：$E(r_i)$ 表示第 i 种证券的风险溢价；r_f 表示无风险利率。

一种证券的 β 值表示该证券风险对市场证券组合风险的边际贡献。β 值大于 1 的证券对市场证券组合风险的影响大于市场平均值；β 值小于 1 的证券对市场证券组合风险的影响小于市场平均值。在一个有效的资本市场中，每一种资产的风险及预期收益取决于资产的 β 系数。由此可以得出一个重要结论：即一种资产的预期收益是由该证券的 β 系数决定的，β 系数也表明了该证券收益与市场证券组合收益的协方差。

总之，资本资产定价模型表明风险可以转移给资本资产市场，在这一市场上风险可以被买卖和评价，风险资产价格可以通过这种方式得到调整，以便使资本资产决策趋于一致。

套利定价模型

套利定价模型是由美国经济学家罗斯于1976年提出的。此模型舍弃了均衡—方差分析的框架和投资者规避风险的前提，取而代之的是关于证券收益生成过程的假设。此模型认为，证券的预期收益受多种因素的影响，而且可以表示为这些因素的线性函数：

$$r_i = E(r_i) + \beta_{i1}(I_1 - EI_1) + \beta_{i2}(I_2 - EI_2) + \cdots + \beta_{in}(I_n - EI_n) + \varepsilon_i$$

式中：r_i 表示第 i 种证券的预期收益率；$E(r_i)$ 表示第 i 种证券的风险溢价；β_i 表示第 i 种证券的协方差风险；I 表示某一证券；EI 表示与 I 证券相关的非预期因素；ε_i 表示随机误差。

在市场均衡时，β 值为零的证券组合的均值收益率为零；否则，投资者可以创造一个 β 值为零的证券组合，进行套利。此模型特别强调无套利均衡原则，其出发点是排除无风险套利机会，少数投资者会构筑投资的套利头寸，对市场产生巨大的压力，来重建均衡。此模型不需要市场完善性和环境无摩擦性的假设，任何一个充分分散化的投资组合都可以作为基准，来推导出证券市场线（即表示期望收益与 β 关系的曲线），任何指数化的投资组合都可以用来为证券定价。此模型考虑的因素大体上包括三类：总量经济活动参数、通货膨胀率以及与市场利率有关的参数。由于此模型没有指明究竟哪些因素需要纳入模型之中，故不便于人们对其进行实证研究。

第九章　国际收支研究

事至而后求，曷若未至而先备。

《柳宗元·刘叟传》

在开放经济条件下，国际收支因素的重要性毋庸置疑。国际收支理论主要是研究国际收支的决定因素、国际收支失衡的原因以及消除失衡的途径等问题。最早的国际收支学说可以追溯到18世纪中叶英国哲学家、经济学家休谟（Home）提出的"金币物价流动机制"理论，它以国际金本位制度下的黄金自由输出和输入为背景，以古典货币数量说为理论基础，分析了黄金流动对进出口贸易进行自动调节的机制。随着国际经济贸易形势的变化和经济思潮的更迭，弹性理论、乘数理论、吸收理论和货币理论等各种理论相继出现，它们不仅丰富了国际经济理论，而且为各国政府改善国际收支状况、保持内外部经济的均衡和协调发展提供了理论依据。

国际收支分析

所谓国际收支是指在一定时期内一国居民与非居民之间所发生的全部经济交易的货币价值。国际收支概念可以从以下三个方面来理解：

第一，国际收支是一个流量概念。它是从一个时点到另一个时点的数值。这一报告期可以是一年，也可以是一个季度或者一个月。通常以一年作为报告期。

第二，国际收支是居民与非居民之间的收支活动。所谓居民，是指在一国居住期限超过一年的经济体。居民是一个经济概念，与法律概念的公民不同。居民与非居民都包括个人、企业、政府机构和非营利性组织。就个人而言，个人一般是根据其居住地点和居住时间来判断，凡是在一国保有住所超过一年的自然人，无论其国籍，都是居住国居民。就企业而言，一家企业在哪个国家登记注册，就是哪个国家居民，包括国内企业、外资企业、合资企业和合作企业，国内企业设在国外的分支机构是所在国居民。政府机构包括境内各级政府机构和设在境外的本国使领馆和军事机构，都是本国居民。国际组织是任何国家的非居民。

第三，国际收支以经济交易为基础。经济交易包括四种类型：一是交换，即一个经济体向另一个经济体提供货物、服务、收入和金融资产，并从对方得到等值的回报。二是转移，即一个经济体向另一个经济体提供了货物、服务、收入和金融资产，但没有得到任何补偿。三是移居，即一个人把住所从一个经济体搬到另一个经济体，移居后，此人的资产负债关系会发生变化，导致两个经济体的对外资产负债关系也发生变化。四是根据推论确定存在的交易，如国外直接投资者收益的再投资，并没有涉及两国之间的资金流动，但需要在国际收支中反映。

如何分析一国国际收支状况？需要根据国际收支平衡表，通过计算国际收支差额，来对一国国际收支状况作出判断。

1. 贸易差额

贸易差额是货物、服务的进口与出口之间的差额。如果贸易差额为正，表示该国存在贸易顺差；如果贸易差额为负，表示该国存在贸易逆差；如果贸易差额为零，表示该国贸易收支平衡。

在分析一国国际收支状况时，贸易差额具有特殊的重要性，它表明了一国自我创汇的能力，反映了一国产业结构和产品在国际上的竞争力以及在国际分工中的地位，是一国对外经济交往的基础，影响和制约着其他项目的变化。

2. 经常项目差额

经常项目差额是一定时期内一国商品、服务、收益和单方面转移项目的贷方总额与借方总额之差。当贷方总额大于借方总额时，经常项目为顺差；当贷方总额小于借方总额时，经常项目为逆差；当贷方总额等于借方总额时，经常项目收支平衡。经常项目差额比贸易差额多一项"收益"。"收益"项目反映的是资本通过直接投资或间接投资所取得的收入，因此，如果一国的净国外资产越大，从外国取得的收益就越多；反之，如果一国的净国外负债越大，向国外付出的收益就越多。经常项目差额是国际收支平衡表中最重要的收支差额。如果出现经常项目顺差，就意味着该国的海外净资产增加；如果出现经常项目逆差，就意味着该国的海外净资产减少。经常项目差额被公认为是衡量一国国际收支状况的最好指标。

3. 基本差额

基本差额是经常项目差额加长期资本金融项目差额所形成的。由于经常项目差额和长期资本流动主要受该国的生产率长期变化、生产要素有效配置、消费者偏好、预期资本利润率等基本经济因素的影响，所以，基本差额可以反映一国国际收支状况的长期趋势。基本差额为正，表示一国国际收支有长期顺差的趋势；基本差额为负，表示一国国际收支有长期恶化的趋势。基本差额是一国政府是否需要采取调节政策的重要依据。

4. 官方结算差额

官方结算差额是由基本差额加短期资本金融项目差额所形成的。官方结算差额区分了自主性交易和融通性交易。自主性交易是指一国私人部门出于自身的经济动机和目的，自主从事的国际经济交易。融通性交易是指一国货币当局为弥补自主性交易的不平衡而从事的事后交易。官方结算差额为负，货币当局就必须为自主性交易差额提供相等数额的补偿资金，来稳定汇率。补偿资金的来源有：动用官方外汇储备、向外国货币当局借款、向国际金融机构借款。

国际收支失衡的原因

导致国际收支失衡的原因是多种多样的，有经济的原因，也有非经济的因素；有来自内部的，也有来自外部的；有实物方面的，也有货币方面的。根据产生失衡的原因划分，国际收支失衡可分为五种类型：

1. 短期性失衡

短期性失衡是由于生产、消费的季节性变化或无规律的短期灾变，引起进出口增减所造成的国际收支失衡。短期性失衡对一国国际收支所造成的影响是一次性的，暂时性的。如农产品收获季节，由于农产品大量出口而导致国际收支顺差；农产品生长季节，由于需要进口大量的化肥和农用机械而导致国际收支逆差。

2. 周期性失衡

由于受经济周期的影响，一国经济会依次出现衰退、萧条、复苏、繁荣等周期性变化。在经济周期的不同阶段，无论是物价水平的变动，还是生产、就业的变化，对一国国际收支状况都会产生不同的影响。这种由于经济周期的变化所造成的一国国际收支盈余与赤字的交互出现，称为周期性失衡。

3. 货币性失衡

货币性失衡是由于一国物价水平、利率水平等货币性因素的变化所引起的国际收支失衡。如果一国货币供应过多，会导致物价水平上涨,出口受到抑制,而进口则受到鼓励,从而造成该国经常项目收支恶化。再者,一国货币供应过多,还会导致本国利率下降,资本外流,造成资本金融项目的逆差。

4. 结构性失衡

结构性失衡是由于一国产业结构不能适应国际经济结构(包含国际分工格局、国际需求结构)的变化所造成的国际收支失衡。各国由于自然资源和生产要素禀赋的差异,会形成一定的国际分工格局。这种格局会随着各方面条件的变化而改变,任何国家都不可能永远保持既定不变的比较利益。另外,消费者偏好的改变、合成材料的发明、产品来源及价格的变化,都会使国际需求结构发生变化。如果一国的产业结构不能适应这种变化,及时地作出调整,就会出现结构性失衡。

5. 投机性失衡

投机性失衡是由于一国的投机性资本流动和资本外逃所引起的国际收支失衡。投机性资本流动是指利用利率差异或预期汇率变动来牟利的资本流动。投机性资本流动可能是稳定的,也可能是不稳定的。稳定性投机与市场力量相反,当某一种货币的需求下降时,投机者会买进此种货币,从而有助于稳定汇率。不稳定投机会导致货币贬值,而货币贬值又会进一步刺激投机,结果导致外汇市场动荡。资本外逃与投机不同,它是害怕损失,不是希望获利。当一国面临货币贬值、外汇管制、政治动荡、战争威胁时,该国居民会把资金转移到他国,导致资本的大量外流。

国际收支调节机制

当一国国际收支出现不平衡时,在没有人为干预的情况下,经济体系内部会自发地产生某些机制,使这种不平衡在程度上得以减轻,甚至自动恢复平衡,这就是国际收支调节机制。根据所起作用的变量划分,国际收支调节机制可分为汇率调节机制、收入调节机制、货币调节机制。

1. 汇率调节机制

当一国国际收支出现不平衡时,必然会对外汇市场产生压力,促使外汇汇率的变动,如果该国政府允许汇率自发波动,不加以干预,那么,这种不平衡就会被外汇汇率的变动所消除,使该国国际收支重新恢复平衡。如一国国际收支出现逆差,外汇市场必然是外汇需求大于外汇供给,外汇汇率就会上升,本币汇率就会下降,只要满足马歇尔—勒纳条件,本币贬值就会改善该国国际收支状况。

2. 收入调节机制

当一国国际收支出现不平衡时,经济体系内部会自发地产生使收入水平变动的力量,从而使国际收支不平衡的程度减轻。如一国出口增加导致国际收支顺差,而出口增加又会引起收入水平的提高,导致进口需求的增加,从而减轻该国国际收支的顺差程度。

3. 货币调节机制

一国国际收支不平衡,会影响到该国的货币供给量,进而影响到物价水平、利率和公众持有的现金余额,由此引起国际收支失衡程度的减轻。如一国国际收支出现赤字,导致外汇储备下降,该国货币供给量减少,其结果:一是该国国内物价水平相对于国外物价水平呈下降趋势,导致出口增加,进口减少,可以减轻该国的国际收支赤字。二是一国货币供给量减少,会产生一个提高利率的短期效应,使投资者将资金转往国内,从而有助于资本金融项目出现顺差,抵消一部分国际收支赤字。三是由于货币供给量减少,导致公众持有的现金余额减少,该国居民会缩减商品劳务的开支,导致进口减少。

国际收支调节政策

虽然国际收支调节机制能够在一定程度上缓解一国的国际收支失衡，但这一机制只能在一定条件下或一定的经济环境中发挥作用，不能一概而论，而且其作用的程度和效果无法得到保证，起作用的时间也较长。因此，一国政府往往不能完全依靠经济体系内部的调整机制，使国际收支自动恢复平衡，有必要主动运用国际收支调节政策而对国际收支失衡进行调节，主要包括以下四种政策：

1. 外汇缓冲政策

外汇缓冲政策是指通过动用官方储备或借取短期贷款，来对付国际收支的短期性失衡。一般做法是建立外汇平准基金，保持一定数量的外汇储备和本币，当国际收支失衡造成超额的外汇供求时，货币当局就动用外汇或本币，买进或卖出外汇，以消除超额的外汇供求。这种政策以外汇作为缓冲体，故称外汇缓冲政策。

外汇缓冲政策只能用于解决短期性国际收支失衡，对于解决长期性国际收支失衡的效果不显著，就是说，它只能治标，不能治本。另外，实施外汇缓冲政策，必须保持充足的外汇，具备开展公开市场业务的有效条件。

2. 汇率调整政策

汇率调整政策是指在发生国际收支逆差时实施本币贬值，在发生国际收支顺差时实施本币升值。这是指一国货币当局正式宣布货币的法定升值或法定贬值，不是指外汇市场上的一般性汇率波动。汇率调整旨在改变外汇的供求关系，通过进出口商品的价格变动、资本流动的成本或收益变化，来使国际收支得到改善。

在实践中，许多国家故意将其货币贬值到均衡汇率以下，以求国际收支盈余，促进本国的收入和就业增加，使别国国际收支恶化。这一政策被称为竞争性贬值，实际上是出口失业，因而会引起对方报复，甚至引发货币战。

3. 需求管理政策

需求管理政策是指运用扩张性或紧缩性财政政策和货币政策来调控总需求，进而消除国际收支失衡。

财政政策调节一般是从收和支两个方面进行的，即通过对各类税收的调节或者对公共支出的调节来实现其政策目标。政府应根据国际收支失衡的具体情况，分别采取放松的或紧缩的财政预算，来对总需求进行直接调节，通过国内企业特别是外贸企业的传递，来实现对国际收支的调节。如果一国出现国际收支盈余，那么，政府可以采取减税或者增加预算开支的手段，来刺激企业和个人的需求，进而推动收入增长或价格上涨，使进口增加，国际收支盈余减少。

货币政策调节主要是货币当局通过金融调控工具来干预金融市场，进而伸缩总需求，以达到国际收支的平衡。金融调控工具主要包括：调整再贴现率、调整存款准备金率和进行公开市场操作。如果一国出现国际收支逆差，那么，货币当局可以提高再贴现率，以增加融资成本，限制需求，吸引资本流入；也可以提高存款准备金率，控制贷款的扩张能力，以紧缩信贷规模，进而限制进口规模；还可以通过公开市场业务，卖出国库券，回笼货币，减少需求，最终消除国际收支逆差。

4. 直接管制政策

直接管制政策是指政府对国际经济交易采取行政干预措施，包括外汇管制和贸易管制。外汇管制主要是对汇价的管制和对外汇交易量的控制。贸易管制主要是通过关税、配额和许可证制度来控制出口。直接管制政策与汇率调整政策、需求管理政策相比，其优点就在于见效快。汇率调整政策和需求管理政策，由于要通过市场机制来产生效果,故时滞较长,非但不可能立竿见影,而且还不知道能否见效。当然,直接管制政策的负面影响也是很显著的:它对价格机制发生阻碍作用,不利于市场竞争和资源有效配置,得到政策保护的受益者在主观上往往不愿废止它,所以,直接管制政策有一种长期持续的倾向。

金币物价流动机制理论

西方国际收支理论从早期的金币物价流动机制理论到现代的货币论,都带有明显的学派色彩。金币物价流动机制理论带有古典货币数量说的色彩,弹性论带有新古典主义经济学的色彩,吸收论带有凯恩斯主义的色彩,货币论带有货币主义的色彩。可见,国际收支不是孤立的事物,它与物价、收入、利率、汇率、货币供给量等宏观经济变量之间相互影响、相互作用。国际收支理论研究的核心问题是开放经济条件下的经济运行机制,所以,每一种国际收支理论都是从某一侧面来分析国际收支的内在因素和外部因素的,它们各有偏颇,任何一种新理论的产生都不是对旧理论的完全取代,而是呈现互补关系。在实践中,一国政府往往不是根据某一种国际收支理论来制定国际收支调节政策,而是综合考虑几种理论的观点作为制定政策的基础。

金币物价流动机制理论是英国哲学家、经济学家休谟于1752年提出的,它揭示了国际金本位制度下物价变动对国际收支失衡的自动矫正作用。

在国际金本位制度下,各国货币供给都是由黄金或以黄金为基础的纸币所构成,黄金在国际可以自由流动。当一国国际收支出现赤字,为了进行国际支付,赤字国黄金就会外流,随着黄金数量的减少,赤字国货币供给就会减少,导致货币升值,物价水平下跌,较低价格会使赤字国获得国际竞争的价格优势,结果是赤字国出口增加，进口减少，直到消除国际收支赤字。相反，国际收支盈余国的货币供给由于黄金流入而增加，导致货币贬值，物价水平上涨，使其在国际市场的价格优势丧失，结果是出口减少，进口增加，直到消除国际收支盈余。

在实践中，金币物价流动机制要真正发挥自动调节作用，必须具备以下几个前提条件：

一是两国政府不得限制黄金自由输出和输入。

二是不存在国际资本流动，否则，国际收支不平衡不一定会引起黄金流动。

三是经济中不存在大量的失业，否则，货币供给量的变化不一定会导致物价变动。

四是两国的进出口商品必须具有较高的价格弹性，物价变动会迅速地引起进出口数量的变动。

弹 性 论

20世纪30年代世界经济大萧条，促使国际金本位制的全面崩溃，各国纷纷实行竞争性货币贬值，汇率变动十分频繁。以英国著名女经济学家罗宾逊（Robinson）为代表的新剑桥学派在这一背景下，研究了汇率变动对国际收支的调节问题，提出了国际收支弹性论。

弹性论的假设条件有三个：

一是贸易商品的供给弹性为无穷大。

二是不考虑国际资本流动，国际收支等同于贸易收支。

三是只探讨汇率变动对贸易收支的影响，收入、偏好等不变。

在上述假设条件下，一国贸易收支差额应等于出口额减进口额，用公式表示：

$$B = X \div E - M$$

式中：B 代表以外币表示的贸易收支差额；X 代表以本币表示的出口额；M 代表以外币表示的进口额；E 代表外汇汇率。

对外汇汇率 E 求导，得：

$$dB/dE = -X/E^2 + 1/E \cdot dX/dE - dM/dE$$

经过简单的代数变形，得：

$$dB/dE = -X/E^2(1 - dX/X \div dE/E + ME/X \cdot dM/M \div dE/E)$$

设 ε_x 代表出口商品需求价格弹性的绝对值，ε_m 代表进口商品需求价格弹性的绝对值，上式可表示为：

$$dB/dE = -X/E^2(1 - \varepsilon_x - ME\varepsilon_m/X)$$

由上式可知，本币贬值能否改善一国的国际收支状况，取决于 dB/dE 的符号。当 $dB/dE > 0$，即 $\varepsilon_x + ME\varepsilon_m/X > 1$ 时，本币贬值能够改善该国的国际收支状况。

假设一国国际收支在贬值前的汇率水平处于均衡状态，即 $ME = X$，那么，上式可简化为：

$$dB/dE = -X/E^2(1 - \varepsilon_x - \varepsilon_m)$$

于是，就有：

(1) 如果 $\varepsilon_x + \varepsilon_m > 1$，那么 $dB/dE > 0$，本币贬值可以改善国际收支状况。

(2) 如果 $\varepsilon_x + \varepsilon_m = 1$，那么 $dB/dE = 0$，本币贬值，国际收支状况不变。

(3) 如果 $\varepsilon_x + \varepsilon_m < 1$，那么 $dB/dE < 0$，本币贬值将使国际收支状况更糟。

$\varepsilon_x + \varepsilon_m > 1$，被称为马歇尔—勒纳条件（即 Marshall-Lerner Condition）。如果该条件能够满足，即本国和外国的需求价格弹

性很大，那么，本币贬值就可以改善国际收支状况。

马歇尔—勒纳条件的一个前提条件是进出口供给弹性为无穷大，这与20世纪30年代，世界资源没有得到充分利用的现实是吻合的。如果摈弃这一假设，那么，本币贬值能否改善国际收支状况的条件就变为：

$$\frac{\varepsilon_x \varepsilon_m (\eta_x + \eta_m + 1) + \eta_x \eta_m (\varepsilon_x + \varepsilon_m - 1)}{(\eta_x + \varepsilon_x)(\eta_m + \varepsilon_m)} > 0$$

式中，η_x 代表出口商品供给价格弹性；η_m 代表进口商品供给价格弹性。该条件被称为毕肯代尔—罗宾逊—梅茨勒条件（即 Bickerdike-Robinson-Metzler Condition）。显然，马歇尔—勒纳条件只是毕肯代尔—罗宾逊—梅茨勒条件的一个特例。

当一国货币贬值时，最初会使该国的国际收支进一步恶化，只有经过一段时间以后，国际收支恶化趋势才会得到控制，并开始好转，最终使该国国际收支状况得到改善。这一过程从图像上来看，很像英文字母"J"，故被称之为 J 型曲线效应。

本币贬值对国际收支的影响为什么会出现 J 型曲线效应呢？

答案是：本币贬值对国际收支影响的时间可分为三个阶段。

第一，货币合同阶段。进出口合同都是事先签订好的，进出口商品的价格和数量不会因货币贬值而发生改变。贸易差额取决于进出口合同所使用的计价货币，如果进口合同以外币定值，出口合同以本币定值，那么，本币贬值就会使出口减少，该国国际收支恶化。

第二，传导阶段。进出口商品的价格在签订合同时已开始改变，但数量不会改变，这是因为存在认识滞后、决策滞后、订货滞后、替代滞后和生产滞后的现象，导致短期内进出口数量不变，即使有变化，其变化的幅度也远远小于价格变化的幅度，没能从根本上扭转该国国际收支恶化的趋势。

第三，数量调整阶段。进出口数量变动的幅度逐渐增大，最终超过了价格变动的幅度，本币贬值对改善国际收支的作用开始得到发挥，国际收支差额从逆差趋于平衡，再趋于顺差。

由上述分析可知，一开始一国进出口需求价格弹性较低，没有满足马歇尔—勒纳条件，导致本币贬值反而恶化了该国的国际收支状况，经过一段时间以后，进出口需求价格弹性会逐渐变大，以至于满足了马歇尔—勒纳条件，从而使该国国际收支状况得到改善。

乘 数 论

20世纪30~40年代，以哈罗德（Harrod）、梅茨勒（Metzler）、马克鲁普（Machlup）为代表的一些学者运用凯恩斯的乘数理论，揭示了国际收支的收入调节机制，以此形成了国际收支的乘数论。

乘数论的假设条件也有三个：

一是不考虑国际资本流动，贸易差额等同于国际收支差额。

二是只考虑国际收支的收入调节机制，汇率、利率、价格等都不变。

三是在非充分就业条件下，供给具有完全弹性，进出口和收入变动不会改变物价水平。

在开放经济条件下，国民收入是由消费、投资、政府开支、净出口（即出口减进口）决定的，其中消费和进口是国民收入的线性函数，投资和出口是自主性变量，若不考虑政府开支，则开放经济条件下的宏观经济模型为：

$$Y = C + I + X - M$$

其中： $C = C_0 + cY (0 < c < 1)$

$$M = M_0 + mY \quad (0 < m < 1)$$

式中：Y 表示国民收入；C 表示消费；I 表示投资；X 表示出口；M 表示进口；c 表示边际消费倾向；m 表示边际进口倾向。由此可求得开放经济条件下的均衡国民收入为：

$$Y = (C_0 + I + X - M_0)/(1 - c + m)$$

由于边际储蓄倾向 $s = 1 - c$，上式可替换为：

$$Y = (C_0 + I + X - M_0)/(s + m)$$

由于出口变动对国民收入的影响效果与国内支出相同，故只需探讨出口变动对国民收入的影响。如果外国国民收入的增加，会导致本国出口的增加，那么，出口对国民收入的影响为：

$$\triangle Y = \triangle X/(s + m)$$

式中：$\triangle Y$ 表示新增国民收入；$\triangle X$ 表示新增出口。

上式表示出口增加引起国民收入增加的数量关系。$1/(s+m)$ 被称为外贸乘数，由于 $0 < m < c < 1$，故外贸乘数必定大于 1。就是说，出口增加会导致国民收入的倍数增加，而且边际储蓄倾向和边际进口倾向越小，外贸乘数就越大，国民收入的倍增幅度也就越大。由于

$$1/(s+m) < 1/s$$

所以，开放经济条件下的乘数作用比封闭经济条件下的乘数作用要小，因为开放经济条件下进口代替了一部分国内生产，导致国民收入流量的更多漏出。

外贸乘数反映了出口和国内支出的变动对国民收入的影响，而国民收入变动又会对国际收支产生影响。若不考虑国际资本流动，那么，一国国际收支差额为：

$$B = X - M_0 - mY$$

将 $Y = (C_0 + I + X - M_0) / (s + m)$ 代入上式，得：

$$B = X - M_0 - m(C_0 + I + X - M_0)/(s + m)$$

由上式可知，一国出口增加虽然可直接改善国际收支状况，但出口增加会通过外贸乘数的作用，促使国民收入增加，而国民收入增加又会引起进口增加，间接地导致国际收支状况恶化。就是说，出口增加一方面会产生改善国际收支状况的直接效果，另一方面又会产生恶化国际收支状况的间接效果。用公式表示：

$$\triangle B = \triangle X - \triangle M$$

式中：$\triangle B$ 表示新增国际收支；$\triangle X$ 表示新增出口；$\triangle M$ 表示新增进口。由于：

$$\triangle M = m \triangle X/(s + m)$$

将上式代入 $\triangle B = \triangle X - \triangle M$ 中，得：

$$\triangle B = s \triangle X/(s + m)$$

由于 $m > 0$，$s/(s + m) < 1$，故 $\triangle B/\triangle X < 1$。可见，出口增加使国际收支状况得到改善的程度比出口增加的程度要小。就是说，通过外贸乘数作用所进行的收入调节，并不能完全消除国际收支不平衡。

一国国内支出增加，如投资和消费的增加，可以通过乘数作用，促使国民收入增加，而国民收入增加又会引起进口增加，导致国际收支状况趋于恶化。所以，一国国内支出增加对国际收支状况将产生恶化的间接效果。用公式表示：

$$\triangle B = - \triangle M = m \triangle A/(s + m)$$

式中：$\triangle A$ 表示新增国内支出。由于 $| -m/(s + m) | < 1$，故一国国内支出增加，将导致国际收支状况趋于恶化，但恶化的程度要小于国内支出的增加程度。

总之，一国出口或国内支出的自主性变动对国民收入的影响相同，但对国际收支的影响则不同。

在弹性论中，只要满足马歇尔—勒纳条件，本币贬值就可以改善国际收支状况。但是，弹性论只分析了货币贬值的直接效果。乘数论对货币贬值的间接效果作了分析，货币贬值除了引起进出口变化、进而引起国际收支变化以外，还会通过国民收入的变化，间接导致进口的增加，进而导致国际收支状况趋于恶化。因此，需要对马歇尔—勒纳条件进行修正，从而得到哈伯格（Harbergen）条件：

$$\varepsilon_x + \varepsilon_m > 1 + m$$

上式只适用于小国经济的情形，如果考察大国经济，还需考虑国外回应，即 A 国出口增加，导致 B 国进口增加和国民收入下降，进而导致 B 国进口减少，引起 A 国出口减少。因此，考虑到国外回应，A 国的外贸乘数要比原先的小。在分析本币贬值对国际收支的影响时，若考虑国外回应，那么，哈伯格条件应修正为：

$$\varepsilon_x + \varepsilon_m > 1 + m + m_f$$

式中：m_f 表示外国边际进口倾向。就是说，在进出口供给价格弹性为无穷大的条件下，大国只有满足哈伯格条件，本币贬值才能有效地改善国际收支状况。

吸 收 论

20 世纪 50 年代，以英国经济学家米德（Meade）和美国经济学家亚历山大（Alexander）为代表的一些学者，运用凯恩斯的宏观经济理论，从一国收入与支出的关系出发，来研究国际收支的调节问题，进而提出了国际收支的吸收论。

在凯恩斯的宏观经济理论中，国民收入方程式为：

$$Y = C + I + G + X - M$$

经移项整理后，得：

$$X - M = Y - (C + I + G)$$

与弹性论和乘数论不同，吸收论并不着眼于对外关系的变化，而是从对内关系的研究着手，通过国民收入与国内总支出的差额来说明国际收支状况。国内总支出由消费、投资和政府开支所构成。亚历山大将国内总支出命名为总吸收，用公式表示：

$$C + I + G = A$$

将上式代入 $X - M = Y - (C + I + G)$ 中，得：

$$X - M = Y - A$$

亚历山大认为，等式右边为因，等式左边为果。当国民收入大于总吸收时，国际收支为顺差；当国民收入小于总吸收时，国际收支为逆差；当国民收入等于总吸收时，国际收支趋于平衡。因此，一国国际收支最终都是通过改变收入或吸收来调节的。由此得出结论：国际收支调节属于政策调节，主要应采取需求管理政策，或者增加收入，或者减少吸收，或者既增加收入又减少吸收，来改善国际收支状况。

亚历山大对货币贬值的效应进行了深入研究。他认为，货币贬值对国际收支的影响，将取决于三个因素：

一是货币贬值对收入产生的直接效应。
二是货币贬值对吸收产生的直接效应。
三是货币贬值对边际吸收倾向的影响。

货币贬值对收入产生的直接效应表现在以下三个方面：
（1）闲置资源效应。只有当一国经济存在未被利用的闲置资源时，货币贬值才能增加收入。

(2) 贸易条件效应。货币贬值会恶化一国的贸易条件，导致实际国民收入减少。所谓贸易条件是指出口价格（以本币表示）与进口价格（若以本币表示，需乘以汇率）的比值。货币贬值会使进口价格提高，上述比值变小，使实际国民收入受到损失，故需要以更多的出口来换取一单位的进口，这就是贸易条件恶化。

(3) 资源配置效应。货币贬值会影响资源配置，在贬值过程中，资源会从生产率较低的部门向生产率较高的出口部门转移，生产率的提高可以抵消贸易条件的恶化，净结果是提高实际收入。

货币贬值对吸收产生的直接效应表现在下述三个方面：

(1) 实际现金余额效应。如果实际现金余额因价格上涨而受损，人们就会通过减少实际支出，或者抛售资产和债券，以建立合适的现金余额水平。而抛售资产和债券会导致其价格下跌，利率提高，进而减少企业投资支出和居民消费支出。

(2) 收入分配效应。由于通货膨胀，使收入从具有较高边际吸收倾向的单位转向具有较低边际吸收倾向的单位，从工资收入阶层转向利润收入阶层，这种收入的再分配效应会减少吸收。

(3) 货币幻觉效应。货币幻觉是指人们较多地重视货币价格而较少地重视货币收入的心理现象。短期存在的货币幻觉可能导致实际支出的下降。

由以上分析可以看出，货币贬值对收入和吸收的直接效应表现在诸多方面，其综合效果是不确定的。如果一国出现国际收支逆差，且国内存在闲置资源，那么，在采取货币贬值的同时，应注意运用扩张性的财政政策和货币政策来增加收入；如果国内处于充分就业状态，则应注意运用紧缩性的财政政策和货币政策来减少吸收，以实现内外部经济的均衡。

货 币 论

20世纪60~70年代,美国经济学家弗伦克尔(Frenkel)和约翰逊(Johnson)等人,将货币主义理论向国际经济领域延伸和扩展,形成了国际收支的货币论。货币论有三个假设条件:

一是货币供给量变化不会影响实物产量。

二是一国长期处于充分就业状态,实际货币需求是实际收入的稳定函数。

三是存在一个高效率的世界商品市场和资本市场,由于完全自由的套买、套卖和套利活动,使一价定律得以成立,一国物价水平等于世界市场物价水平,一国利率水平等于国际资本市场利率水平。

该理论运用货币需求方程、货币供给方程和货币市场均衡方程来说明国际收支失衡的原因:

货币需求方程为:$M_D = kPY$

货币供给方程为:$M_S = m(D+F)$

货币市场均衡方程为:$M_D = M_S$

式中:M_D 表示名义货币需求量;P 表示国内物价水平;Y 表示实际国民收入;k 表示名义货币需求量与名义国民收入的预期比率;M_S 表示名义货币供给量;m 表示货币乘数;D 表示一国基础货币的本国部分(即国内信贷量);F 表示一国基础货币的国外部分(即国际储备)。

货币需求方程表明,一国货币需求量是国内物价水平和实际国民收入的正比例函数。

货币供给方程表明,中央银行每增加一个单位的国内信贷量或国际储备都会产生乘数效应,使该国货币供给量倍数增加。

最初，货币市场处于均衡状态，即 $M_S = M_D$。如果中央银行扩大国内信贷量，使该国名义货币供给量超过名义货币需求量（即 $M_S > M_D$），那么，人们持有的货币存量将超过他们愿意持有的水平，人们就会增加对国外商品和金融资产的需求，最终导致国际收支逆差。如果收入增加，导致名义货币需求量上升，超过名义货币供给量（即 $M_S < M_D$），那么，人们持有的货币存量将小于他们愿意持有的水平，人们就会减少对国外商品和金融资产的需求，最终导致国际收支顺差。因此，国际收支失衡的原因主要是货币供求不平衡，当货币供给量大于货币需求量时，会造成国际收支逆差；当货币供给量小于货币需求量时，会造成国际收支顺差。

对国际收支失衡的调节主要包括以下三个方面：

1. 如果一国国际收支失衡现象是暂时的，那么，可以通过货币调节机制自行消除，不可能长期存在

当 $M_S > M_D$ 时，国际收支出现逆差，该国国际储备就会下降，引起基础货币减少，结果导致货币供给量倍数减少，直到 $M_S = M_D$ 时，国际储备才停止流出，国际收支恢复均衡。当 $M_S < M_D$ 时，国际收支出现顺差，该国国际储备就会上升，引起基础货币增加，结果导致货币供给量倍数增加，直到 $M_S = M_D$ 时，国际储备才停止流入，国际收支恢复均衡。如果一国采取抵消政策来消除国际储备变动对货币供给量的影响，那么，该国国际收支失衡将无法自动恢复均衡。

2. 本币贬值对国际收支失衡具有调节作用

如果一国国际收支出现逆差，那么，该国会实施本币贬值，导致贸易品的国内价格提高，通过贸易品与非贸易品的替代性，使非贸易品的价格也会提高，物价水平的提高将意味着实际货币余额的下降，从而导致对名义货币需求的增加，在货币供给量不变的条件下，人们会通过出售商品和金融资产，来满足增加名义货币的需求，结果使国际收支状况得到改善。本币贬值对改善国际收支状况的效应，只有在货币供给量不变的条件下才会发生。如果货币供给量增加，那么，本币贬值所引起的名义货币需求增加，将会由货币供给量的增加而得到补充，不需要通过出售商品和金融资产来补充，结果使该国国际收支状况不能得到改善。所以，本币贬值对国际收支的影响只是暂时的，从长期来看，货币供给量增长才是影响国际收支状况的关键因素。只有将货币供给量增长率维持在适度的水平上，才能从根本上保证国际收支均衡。

3. 在浮动汇率制条件下，国际收支失衡可以立即由汇率的自由浮动而得到纠正

当一国国际收支由于货币的过度供给而出现逆差时，该国货币会立即贬值，使人们的实际货币余额下降，名义货币需求增加，最终，货币的过度供给将会被完全吸收，国际收支自动恢复均衡。可见，浮动汇率制不同于固定汇率制，国际收支失衡可以由汇率的自发调整而得到纠正，不会发生国际储备的流出和流入。

货币论所研究的焦点不是出口、进口、投资和消费等一国经济活动的实物层面，而是货币层面，这是国际收支理论分析重心的一次重大转移。

IS—LM—FE 模型

IS—LM—FE 模型实际上是凯恩斯国民收入方程式在开放经济条件下的应用。模型中的 IS 曲线表示产品市场的均衡，LM 曲线表示货币市场的均衡，FE 曲线表示国际收支均衡。三条曲线的相交点意味着三个市场同时达到均衡目标。

IS—LM—FE 曲线的联立方程式如下：

$$Y = C(Y) + I(r) + G + B(Y,e)$$
$$M_S/P = L(Y,r)$$
$$B(Y,e) - H(r) = u$$

式中：Y 表示收入；C 表示消费；I 表示投资；G 表示政府开支；M_S 表示货币供给量；P 表示物价水平；r 表示利率；e 表示汇率；$L(Y,r)$ 表示实际货币余额需求；$B(Y,e)$ 表示经常项目收支差额；$H(r)$ 表示资本净流出；u 表示国际收支差额。

IS—LM—FE 模型是国际收支一般均衡分析法的理论框架，它将各家理论从一个更为广泛的层面上加以兼收并蓄，表明国际收支与所有主要的宏观经济变量之间存在着相互依存、相互影响的关系，各种分析都可以在构造 IS—LM—FE 模型的基础上展开。

政策配合论

所谓政策配合论，是指探讨一国同时实现内部均衡和外部均衡的理论，是开放经济中宏观经济政策的一种理论依据。政策配合是指财政政策与货币政策的配合。内部均衡是指达到充分就业和物价稳定的状态；外部均衡是指实现外汇供求平衡的状态。一般认为，两者只能选择其一。因为若实行扩张性政策，增加就业，实现了内部均衡，却导致国际收支状况趋于恶化；若实行紧缩性政策，使国际收支恢复平衡，却引起失业人数增加。因此，各国政府应协调使用宏观经济政策，以同时实现内部均衡和外部均衡。

英国经济学家米德提出内外均衡协调论。该理论的核心内容由双重政策目标和两种政策变量所构成。双重政策目标就是内部均衡和外部均衡，前者涉及国内收入和价格，后者涉及国际收支。两种政策变量是指收入调整和价格调整，前者可以通过财政政策来操作，后者可以通过汇率或工资变动来操作。米德将经济政策分为三类：

一是金融政策，包含财政政策和货币政策。

二是价格调整政策。

三是直接控制。

他通过分析总结出三种政策组合：

第一种是用金融政策来维持内部均衡，用价格调整政策来维持外部均衡。

第二种是用金融政策来维持外部均衡，用价格调整政策来维持内部均衡。

第三种是用金融政策来维持内部均衡，用直接控制来维持外部均衡。

进一步分析，一国金融政策有以下几种定位：

（1）财政政策在国内经济中的定位。

（2）货币政策在国内经济中的定位。

（3）财政政策在国际收支中的定位。

（4）货币政策在国际收支中的定位。

（5）财政政策和货币政策都是中性的。

米德认为，最适宜的政策分工是由一国政府负责制定促进经济增长和对外贸易的政策，由一个超国家的货币当局负责控制汇率。

20世纪50年代，澳大利亚经济学家斯旺（T. Swan）提出了著名的斯旺图解。斯旺图解的假设条件是：实行固定汇率制；不存在国际资本流动；对财政政策和货币政策不加区别。他以纵坐标表示实际汇率，横坐标表示国内吸收，指消费、投资和政府支出的总和，将图解的四个象限设定为四个区，表示国民经济可能发生的不同情况：

第一区，表示国际收支逆差和通货膨胀并存。

第二区，表示国际收支逆差和通货紧缩并存。

第三区,表示国际收支顺差和通货紧缩并存。

第四区,表示国际收支顺差和通货膨胀并存。

使国民经济趋于均衡点所采取的政策配合如下:

当处于第一区时,对内应采取紧缩性政策,以减少国内吸收,对外则实行贬值。

当处于第二区时,对内应采取扩张性政策,以扩大国内吸收,对外则实行贬值。

当处于第三区时,对内应采取扩张性政策,以扩大国内吸收,对外则实行升值。

当处于第四区时,对内应采取紧缩性政策,以减少国内吸收,对外则实行升值。

20世纪60年代,美国经济学家蒙代尔(Mundell)和弗莱明(Fleming)进一步发展了内外部均衡理论,提出了蒙代尔—弗莱明模型,又称为资本完全流动的 IS—LM—FE 模型。资本完全流动意味着对于资产所有者来说,国内证券与国外证券之间可以完全替代。因此,只要国内利率超过国外利率,就会引起资本大量流入;或者只要国内利率低于国外利率,就会引起资本大量流出。

蒙代尔—弗莱明模型着重分析了在资本完全流动和固定汇率制的条件下财政政策与货币政策的不同效应。他们对指派哪种政策工具来实现哪种目标问题,即所谓指派问题,提出了自己的意见:指派货币政策来实现外部均衡目标,指派财政政策来实现内部均衡目标。他们的论证过程如下:

如果中央银行采取扩张性货币政策来提高收入,货币供给量会增加,导致利率下降,使人们抛售本币资产,争购外币和外币资产,造成资本大量流出,使国际收支逆差,汇率面临着贬值压力。为了维持汇率稳定,中央银行应通过公开市场业务,卖出外币,使货币供给量减少,其结果是:抵消了扩张性货币政策的效应，收入未增长，国际储备却下降了。可见，货币政策对内不成功。

如果政府采取扩张性财政政策来提高收入，预算支出会增加，从而刺激了总需求，促进了收入增长，随着收入的增长会导致货币需求的增加，利率上升，使人们抛售外币和外币资产，争购本币和本币资产，造成资本大量流入，使国际收支顺差，汇率面临着升值压力。为了维持汇率稳定，中央银行应通过公开市场业务，收购外币，使货币供给量增加，其结果是：收入增长，国际储备增加。可见，财政政策对内，货币政策对外取得了成功。

他们分析了其中的原因，即在固定汇率制度下，资本完全流动使货币政策无力影响收入水平，而只能影响国际储备水平；相反，财政政策对收入的影响更具效率，它所造成的资本流入，增加了货币供给量，从而避免了因利率上升对收入增长的副作用。

结 构 论

结构论形成于20世纪70年代，其理论渊源与发展经济学有关。英国经济学家史蒂芬（Stephen）、克列克（Klick）和瑟沃尔（Thirwall）是结构论的积极倡导者。他们认为，国际收支失衡并非完全是由国内货币市场的不平衡所引起的。国际收支逆差，尤其是长期性的国际收支逆差，可能是长期性的需求过度引起的，也可能是长期性的供给不足所引起的，而长期性的供给不足往往是由经济结构问题引起的。引起长期性国际收支逆差的结构问题主要有：

1. 经济结构老化

由于科技和生产条件的变化，使一国原来具有国际竞争力的商品失去了竞争力，而国内因资源流动不充分，使经济结构不能适应世界市场的变化，由此导致出口供给长期不足，进口替代的余地持续减少，国际收支持续逆差。

2. 经济结构单一

由于出口商品的品种单一，其价格出现任何程度的下降，都会直接导致国际收支恶化；又由于经济结构单一，经济发展长期依赖进口，进口替代的选择余地不大。

3. 经济结构落后

由于一国出口商品需求对收入的弹性低，进口商品需求对收入的弹性高，使别国经济和收入的快速增长不能导致该国出口的相应增加，而本国经济和收入的快速增长却能够导致进口的相应增加，只会发生国际收支的收入性逆差，不会发生国际收支的收入性顺差。又由于出口商品需求对价格的弹性高，进口商品需求对价格的弹性低，使本国出口商品价格的相对上升会导致出口数量的相应减少，而外国商品价格的相对上升却不会导致进口数量的相应减少，货币贬值不仅不会改善国际收支状况，反而起到恶化作用。

国际收支的结构性失衡既是长期经济增长速度缓慢和经济发展阶段落后所致，又成为制约经济发展和经济结构转型的瓶颈。要改变经济结构，需要有一定数量的投资和技术设备的进口，而国际收支的结构性困难和外汇短缺却制约着这种进口，从而使经济发展和结构转型变得很困难。政策调节的重点应该放在改善经济结构方面，通过增加投资和储蓄，提高资源流动性，使生产要素顺利地从传统产业转移到新兴产业，以此来增加出口商品及进口替代品的品种和数量，改善国际收支状况。

第十章　货币供求研究

无事则深忧，有事则不惧。

《苏辙·颖滨遗老传上》

供求是市场的基本关系，供求规律是市场经济的一般规律。在经济学界，人们对于货币供给理论和货币需求理论都进行了长期研究，取得了丰硕的成果。在现实中，货币供给与货币需求是相伴而生的，但是，在理论研究中，与货币需求理论相比，货币供给理论却是相对后起的，也是相对薄弱的。这种理论发展的不平衡主要来源于人们对货币供给与货币需求的不同认识。

20世纪60年代以前，几乎所有的经济学家都只把货币需求看做是内生变量，进行深入细致的研究，而把货币供给看做是外生变量，不屑一顾。他们认为，货币供给并非内在地取决于经济运行的客观规律，而是外在地取决于中央银行的主观意志。因此，货币供给变成了一个由中央银行绝对控制的变量。这种在货币供给认识上存在的偏见，导致了货币供给理论与货币需求理论研究的不协调。经济学家们往往全神贯注于对货币需求问题的分析，而疏于对货币供给问题的探讨，甚至索性将货币供给假定为一个可以由中央银行任意决定的常数。

直到20世纪60年代以后，这种局面才开始得到改观，一些经济学家通过实证分析，意识到货币供给是一个被长期忽视的内生变量，从而启动了货币供给理论研究。

影响货币需求的因素

所谓货币需求，是指一定时期一定地域人们以货币形式持有财富的行为。经济学中所研究的货币需求是有效的货币需求，它必须满足两个条件：

一是具有持有货币的意愿。

二是具有持有货币的能力。

人们之所以需要货币，是因为货币作为一般等价物，具有流通手段和支付手段的职能；货币作为一种财富形式，具有贮藏手段的职能。在现实生活中，人们持有多少货币，取决于人们持有货币的动机和财务约束，取决于收入、财富总额以及人们对货币与金融资产（如股票和债券）、实物资产（如房地产）的成本与收益进行比较后作出的决定，取决于人们对各种资产的盈利性、流动性和安全性进行比较分析的结果，以达到最佳的资产组合。所以，从微观层面上看，货币需求是指在一定的财务约束条件下，经济主体持有货币的动机和行为。而从宏观层面上看，货币需求是指在一定的资源约束和经济制度约束条件下，整个社会在一定时间内有多少货币用来执行货币职能。

如前所述，货币需求取决于人们持有货币的动机和财务约束，因此，凡是影响人们持有货币的动机和财务约束的因素，都是影响货币需求的因素。那么，影响货币需求的因素都有哪些呢？主要有：

1. 收入状况

收入因素可以分解为收入水平和收入时间间隔。从收入水平看，货币需求与收入水平成正比，这是因为人们以货币形式持有的财富是总财富的一部分，收入数量决定着总财富的规模和增长速度；再者，收入数量对支出数量也有决定性影响，收入多则支出多，支出多则需持有的货币量亦多。从收入时间间隔看，如果人们取得收入的时间间隔延长，那么，人们的货币需求量就会增大；反之，如果人们取得收入的时间间隔缩短，那么，人们的货币需求量就会减少。这是因为收入一般是定期取得的，而支出则是陆续进行的，在两次收入的时间间隔中，人们需持有随时用于支出的货币，其时间间隔越长，人们需持有的货币量就越多。

2. 信用制度健全的程度

一般来说，货币需求量与信用制度健全的程度呈负相关关系。如果一个社会的信用制度很健全，那么，人们需持有的货币量就会减少，尽可以将闲置货币用于金融资产投资，待需要货币时，再将金融资产出售。另外，在转账结算条件下，很多交易会通过债权债务的相互抵消来清偿，这在一定程度上也减少了货币需求量。

3. 市场利率

在一般情况下，货币需求与市场利率呈负相关关系。市场利率上升，一方面会增加人们持有货币的机会成本，另一方面会使证券价格下跌，低价会吸引投资者购买，从而导致货币需求减少；反之，市场利率下降，一方面会降低人们持有货币的机会成本，另一方面会使证券价格上升，高价会促使投资者抛售，从而导致货币需求增加。

4. 消费倾向

一般而言，货币需求与消费倾向呈正相关关系。消费倾向越大，需持有的货币量越多；反之，消费倾向越小，需持有的货币量越少。

5. 货币流通规律

根据货币流通规律可知，货币需求与物价水平和商品数量成正比,与货币流通速度成反比。

6. 资产选择偏好

人们进行资产选择的原因有三个:一是保值;二是生利;三是满足不同的心理偏好。当人们偏好货币流动性时,就会增加货币需求;当人们偏好金融资产收益性时,就会增加对金融资产的购买,减少货币需求。

7. 心理预期

货币需求在很大程度上受人们心理预期的影响。一般认为,影响货币需求的心理预期有三个:一是对市场利率变动的预期;二是对物价水平变动的预期;三是对投资收益率变动的预期。

货币需求函数

货币需求函数是表达货币需求量与影响货币需求量的各种因素之间关系的方程式。通常将影响货币需求量的各种因素作为自变量,将货币需求量作为因变量。建立货币需求函数的用途有三个:

一是用于验证货币需求理论的分析结果。

二是用于分析各种因素对货币需求的影响方向和影响程度。

三是用于预测一定时期内整个社会的货币需求量及其变化方向,作为制定货币政策的依据。

影响货币需求量的因素很多,所以,货币需求函数是一个多元函数,其自变量大致上可分为三类:

1. 规模变量

所谓规模变量是指影响货币需求总量的变量,这类变量主要有财富和收入。

如前所述,货币需求是人们以货币形式持有财富的行为,故财富总量是货币需求总量的上限。在一般情况下,后者只是前者的一部分。

收入是财富的重要来源，而财富又是人们取得收入的资本，是未来收入的现值。收入可以计量，而财富，尤其是人力财富（指人们在未来取得收入的能力）则比较难以计量，因此，在货币需求函数中，通常将收入作为财富的代表。在货币需求理论中，收入一般分为三种：即过去收入（指已取得的收入）、预期收入（指未来将要取得的收入）、长期收入（指过去收入与预期收入的加权平均数）。

2. 机会成本变量

货币需求是人们进行资产选择的结果，人们持有货币，就要放弃持有其他资产可能取得的收益，这就是机会成本。货币需求函数中的机会成本变量主要包括：债券预期收益率（可以用预期市场利率来反映）、股票预期收益率（可以用预期投资收益率来反映）、实物资产预期收益率（可以用预期通货膨胀率来反映）。

3. 其他变量

其他变量很多，包括货币自身收益率、制度设计和宏观经济政策等。

货币需求理论

西方货币需求理论主要包括三大部分：即古典学派的货币需求理论、凯恩斯学派的货币需求理论，以及货币学派的货币需求理论。

一　古典学派的货币需求理论

古典学派的货币需求理论就是传统货币数量说。货币数量说是以货币数量来解释货币价值或一般物价水平的理论。这一学说在20世纪30年代发展到巅峰，并引入了数学分析工具，由于货币数量学者对货币数量与货币价值、物价水平之间关系的解释方法和侧重点有所不同，形成了不同的学派。其中最为人们所熟悉的有两派：即现金交易说和现金余额说。

1. 现金交易说

现金交易说的主要代表人物是美国经济学家费雪（Fisher）。他在1911年出版的《货币的购买力》一书中认为，货币的唯一功能是充当交换媒介。人们需要货币，仅仅是因为货币具有购买力，可以用来交换商品和劳务。所以，一定时期内社会所需要的货币金额必定等于同一时期内交易的商品价值总和。据此，他提出了"交易方程式"，即：

$$MV = PT$$

式中：M表示货币数量；V表示货币流通速度；P表示一般物价水平；T表示商品和劳务的交易量。

费雪认为，货币流通速度由支付习惯、信用制度、人口密度、运输通讯条件等因素所决定，不受货币数量的影响。所以，在短期内，可以将货币流通速度视为常数。在充分就业条件下，商品和劳务的交易量在短期内也保持稳定，所以也可以视为常数。这样，货币数量的变化将等比例地作用于物价水平。

费雪的现金交易说是一种机械的货币数量说，在此学说中，MV代表货币供给，PT形成货币需求，货币需求只是被动地取决于货币供给。

2. 现金余额说

此学说是由剑桥学派创始人马歇尔（Marshall）提出的，经过庇古（Pigou）和罗勃逊（Robertson）的发展，形成了现金余额说，又称为剑桥方程式，即：

$$M = kPY$$

式中：M 表示货币数量；k 表示以货币形式持有的名义国民收入的比例，它是货币流通速度的倒数；P 表示一般物价水平；Y 表示一定时期内以不变价格计算的实际产出。

现金余额说特别强调人们的主观愿望对货币需求具有决定作用。他们认为，k 值的大小，一方面取决于人们对持有货币的利弊权衡；另一方面取决于人们对未来物价水平的预期。所以，现金余额说隐含着利率和通货膨胀率对货币需求具有影响的思想。此学说将货币需求看做是人们的资产选择，是现代货币需求理论的重要渊源，它对凯恩斯货币需求理论的形成和发展有着重大影响。

二 凯恩斯学派的货币需求理论

凯恩斯学派的货币需求理论包括：流动性偏好论、存货模型、惠伦模型，以及资产选择理论。

1. 流动性偏好论

凯恩斯（Keynes）是马歇尔的学生，曾经是剑桥学派的重要代表人物。1936 年他在《就业、利息与货币通论》一书中，提出了流动性偏好论。

如前所述，流动性偏好是指人们宁愿持有流动性高但不生利的货币，而不愿持有能生利但不易变现的资产这样一种心理倾向。这种流动性偏好实际上就是人们对货币的需求。凯恩斯货币需求理论的特点在于注重对货币需求动机的分析。他认为，人们的货币需求动机主要有三个：

一是交易动机（包括个人的交易动机和企业的营业动机），即用货币去应付日常的支付。满足交易动机的货币需求数量取决于收入，与收入多少成正比。

二是预防动机，凯恩斯认为，未来是不确定的，所以，不仅要有满足交易动机的货币余额，还要有预防不测的货币余额。与满足交易动机的货币需求一样，满足预防动机的货币需求也取决于收入，与收入多少成正比。

三是投机动机，这是指人们在利率上升、债券价格可能下跌而没有下跌时卖出债券，持有货币，以便在债券价格下跌既成事实时再买进债券。凯恩斯假设，只存在两种财富形式：即债券与货币。债券价格与利率成反方向变动。当预期利率上升时，人们会卖出债券而持有货币。当预期利率下跌时，人们会用货币买进债券，这就是投机性货币需求。投机性货币需求与实际利率水平负相关，与预期利率正相关。就是说，人们心目中有一个利率，会对实际利率水平做出价值判断，当判断实际利率水平偏高时，就会预期利率下降，就会买进债券，使投机性货币需求减少；当判断实际利率水平偏低时，就会预期利率上升，就会卖出债券，使投机性货币需求增加。

交易动机和预防动机是凯恩斯从庇古那里承袭过来的，而投机动机则是他的独创。投机动机的货币需求是凯恩斯货币需求理论中最具特色的内容，它实际上是指人们对闲置货币余额的需求，而不是对交易媒介的需求。人们持有闲置货币余额的需求，是为了能够在利率波动中进行债券投机而获利。

由于货币需求表现为人们的流动性偏好（即 Liquidity），故凯恩斯以 L 表示流动性偏好或货币需求函数。又由于交易动机和预防动机的货币需求都是收入的递增函数，投机动机的货币需求是利率的递减函数，故可以将货币总需求分解为两部分：一是满足交易动机和预防动机的货币需求；二是满足投机动机的货币需求。用公式表示：

$$M = M_1 + M_2 = L_1(Y) + L_2(i) = L(Y,i)$$

式中：M 表示货币总需求；M_1 表示满足交易动机和预防动机的货币需求；M_2 表示满足投机动机的货币需求；L_1 表示 M_1 与 Y 的函数关系；L_2 表示 M_2 与 i 的函数关系；L 表示 M 与 Y 和

i 的函数关系。

凯恩斯的流动性偏好论是对货币需求理论的重大突破，但这一理论本身也存在着一些缺陷，如忽视利率对满足交易动机和预防动机的货币需求的影响，将人们的资产选择范围设定在货币与债券之间等。20 世纪 50 年代以后，凯恩斯学派的一些经济学家纷纷对凯恩斯货币需求理论进行修正、补充和发展。

2. 存货模型

存货模型又称平方根法则，表明满足交易动机和预防动机的货币需求也受利率因素的影响。美国经济学家鲍莫尔（Baumol）认为，人们持有现金，与企业持有存货一样，也有成本。由于现金是没有利息的，故持有现金就要放弃利息收入，这种放弃的利息收入就是持有现金的机会成本。因此，人们总是在保证日常交易需要的前提下，尽量减少现金持有，寻求最低的现金持有量。

假设人们的交易活动在一定时期内是可预见的，而且收支规模正常，那么，人们可以将期初收入的大部分投资于证券，以获取收益，然后，每隔一定时间再变现一部分证券，用于日常交易需要。

若以 i 表示市场利率；
C 表示每次变现数；
T 表示某人的月收入；
b 表示每次变现的手续费；
n 表示每月变现次数，即 T/C；
则有：每月变现成本为 $nb = (T/C)b$；
两次变现期间持有的平均现金余额为 $M = C/2$；
两次变现期间持有现金的机会成本为 $(C/2)i$。
假设 X 表示持有现金的总成本，得：

$$X = (T/C)b + (C/2)i$$

要使总成本最小,可以对上式求导,并且令该导数为零:

$$dX/dC = -Tb/C^2 + i/2 = 0$$

解方程得:

$$C = (2bT/r)^{1/2}$$

那么,最低的现金持有量为:

$$M = C/2 = (2bT/r)^{1/2} \div 2$$

3. 惠伦模型

1966年,惠伦论证了满足预防动机的货币需求也是利率的递减函数。预防性货币需求来自于事物的不确定性,一个人无法保证在某一时期内货币收支与他所预料的完全一致,因此,必须保留一定的预防性现金余额。

惠伦认为,影响预防性货币需求的因素有三个:收支变化、非流动性成本,以及持有预防性现金余额的机会成本。这里的机会成本是指持有预防性现金余额而放弃的利息收入。非流动性成本是指因低估某一支付期的现金需要而造成的严重后果。当人们由于缺乏现金而无法履行付款义务时,就存在三种可能性:

一是陷于经济困境甚至破产,此时,非流动性成本非常高。

二是及时得到银行贷款,此时,非流动性成本等于银行贷款成本。

三是人们持有非现金资产,此时,非流动性成本就是非现金资产变现的手续费。

通常将第三种可能性视为理论分析的一般情况。

惠伦模型的建模思想与存货模型是相同的。如果人们为预防不测而持有较多的现金,就减少了预期的非流动性成本,但同时却增加了持有预防性现金余额的机会成本;相反,如果他持有较少的现金,虽然降低了机会成本,却提高了非流动性成本。因此,企业必然会选择最适度的预防性现金余额,以便使机会成本和非流动性成本降到最低限度。

假设:净支出大于预防性现金持有量(M)的概率为 P;

净支出的概率分布以零为中心,这是因为长期来看,收入等于支出。

由于净支出大于预防性现金持有量,故企业需将资产变现,手续费为 b。

则有:持有预防性现金余额的机会成本为 rM。

非流动性成本为 bP。

预期的总成本为 $C = rM + bP$。

设定企业为风险回避者,故在估计净支出大于预防性现金余额时,应作最保守的估计,取 $P = Q^2/M^2$,Q 为净支出的标准差,将其代入 $C = rM + bP$,得:

$$C = rM + bQ^2/M^2$$

要使总成本最小,可以对上式求导,并且令该导数为零:

$$dC/dM = r - 2bQ^2/M^3 = 0$$

解方程得:

$$M = (2b/r)^{1/3} Q^{2/3}$$

上式表明:最适度的预防性现金余额(M)与净支出方差(Q^2)、非流动性成本(b)呈正相关,与利率(r)呈负相关,其结论与存货模型基本一致。

4. 资产选择理论

美国经济学家、诺贝尔经济学奖获得者托宾(Tobin)和马柯维茨(Markowitz)在 20 世纪 50 年代,创立资产选择理论的过程中,对凯恩斯的货币需求理论进行了重要的补充和发展。在凯恩斯看来,人们对利率变动的预期是确定的,当市场利率变动时，人们只会在货币与债券之间选择其一。这种观点既无法解释人们同时持有货币和债券的现象，也无法解释人们同时持有收益率各不相同的金融资产这一现实。

托宾指出：可供人们选择的金融资产很多，货币只是其中之一。人们之所以选择没有收益的货币，而不选择有收益的其他金融资产，是因为人们追求的并非是预期收益最大化，而是预期效用最大化。持有任何一种金融资产都具有收益和风险两重性，收益增加会使投资者效用增加，风险增加则会使投资者效用减少，而风险与收益正相关。随着各种金融资产的收益与风险变化，投资所获得的边际效用也将变化。为了提高总效用，人们往往会同时持有债券和货币，也会同时投资于具有不同收益的其他资产。

托宾认为：有三种投资者，尽管他们都坚持效用最大化原则，但对收益和风险的主观评价不同，所以，在资产选择上也有很大差异：

一是风险中立者，不考虑风险因素，只根据预期收益的大小来选择资产。

二是风险回避者，宁愿放弃获取较多收益的机会，也不愿承担较大风险。

三是风险爱好者，宁愿承担较大的风险，也不愿放弃获取较多收益的机会。

在现实中，第二种人最为典型。对第二种人而言，预期效用极大化是指在风险既定时的预期收益极大化，或者在预期收益既定时的风险极小化。货币虽没有收益，但也有风险。所以，人们在权衡包括货币在内的各种资产的收益与风险的基础上，来确定效用极大化的资产组合。

托宾以某种资产预期收益率的加权平均数作为衡量其预期收益的尺度，以预期收益的标准差作为衡量投资风险的尺度。用公式表示：

$$\mu_R = k\theta_R$$

式中：μ_R 表示资产预期收益率；θ_R 表示投资风险；k 表示债券预期收益率与其收益率标准差的比值。

对风险回避者来说，当某种资产的风险既定时，收益增加，或者收益既定时，风险减少，都意味着该资产的效用增大。根据边际效用均等这一资产选择要求，他们会增加该资产持有量而减少其他资产持有量。如：当利率上升时，债券利息会增加，他们就会将一部分货币转换为债券，此时获得利息的效用很大，而同时带来风险的负效用却较小，只要这种效用大于负效用，这类投资者就会继续增加债券持有量，直到新增债券带来的边际效用等于新增债券带来的边际负效用为止。这时，这类投资者的资产组合的总效用达到极大值。当利率下降时，他们就会增加货币持有，而减少对债券的持有。托宾由此说明了投机性货币需求与利率呈反方向变动的结论。由于资产收益具有不确定性，因而会促使谨慎的投资者采取分散投资的办法，即不要将所有的鸡蛋都装在一个篮子里。

三 货币学派的货币需求理论

1956年，美国货币学派的创始人、诺贝尔经济学奖获得者弗里德曼（Friedman）发表了"货币数量说的重新表述"一文，奠定了现代货币数量说的基础。

弗里德曼认为，货币数量说不是产量学说，也不是货币收入学说或价格水平学说，而是关于货币需求的理论。现代货币数量说研究的是影响人们持有货币量的因素，主要包括：

1. 总财富

他把货币视为人们持有财富的一种形式。个人所持有的货币量受其总财富的限制。总财富包括人力财富和非人力财富。由于总财富难以直接计算，所以，他提出用持久收入来代替。所谓持久收入是指人们在较长时期内所取得的平均收入。由于持久收入容易计算，且具有稳定性，故可以避免即时性收入受偶然因素的影响而使货币需求函数出现不稳定的现象。

2. 财富构成

财富构成是指非人力财富与人力财富的比值。非人力财富，即物质资本，是指生产资料及其他物质财富。人力财富是指个人在未来获得收入的能力，即人的生产能力，也就是人力资本。人力财富要转化为现实的非人力财富，会受到劳动力市场供求状况的制约。所以，在转化过程中，人们必须持有一定的货币量，以应付交易需要，货币量的多少取决于非人力财富与人力财富的比值。

3. 货币和其他资产的预期收益

人们持有多少货币，在很大程度上取决于货币与其他资产收益的比较。在一般情况下，货币收益为零，而其他资产均有收益。其他资产收益率提高，则货币需求就会减少；反之，其他资产收益率降低，货币需求就会增加。

4. 影响货币需求的其他因素

如人们对货币的主观偏好影响着货币需求，如果人们将货币视为"必需品"，那么，货币需求对收入的弹性就会等于1或小于1；如果人们将货币视为"奢侈品"，那么，货币需求对收入的弹性就会大于1。再者，人们的经济预期也会影响着货币需求。

在上述分析的基础上，弗里德曼提出了货币需求函数式：

$$M = f\{p, r_b, r_e, 1/p \cdot dp/dt, w, Y, u\}$$

式中：M 表示名义货币需求量；p 表示物价水平；r_b 表示债券预期收益率；r_e 表示股票预期收益率；$1/p \cdot dp/dt$ 表示物价水平的预期变动率；w 表示非人力财富与人力财富的比值；Y 表示

持久收入；u 表示随机变量，它反映主观偏好、经济预期等。

  弗里德曼对于现代货币数量说所作的重新表述是对货币需求理论的重大贡献。首先，在弗里德曼的货币需求函数式中，货币被视为一种资产，不仅是交易的媒介，从而使货币需求理论发展成为资本理论或财富理论的一个组成部分。其次，弗里德曼确立了预期因素在货币需求理论中的地位，因为根据瓦尔拉斯（Walras）的一般均衡理论，物价变动率、市场利率及其他资产收益率都可以通过一定的方法来预测。最后，弗里德曼利用计量经济学的方法对影响货币需求的一些因素，如利率、收入等进行了实证研究，从而为货币需求研究提供了新的分析方法。

货币供给与存款创造

一　货币供给

  货币定义是货币供给理论的基础，不同的货币定义将会产生不同的货币供给理论。即使是对同一个问题的研究，也会由于对货币定义有着不同的认识，而得出大相径庭的结论。20 世纪 50~60 年代以来，由于金融创新的浪潮风起云涌，新的金融工具层出不穷，许多新的金融工具都不同程度的具有货币性，有的能够直接作为货币发挥作用，有的略加转化就能发挥货币职能，从而使流通中的货币形式多种多样，货币流通的范围不断扩大。但是，不同形式的货币或具有某种货币职能的金融工具，其货币性是有差别的。各国中央银行为了有效地调控货币供给量，需要对流通中的各种货币形式进行分类，将它们划分为不同的层次，使货币供给的计量和调控具有科学性。

  长期以来，人们对于货币供给层次的划分有许多不同的观点，但是，在将金融资产流通性作为划分货币层次的标准这一点上，看法却是惊人的一致。所谓流动性是指金融资产迅速变现而不蒙受损失的能力。流动性程度不同的金融资产，周转的便利程度不同，现实购买力的强弱不同，从而对各种经济活动的影响程度也不同。因此，按流动性大小对不同形式、不同特性的货币，划分不同的层次，是科学地分析货币流通状况、正确制定和实施货币政策、有效地进行金融宏观调控的必要措施。

按流动性划分，货币可分为两个层次：即狭义货币（M_1）和广义货币（M_2）。狭义货币是指流通于银行体系之外的、为公众所持有的现金加商业银行的活期存款。广义货币是M_1加商业银行的定期存款和储蓄存款。

在货币供给理论中，不仅有狭义货币与广义货币之争，还有外生货币与内生货币之争。所谓货币供给的外生与内生问题，是指货币供给是否完全由货币当局所决定。货币供给外生论者认为，货币供给完全由货币当局决定，与经济运行中的各种因素无关。货币供给内生论者认为，经济运行中的各种因素，如收入、储蓄、投资、消费和利率等，都将影响着人们的经济行为和决策，进而影响着货币供给，而这些因素并非完全由货币当局决定，所以，货币供给将取决于客观的经济运行状态，并非取决于货币当局的主观意志。

经过上面的分析，我们可以知晓，所谓货币供给，实际上是指一国货币量的形成和控制机制，包括：货币如何供应，如何控制，货币总量如何形成等。货币总量有存量和流量两个不同的概念，货币供给量是货币存量，是指一国在某一时点上实际存在于经济中的货币总量。货币流通量是货币流量，是指一国在一定时期内的货币总量，它实际上是货币存量与货币流通速度的乘积。

二 存款创造

在现代金融体系中，商业银行具有举足轻重的地位，因为只有商业银行能够依法接受活期存款，从而能以派生存款的形式创造和收缩存款货币。这一过程被称为存款创造。要了解存款的创造与收缩原理，必须先搞清楚两个基本的概念：即原始存款与派生存款。所谓原始存款，是指商业银行接受客户的现金和中央银行的支票所形成的存款。中央银行的支票是中央银行通过再贴现、再贷款和公开市场业务等途径注入商业银行体系的。原始存款不增加货币供应量。所谓派生存款，又称转账存款，是指商业银行用原始存款发放贷款而创造出的新存款。派生存款会增加货币供应量。

商业银行收到一笔原始存款后，会按一定比例提留一部分存款准备，用于满足客户提现需要，其余大部分可用于贷款或投资。这部分提留的存款准备就称为存款准备金，由商业银行的库存现金和存放在中央银行的存款所构成。存款准备金率是指存款准备金与存款总额的比例，起初并无明文规定，后来，为了防止商业银行为追求盈利而任意降低存款准备金率，导致挤兑风潮，各国陆续以法律形式规定商业银行必须保留占存款总额一定比例的准备金，这个由中央银行规定的准备金占存款的比例就称为法定存款准备率。准备金中超过法定准备金的部分，称为超额准备金。

在上述制度背景下，商业银行活期存款（即存款货币）的创造过程如下：假设某一银行吸收一位客户的原始存款10000元；按20%的法定存款准备率计算，库存现金应为2000元；可以贷放给另一客户8000元；8000元的贷款转存款，即派生存款；仍按20%的法定存款准备率计算，库存现金应为1600元；可以贷放给另一客户6400元；以此类推，最后，总存款为50000元；贷款为40000元；库存现金为10000元；活期存款乘数为5倍。

活期存款的收缩过程与上述创造过程相同，只是方向相反。

从活期存款的创造与收缩过程中，我们可以看出：

（1）在信用货币制度下，无论是纸币还是活期存款，都是由银行信贷渠道提供的。从形式上来看，银行可以通过放款来创造存款。银行信贷扩张，货币供应量就增加；银行信贷收缩，货币供应量就减少。所以，可以通过银行信贷的扩张与收缩来调节货币供应。

（2）原始存款是创造派生存款的基础。原始存款是由中央银行控制的，而派生存款则是由商业银行通过资产业务创造的。以原始存款发放贷款，贷款又创造出新的存款，如此循环往复，最后，原始存款派生出数倍于自己的派生存款。

（3）创造派生存款必须具备两个前提：一是部分准备金制度，即法定存款准备率必须小于100%；二是非现金结算制度，如果不存在非现金结算，银行便不能用记账方式去发放贷款，一切贷款都必须付现，存款就无从增加，派生存款也就无法创造。

货币供应的理论模式

前面在介绍活期存款的创造过程时，设定了两个假设：

一是客户将全部款项都存入银行，不提取现金，也不将活期存款转为定期存款。

二是商业银行将吸收的存款除了提留法定准备金以外，全部贷出，不保留超额准备金。

这两个假设条件与现实有较大距离。一般而言，银行为保持资产流动性，以应付客户提现，必须保留一部分超额准备金；客户基于各种动机肯定会提取一部分现金或以定期存款形式持有一部分金融资产。这些因素会影响到活期存款的扩张。若取消上述假设条件，活期存款乘数就会更符合实际，从而可以导出货币供应的理论模式,即美国经济学家乔顿(Jordan)提出的乔顿货币乘数模型。

设公众持有的现金(C)、定期存款(T)、超额准备金(E)与活期存款(D)的比率分别为c'、t、e,这三个比率分别是通货比率、定期存款占活期存款比率、超额准备率,则有:

$$C = c'D$$
$$T = tD$$
$$E = eD$$

由于原始存款包括现金存款和中央银行支票存款,两者都是商业银行持有的中央银行负债,当商业银行的客户提现时,中央银行对商业银行的负债中就有一部分转化为中央银行对公众持有者的负债。就是说,中央银行提供的原始存款不仅有商业银行的准备金(R),还有公众持有者的现金,两者之和,就是基础货币(B),可见,原始存款是基础货币的转化形式,用公式表示:

$$B = R + C$$

设活期存款和定期存款的法定准备金率分别为r_d、r_t,那么,商业银行系统所持有的总准备金为:

$$R = r_d D + r_t T + E = r_d D + r_t tD + e \cdot D = (r_d + r_t t + e)D$$

这时,中央银行所提供的基础货币为:

$$B = R + C = (r_d + r_t t + e + c')D$$

那么,商业银行系统的活期存款为:

$$D = [1/(r_d + r_t t + e + c')]B$$

根据狭义货币供应量的定义:$M_1 = D + C$,据此可以得到M_1供应的理论模式:

$$M_1 = D + C = [(1 + c')/(r_d + r_t t + e + c')]B$$

此模型就是货币供应理论的基本模型，括号内的因素就是狭义货币乘数，可以用 m_1 来表示，得：

$$M_1 = m_1 B$$

上式表明狭义货币供应量等于基础货币与货币乘数的乘积。

由于广义货币供应量的定义为 $M_2 = D + C + T$，据此可以得到 M_2 供应的理论模式：

$$M_2 = D + C + T = [(1 + c' + t)/(r_d + r_t t + e + c')]B$$

上式括号内的因素就是广义货币乘数，可以用 m_2 来表示，得：

$$M_2 = m_2 B$$

基础货币与货币乘数

一　基础货币

基础货币，又称高能货币或强力货币，是指流通中现金和银行准备金的总和。银行准备金包括法定准备金和超额准备金。

由于基础货币的两个部分都是中央银行负债，故可以通过中央银行的资产负债表来分析影响基础货币的因素。中央银行的资产业务包括：证券、贴现贷款、财政借款、黄金外汇储备、在途资金和其他资产；中央银行的负债业务包括：发行在外的现金、银行存款、财政性存款、中央银行资本和其他负债。

由于基础货币已包含了发行在外的现金和银行存款，故影响基础货币的因素主要有：全部资产业务以及三项负债业务（即财政性存款、中央银行资本、其他负债）。就是说，在财政性存款、中央银行资本和其他负债不变的条件下,任何中央银行资产的增加,都会引起基础货币的增加;在中央银行资产不变的条件下,财政性存款、中央银行资本和其他负债的减少,也会引起基础货币的增加。

基础货币数量的变化,实际上取决于以下三个方面的状况:

(1) 财政收支状况。财政支出意味着财政性存款的减少,导致基础货币供给的增加;财政收入意味着财政性存款的增加,导致基础货币供给的减少。在财政出现盈余时,基础货币有紧缩效应;财政发生赤字时,会不会导致基础货币的增加,要看弥补赤字的方式。如果通过增税来弥补赤字,则基础货币数量不变。如果通过发行国库券或向中央银行借款的方式来弥补赤字,则基础货币数量会增加。

(2) 中央银行的货币政策行为。中央银行资产的增加,无论是在公开市场上购买国库券,还是接受商业银行的票据贴现,都会增加基础货币供给。而中央银行负债的增加,则会导致基础货币的收缩。

(3) 国际收支状况。如果国际收支顺差,中央银行会为了收购外汇而投放基础货币;如果国际收支逆差,中央银行会为了平抑汇价而抛售外汇,导致基础货币供给的减少。

可见,中央银行调控基础货币的方式主要有两种:

一是公开市场业务。公开市场业务是指中央银行在公开市场上通过买卖国库券或外汇,来增减货币供给量的一种政策手段。由于公开市场业务能够精确地调节基础货币的数量,因此,它成为发达国家中央银行实施货币政策的最重要工具。只要中央银行的证券投资或外汇收购能在基础货币来源中占有足够大的比重,那么,就可以通过在公开市场上增减国库券或外汇的持有额,来抵消其他不可预测因素的变动对基础货币的影响。

二是再贴现。再贴现是指商业银行将所收购的票据卖给中央银行，以获得短期资金融通。中央银行主要通过调整再贴现率，来影响商业银行的融资成本，进而影响再贴现规模。由于再贴现率变动对基础货币的影响很难精确估计，再贴现需求主要受经济周期的影响，所以，中央银行对再贴现规模缺乏足够的控制能力。

二　货币乘数

货币乘数，又称货币扩张系数，是指货币供给量与基础货币的比率。货币乘数由五个参数所组成：活期存款法定准备金率、定期存款法定准备金率，这两个参数由中央银行的货币政策所决定；通货比率、定期存款占活期存款比率，这两个参数由公众的资产选择行为所决定；超额准备金率由商业银行的经营决策所决定。对于后三个参数，中央银行的影响力很弱。由此可见，货币供应量是由中央银行、商业银行和公众三方面共同决定的。下面分析后三个参数的影响因素：

1. 通货比率的影响因素分析

通货比率的影响因素主要有：

（1）金融危机。一旦发生金融危机，公众会大量的提取现金，导致通货比率增大。

（2）非法经济活动。非法经济活动一般倾向于用现金来交易，所以，非法经济活动规模与通货比率呈正相关关系。

（3）金融资产预期收益率。金融资产预期收益率越高，持有现金的机会成本就越高，人们会尽量减少现金持有量，导致通货比率下降。

（4）财富总额。财富增加时，现金和活期存款虽然都会增加，但现金增长速度低于活期存款增长速度，所以，财富越多，通货比率越小。

2. 超额准备金率的影响因素分析

超额准备金率的影响因素主要有：

（1）银行预期存款流出量。预期存款流出量越大，要求的超额准备金率越高。

（2）借款成本。银行的负债管理能力越强，借款成本就越低，超额准备金率也越低。

（3）市场利率。准备金存款一般没有利息，所以，市场利率是持有超额准备金的机会成本，市场利率越高，超额准备金率越低。

（4）经济周期。经济繁荣时，投资会增加，对信贷的需求也会增加，银行就会减少超额准备金，使超额准备金率下降；经济萧条时，投资会减少，信贷需求也会减少，银行自然会增加超额准备金，使超额准备金率上升。

3. 定期存款占活期存款比率的影响因素分析

定期存款占活期存款比率的影响因素主要有：

（1）财富总额。由于定期存款和储蓄存款的财富弹性大于活期存款，所以，定期存款占活期存款比率会随着财富总额的增加而稳定地上升。

（2）金融资产预期收益率。金融资产预期收益率越高，定期存款占活期存款比率就越低；反之，金融资产预期收益率越低，定期存款占活期存款比率就越高。

货币供给理论

在货币供给理论中，除了乔顿货币乘数模型之外，最有影响、最具代表性的要数弗里德曼—施瓦茨货币供给模型和卡甘货币供给模型。

一 弗里德曼—施瓦茨货币供给模型

美国经济学家弗里德曼（Friedman）和施瓦茨（Schwartz）

在 1963 年出版了《1867~1960 年美国货币史》一书，对美国近百年货币史进行了实证研究，提出了弗里德曼—施瓦茨货币供给模型，分析了各种主观和客观因素对货币供给的影响。

根据弗里德曼和施瓦茨的分析，经济中的广义货币存量（M）可分为两部分：一是货币当局的负债，即公众持有的通货（C）；二是商业银行的负债（D），即活期存款、定期存款和储蓄存款。用公式表示：

$$M = C + D$$

在货币存量中，只有一部分货币可以为中央银行所直接控制，这就是高能货币（H）。它由两个部分所构成：一是公众持有的通货；二是商业银行的库存现金和存放在中央银行的准备金存款（R）。用公式表示：

$$H = C + R$$

货币乘数为：

$$M/H = (C+D)/(C+R) = (1 + D/C)D/R \div (D/R + D/C)$$

若以 m 表示上式等号的右边部分，则有：

$$M = H \cdot m$$

m 就是货币乘数。由此模型可知，货币存量是由三个因素共同决定的：一是高能货币；二是商业银行存款与准备金的比率（即 D/R）；三是商业银行存款与公众持有通货的比率（即 D/C）。上述三个因素分属三个经济主体：一是货币当局，它决定高能货币；二是商业银行，它决定商业银行存款与准备金的比率；三是公众，他们决定商业银行存款与公众持有通货的比率。

弗里德曼和施瓦茨认为，货币当局能够直接而有效地控制高能货币，而高能货币对 D/R 和 D/C 具有决定性的影响，故货币供给归根结底是一个外生变量。

二 卡甘货币供给模型

美国经济学家卡甘（Cagan）在 1965 年出版了《1875～1960 年美国货币存量变化的决定及其影响》一书，提出了卡甘货币供给模型。用公式表示：

$$M = H \div (C/M + R/D - C/M \cdot R/D)$$

式中：M 表示广义货币存量；H 表示高能货币；C/M 表示通货与货币存量之比；R/D 表示准备金与存款之比。

货币乘数 m 为：

$$m = 1 \div (C/M + R/D - C/M \cdot R/D)$$

卡甘认为，决定货币乘数的变量有两个：一是通货比率，即通货与货币存量之比；二是准备金比率，即准备金与存款之比。经过长期考察，卡甘得出如下结论：从长期来看，美国通货比率具有下降的趋势，原因是收入、财富的增长以及城市化；美国准备金比率很不稳定，这是因为银行存款在不同地区、不同种类的转移以及法定准备率的变化。

卡甘还认为，政府控制基础货币，公众和商业银行共同决定基础货币在公众持有和银行持有的比例。由于通货比率和准备金比率都小于 1，所以，通货比率或准备金比率上升，货币乘数就会变小；通货比率或准备金比率下降，货币乘数就会增大。基础货币的增长是 90% 的货币存量增长的原因，只有 10% 的长期性货币存量增长是由通货比率和准备金比率下降所引起的，因为在大部分时间，这两个比率的变化对货币存量的影响差不多都相互抵消了。在周期性变化中，通货比率是最重要的，它是货币存量变化率周期性变动的二分之一的来源，而基础货币和准备金比率则分别是四分之一的来源。

货币供求非均衡的两个后果

所谓货币供求均衡是指一国在一定时期内货币供给量等于货币需求量。实行纸币本位制的国家很难做到这一点。货币供求均衡的对立面就是货币供求非均衡，即货币供给量不等于货币需求量，这会出现两种情况，可能导致两个后果：

一是货币供给小于货币需求，可能导致通货紧缩。

二是货币供给大于货币需求，可能导致通货膨胀。

通货膨胀是指商品及劳务的货币价格总水平持续明显上涨的过程。通货紧缩与之相反，是指商品及劳务的货币价格总水平持续明显下降的过程。对于上述定义，有必要增加几点说明：

（1）通货膨胀和通货紧缩考察的对象是商品及劳务的价格，不是金融资产的名义货币价格。

（2）通货膨胀和通货紧缩指的是货币价格，即商品及劳务与货币之间的相对比价，不是各种商品及劳务之间的相对比价。

（3）通货膨胀和通货紧缩不是一次性或短期的价格总水平上升或下降，而是一个持续的过程。

（4）通货膨胀和通货紧缩不是个别商品价格的上涨或下降，而是价格总水平的上涨或下降。

（5）通货膨胀和通货紧缩是价格总水平的明显上升或下降，轻微的价格波动不是通货膨胀或通货紧缩。这一数量标准取决于人们对通货膨胀或通货紧缩的敏感程度，是一个主观性概念。

目前，世界各国一般采用以下三个指标来衡量通货膨胀或通货紧缩的程度：

（1）消费物价指数（即 consumer price index），又称 CPI 指数或零售物价指数，根据日用消费品的零售价格和主要服务费用来编制。

(2) 批发物价指数（即 wholesale price index），根据制成品和原材料的批发价格来编制，不含劳务。

(3) GNP 平减指数（即 GNP deflation index），是指按当年价格计算的 GNP 与按不变价格计算的 GNP 之比。

在通货膨胀期间，实物资产和金融资产价格的上涨幅度往往超过消费品价格的上涨幅度。所以，很多经济学家主张用资产指数来度量通货膨胀。美国经济学家古德哈（Goodhart）和霍夫曼（Hofmann）就主张用 FCI（英文全称为 financial conditions index，即金融条件指数）来代替 CPI，金融条件指数中的金融价格一般包括：短期实际利率、有效实际汇率、实际房产价格、实际股票价格等。

通货膨胀成因分析

关于通货膨胀的成因分析，主要有需求拉动说、成本推进说以及结构因素说三类理论。

一　需求拉动说

所谓需求拉动是指社会总需求超过社会总供给，过多的货币追逐过少的商品及劳务，导致物价上涨。这里的供给表现为市场上的商品及劳务，需求表现为用于购买和支付的货币。

凯恩斯学派认为，货币变动对物价的影响是间接的，影响物价的因素除了货币量以外，还有成本单位和就业量等多种因素。货币数量的增加是否具有通货膨胀性，要视经济体系是否达到充分就业而定：

第一种情况是总需求的增加将带来产出和物价水平的同时上升。

第二种情况是达到充分就业以后，有效需求增加使成本单位同比例上涨。

第三种情况是社会存在大量闲置资源，总需求的增加可以带来产出的增加，而物价并不上涨。

凯恩斯学派进一步认为：通货膨胀压力并不一定源于货币供应增加，在总产出不变时，消费需求、投资需求、政府开支和净出口的自发增加，都会产生通货膨胀缺口。

货币学派认为：通货膨胀主要是一种货币现象，是货币量比产量增加更快所造成的。货币量的作用为主，产量的作为为辅。许多现象可以使通货膨胀率发生暂时的波动，但只有当它们影响到货币增长率时，才产生持久的影响。一旦人们对这种物价上涨产生预期之后，整个经济就会陷入工资物价循环上升的过程，导致通货膨胀愈演愈烈。

二　成本推进说

所谓成本推进是指企业成本提高而导致物价上涨，这是从总供给方面解释通货膨胀成因的理论。当成本上升时，商品价格随之上涨，总供给曲线向上移动，导致产量下降，价格水平上升。

在封闭型经济中，标准的成本推进型通货膨胀是指在劳动生产率前期未提高、价格总水平前期未上升的情况下，货币工资自发的、一次性的增长。这种增长可能来自错误的通货膨胀预期，也可能来自具有垄断力量的工会为改变收入分配格局所做的努力。一旦出现通货膨胀以后，工人为维持先前的实际工资水平而要求工资进一步上涨，从而导致工资物价螺旋上升。

除了工资成本变动以外，引起供给曲线向上移动的原因还有：

（1）原材料价格上升。

（2）间接成本推动，如技术改造费、广告费等。

（3）利润推动，一些具有垄断力量的企业，为了赚取更多的利润而提高垄断价格，带动其他商品价格上涨。

三　结构因素说

对于一些国家的长期通货膨胀问题，需求拉动或成本推进理论都不足以充分说明其原因。一些经济学家从一国经济结构及其变化方面寻求其根源，于是，人们就将由结构因素引起的通货膨胀称为结构型通货膨胀。结构因素说大致有四种：

1. 需求移动论

这一理论是由美国经济学家、诺贝尔经济学奖获得者舒尔茨（Theodore W. Schultze）在 1959 年提出的。

舒尔茨认为，产业结构的变化，会引起需求在部门与部门之间转移，需求增加的部门，工资物价会上升；需求减少的部门，工资物价未必下降。因此，结构性通货膨胀的原因有三个：

一是资源缺乏流动性。

二是工资物价呈向下刚性。

三是需求在部门之间的大规模转移。

2. 不平衡增长模型

这一理论是由美国经济学家鲍莫尔（Baumol）在 1967 年提出的。

鲍莫尔认为，一国经济部门可分为两个部分：一是先进部门，劳动生产率不断提高；二是保守部门，劳动生产率不变。先进部门因劳动生产率提高而增加工资，这是理所当然，然而，这一举动会引起保守部门的竞相攀比，导致工资推进。

3. 劳动供给论

这一理论是由英国经济学家希克斯（Hicks）和美国经济学家托宾（Tobin）在 20 世纪 70 年代提出的。

他们将社会经济部门分为扩展部门和非扩展部门。扩展部门在经济繁荣时期由于劳动力缺乏而导致工资上升，但在经济衰退时期工资却难以下降。非扩展部门的劳动者为求得公平，也要求提高工资，因为人们关心相对工资胜过关心绝对工资。所以，繁荣时期由扩展部门开始的工资上升必然蔓延到其他部门，使整个经济体的工资水平普遍上升。这一过程一旦开始，提高工资的主要力量便不再是劳动力缺乏，衰退时期工资上升的程度也将与繁荣时期工资上升的程度相等或相近。

4. 斯堪的纳维亚模型

又称北欧模型，是由挪威经济学家奥克鲁斯特（Aukrust）提出的，经瑞典经济学家艾德格伦（Edgren）等人加以发展和完善。

此模型实用于小国开放经济。对于小国开放经济而言，它是一个纯粹的价格接受者，其通货膨胀在很大程度上受世界通货膨胀的制约。他们将一国经济分为两个部门：一是开放部门（如出口行业）；二是非开放部门（如受政府保护行业）。开放部门的通货膨胀率与世界通货膨胀率一致，开放部门的工资增长率与非开放部门的工资增长率一致，开放部门的劳动生产率增长率高于非开放部门的劳动生产率增长率。由于通货膨胀率要在两个部门间加权平均，故需要考虑开放部门与非开放部门在国民经济中的比重。由上述分析可知，一国通货膨胀率取决于3个因素：

一是世界通货膨胀率。

二是开放部门与非开放部门在国民经济中的比重。

三是开放部门与非开放部门劳动生产率增长率的差异。

该模型又被看做是通货膨胀国际传播的典型，因为世界通货膨胀率直接成为国内通货膨胀的一个组成部分。

总之，所有结构型通货膨胀理论的核心是：经济中存在两大部门，由于不对称性造成了一个部门的工资物价上升，而劳动力市场的特殊性要求两个部门工人的工资同比例上升；当相反的情况出现时，工资物价呈向下刚性，结果导致价格总水平的普遍持续上升。

通货紧缩成因分析

关于通货紧缩的成因分析，主要包括有效需求不足论、经济周期论、债务论和货币论四种理论：

1. 有效需求不足论

这一理论是由英国著名经济学家凯恩斯提出的。

凯恩斯用就业不足、有效需求不足来描述通货紧缩，实际有效需求与充分就业条件下的有效需求之间的差额，被称为通货紧缩缺口。

在封闭经济中，有效需求决定了社会的产出水平，它包含消费、投资和政府开支三部分，由于消费和政府开支比较稳定，所以，经济波动则主要源于企业投资的不稳定，而投资需求又取决于企业家的利润预期。因此，经济衰退的原因在于企业家利润预期的突然下降，投资的不稳定对经济总量的影响会因乘数效应而加剧。在经济衰退时期，企业家的利润预期非常低，以至于任何低利率都显得太高，因此，以货币政策抑制衰退，其效果不会显著，只有通过财政政策，增加政府开支，才能稳定有效需求。

通货膨胀和通货紧缩都会产生巨大的损害。在财富再分配上，通货膨胀的危害性要严重一些；在对创造财富的影响上，通货膨胀有刺激作用，通货紧缩有阻碍作用，所以，通货紧缩更具危害性。由于通货紧缩加重了债务人的负担，使人们纷纷将资产变现，以摆脱债务风险，导致生产低落，失业增多。

2. 经济周期论

这一理论是由奥地利经济学家米塞斯（Mises）和哈耶克（Hayek）提出的。

他们认为，通货紧缩并不是独立形成的，而是由促成经济萧条的生产结构失调所引起的，因此，通货紧缩是一个派生的过程。

从充分就业开始，银行系统派生的信贷增加，促使市场利率降到自然利率以下。企业家因此而重新配置资源，从消费品生产转向投资品生产。一段时间后，消费品价格就会上涨，为使经济体系重新向均衡方向调整，有必要提高利率，从而使在低利率时有利可图的投资变得无利可图，危机随之出现。这时，如果银行信贷继续增加，就可能避免危机的发生。但问题是随着银行信贷的扩张，货币流向投资品部门，而过度投资使投资品部门的预期收益无法实现，银行信贷质量趋于恶化，银行系统为了防范自身风险而被迫收缩信贷，这就会导致通货紧缩。

可见，通货紧缩是繁荣过度的必然后果，应通过市场机制自发地加以治愈。公共工程和政府投资是有害的，它会导致进一步的扭曲，阻碍资本结构的进一步调整。所以，抑制衰退的最有效办法是防患于未然。

3. 债务论

这一理论是由美国经济学家费雪（I. Fisher）提出的。

费雪认为，新发明、新产品或新资源的开发使企业的利润前景看好，导致企业投资过度。债权人一旦关注这种过度融资的风险，就会趋于债务清算。这种清算会导致企业经营困难，利润减少，结果带来货币收缩，货币流通速度趋缓，价格水平降低，从而引起产出和就业的减少，信心指数下降，最终带来利率的复杂扰动。在这一过程中，债务是初始原因，债务利息是最终结果，所有波动都是由于价格降低而发生的。过度债务与通货紧缩两者会相互作用和反作用，导致很大的危害性。

4. 货币供给不足论

这一理论是由美国著名经济学家弗里德曼提出的。

弗里德曼认为，货币对于经济活动是非常重要的，货币存量的大幅度变动是价格水平大幅度变动的必要而且充分的条件。当通货紧缩时，货币的边际收益上升，人们就会将金融资产和实物资产转换成货币资产,直到新的资产组合使各种资产的边际收益率相等为止,这一过程可能会导致金融资产和实物资产的价格下跌。由于产量变动的幅度与公众持有的货币量变动的幅度不一致,导致货币存量变动的幅度与价格变动的幅度也不一致,所以,尽管货币供给量在不断增长,但由于货币供给的增长要慢于经济的增长,使价格水平仍然会出现明显下降。货币存量与价格不仅变动幅度不一致,而且两者之间的传导有时滞。所以,必须综合考虑这些因素,实行单一规则的货币政策,使货币供给的增长率与经济增长率保持一致。

货币供求非均衡的对策

如前所述,货币供求非均衡会导致两个后果:通货膨胀或通货紧缩。治理通货膨胀的对策主要有:

1. 需求政策

即减少总需求的各种措施,针对需求拉动型通货膨胀,具体措施包括:

(1)紧缩性财政政策,有增加税收、削减政府支出、限制公共投资和社会福利支出等。

(2)紧缩性货币政策,有提高再贴现率、提高法定存款准备金率、中央银行在公开市场上出售政府债券等。

2. 收入政策

又称工资物价管制政策,针对成本推进型通货膨胀,具体措施包括:

(1)冻结工资。

(2)征收奖金税、工资调节税。

(3)确定工资物价指导线,控制各部门的工资增长率。

(4)工资收入指数化,即根据物价变动情况自动调整工资收入。

3. 供给政策

美国经济学家拉弗（Laffer）认为，需求过度是相对的，主要是供给不足，因此，治理通货膨胀的关键是增加生产和供给，具体措施包括：

（1）减税。

（2）限制货币增长率，稳定物价。

（3）削减政府支出的增长幅度，消灭财政赤字。

（4）实行人力资本政策，有提供劳动力市场信息、减少对就业转业的限制、对劳动者进行再就业培训、优先发展劳动密集型产业、政府直接雇佣非熟练工人等。

4. 结构调整

针对结构性通货膨胀的具体措施包括：

（1）微观财政政策：一是税收结构政策，这是指调节各种税率和实施范围；二是公共支出结构政策，这是指调节政府支出项目和各种项目的数额，包括减少转移支付，增加公共工程支出等。

（2）微观货币政策：一是利率结构政策，这是指调整各种利率；二是信贷结构政策，这是指调整各种信贷限额和信贷条件。

而治理通货紧缩的对策，基本上是采取与治理通货膨胀的对策相反方向的操作。

第十一章　金融风险管理框架

善张网者引其纲。

《韩非子·外储说右下》

从本章开始，下推五章，将从金融机构内部的角度，来探讨金融风险管理框架，分析利率风险、汇率风险、流动性风险、信用风险和操作风险的成因，寻求防范和化解各种金融风险的方法。本章是总论，以下五章是分论。

金融风险管理系统

所谓金融风险管理，是指金融机构在筹集和运用资金的过程中，对金融风险进行识别、衡量和分析，在此基础上，有效地控制和处置金融风险，以最低的成本来实现最大的金融安全保障的科学管理方法。金融风险管理是一项复杂的系统工程，是由衡量系统、决策系统、预警系统、监控系统、补救系统、评估系统和辅助系统等七个子系统所组成的。

一　金融风险管理的衡量系统

金融风险管理的衡量系统是用来估量每项交易中金融风险的大小及其影响，为金融风险管理的决策提供依据的系统。具体内容包括：

（1）建立金融风险汇总机制。虽然每项业务或每个局部所面临的金融风险可能很小，但是，汇总起来，就一家金融机构整体所面临的金融风险而言，就会很大。所以，建立金融风险汇总机制，很有必要，不仅需考虑表内业务的风险，还需考虑表外业务的风险以及衍生金融工具带来的风险。

（2）建立金融风险测量模型。金融风险的测量通常都采用定量方法，模型得到最为广泛的运用。在对不同种类的金融风险进行衡量时，必须运用不同的计量模型，如为了测量市场风险，可以采用 J. P. 摩根银行首创的 VaR 模型；为了测量信用风险，可以采用 KMV 模型；为了测量利率风险，可以采用持续期模型等。通过这些模型的运用，金融风险的测量变得更加准确，更便于决策层制定相应的金融风险管理对策。

二　金融风险管理的决策系统

金融风险管理的决策系统是整个金融风险管理系统的核心，它发挥着统筹调控的作用。具体内容包括：

（1）建立严格的授权制度。金融风险管理的决策系统需建立严格的授权制度，规定各级管理人员对客户授信的最高审批限额，业务人员在交易中的最大成交限额以及下级单位的经营管理权限。

（2）制定防范金融风险的方针策略。金融风险管理的决策系统不仅要负责设计和制定防范金融风险的各种规则和指导方针，而且要根据具体的风险特征，研究和制定金融风险管理策略以及防范和化解金融风险的各项具体措施，并责令各业务部门予以实施。

三　金融风险管理的预警系统

金融风险管理的预警系统是金融机构通过内部的研究部门或

外部的咨询机构，对其经营活动中出现的金融风险进行监测和预警，以引起决策层的关注，为决策提供参考。建立预警系统既可以掌握金融风险的整体动态，以便采取相应的对策；又可以引起各业务部门的高度重视，增强防范金融风险的自觉性；还可以对交易对手提出警告，避免不当的交易行为。具体内容包括：

（1）分析宏观经济形势。要分析宏观经济形势和行业发展趋势，确定宏观经济环境变化对本金融机构发展的影响程度，为确定参数提供依据。

（2）建立金融风险预警信号。要根据自身的历史经验和管理水平，分析同行业的发展现状，预测市场资金供求变化的趋势，建立本金融机构资本金变化的预警线。

四 金融风险管理的监控系统

金融风险管理的监控系统是监督金融机构承受风险的动态情况，督促各业务部门严格执行金融风险管理的政策和程序。具体内容包括：

（1）设置限额权限提示、自动障碍和警讯等程序，来确保授权制度的严格执行。

（2）设置监控指标，包括资本充足率、核心资本充足率和流动性比率等，通过金融机构内部网络，监督各业务部门和分支机构的经营状况，一旦发现异常情况，及时采取相应的对策。

（3）定期地对各业务部门开展内部稽核，包括：

一是横向联系稽核，稽核与同业、与客户的协作关系。

二是财务会计稽核，稽核会计过程、结算方式和结算纪律。

三是金融服务稽核，稽核租赁、信托、代理等业务的规章、手续和收费情况。

四是资产负债稽核，稽核资产负债的预计规模和实际规模、资产负债结构及其变化趋势。

五 金融风险管理的补救系统

金融风险管理的补救系统是对已暴露的金融风险采取补救措施，防止金融风险的进一步恶化和蔓延。具体内容包括：

(1) 建立呆账准备金制度。按照一定程序，对无法收回的资产进行核销，以呆账准备金及时弥补其损失。

(2) 建立应急基金。当金融机构面临流动性风险时，应急基金可以防范因金融风险的扩散而引起的挤兑风潮；当金融机构面临市场风险时，应急基金可以通过购买衍生金融工具，来转嫁风险。

(3) 建立计算机网络发生故障的防范和处理系统。随着科技的进步，计算机网络已成为金融机构日常工作不可缺少的工具。对计算机处理的数据资料，要作出备份和存档，减少操作风险；要设置恢复程序，防止因软件故障而出现信息损失，保持信息的完整性和交易的连续性。

六 金融风险管理的评估系统

金融风险管理的评估系统主要包括金融风险管理业绩评估、金融风险管理模型评估和内部控制系统评估。具体包括以下内容：

(1) 金融风险管理业绩评估。业绩评估可以采取定性与定量相结合的办法，以风险偏好作为定性指标，以资本回报率作为定量指标。

(2) 金融风险管理模型评估。可以运用回归测试方法，检验金融风险管理模型的科学性、实用性和准确性，及时发现问题，及时进行调整或修正。

(3) 内部控制系统评估。为了检验内部控制系统的可靠性，既可以对内部控制全过程进行评估，也可以对某一具体环节进行评估，要选择典型业务，沿着它们的处理程序，检查业务运行过程中各个环节是否得到有效控制。

七 金融风险管理的辅助系统

如前所述，金融风险管理是一项系统工程，它有赖于其他相关部门的配合和协助，这些部门就构成了金融风险管理的辅助系统。具体内容包括：

（1）密切部门之间的配合。科技部门要与金融风险管理部门密切配合，注意所开发的管理系统和模型具有安全性，保证信息系统的完整性。

（2）建立信息库。要将客户的信用记录、人才结构、注册资本、生产经营计划和资产负债状况等详细资料输入信息库，为将来的金融风险管理工作提供经验和参考。

（3）加强交易凭证的保管。交易凭证反映了从交易开始酝酿到交易最终结束的所有有关信息，包括交易对手、交易时间、产品类型和票面金额等，必须完整地加以保存。

金融风险管理的组织结构

金融风险管理的组织结构是建立在金融机构整体组织结构和公司治理结构的基础上的，组织结构是一家金融机构经营风格的具体体现，科学合理的组织结构是构建完善的金融风险管理框架的必要前提。

一 金融风险管理组织结构的设计原则

金融风险管理组织结构的设计原则包括：

（1）集中管理原则。要设立风险管理委员会和风险管理部，负责制定风险管理政策和管理制度，设计风险测量模型。

（2）全面风险管理原则。金融风险管理组织结构的设计要充分满足全面风险管理的要求，渗透到金融机构的各项业务过程和各个操作环节，覆盖所有的业务部门、岗位和人员。

（3）协调与效率原则。金融风险管理组织结构的设计要在效率优先的前提下，考虑部门之间的协调和相互制衡机制，保证部门之间的权责划分明确清晰，便于操作，保证部门之间的信息沟通方便快捷，准确无误。

（4）独立性原则。经营部门、风险管理部门、支持保障部门和内部审计监察部门要保持各自的独立性，特别是检查评估部门要独立于管理执行部门，要形成董事会和风险管理委员会直接领导的，以风险管理部为中心，各业务部门密切配合，职能上相互独立的风险管理系统。

二　金融风险管理组织结构的主要环节

金融风险管理组织结构的主要环节包括董事会、风险管理委员会、风险管理部和业务系统等。

（1）董事会和风险管理委员会。董事会是金融机构的决策机构，负责制定金融机构的经营目标和经营政策，将最终承担股东权益减少或财务损失的责任。为了实行有效的风险管理，防止决策者与执行部门串通而进行大量的冒险交易，通常由3~5名董事组成风险管理委员会，承担董事会的日常风险管理职能，并定期地向董事会报告风险管理方面的有关问题。风险管理委员会的具体工作主要有：

一是批准承受风险的大小，为承担风险损失提供所需要的风险资本。

二是反映金融机构所面临的金融风险，包括潜在的或现实的所有风险、风险类型以及交易对手的有关情况等。

三是确保金融机构具有完善的内控机制、规范的业务程序和适当的经营政策,使各项业务都受到有效的控制,定期的对内部控制情况和风险管理状况进行评估。

(2)风险管理部。风险管理部是风险管理委员会下设的、独立于日常交易的管理部门,它通常设有战略组和控制组。

战略组的职责是:制定金融机构的风险管理政策和管理制度;设计风险测量模型;指导业务人员的日常风险管理工作。

控制组的职责是:根据风险测量模型进行风险的衡量、评估,持续检测风险的动态变化,及时、全面的向战略组汇报金融机构的风险状况;监督各业务部门的操作流程,促使各部门严格遵守风险管理程序,监控风险限额的使用,确保各项交易额被控制在授权的风险额度以内;审核各业务部门的风险管理办法和风险管理报告,评估各部门的风险管理业绩。

(3)业务系统。业务系统与风险管理部在机构设置上是分离的,这样便于形成相互制衡的机制。同时,两者之间又建立了有机的联系,业务系统要执行风险管理部制定的风险管理政策和制度,协助和支持风险管理部的工作,及时、主动的向风险管理部汇报、反馈相关的信息。

金融机构总经理既是业务系统的管理者,又是金融风险管理的最终责任人。他在组织业务经营的同时,也领导着金融机构的风险管理工作。他要负责建立内部的风险衡量、监控和评估模型,确保风险管理部有关决定的实施,监督风险动态,采取相应的应急措施。

金融机构的管理部门和操作部门同时进行着风险决策和风险管理,部门负责人必须认真贯彻风险管理部制定的风险管理政策和制度,确保各项业务合法合规,及时、准确地向风险管理部报告风险暴露的信息,采取相应的防范或补救措施。

为了有效地防范金融风险,在金融机构内部需要建立起相互制衡的机制,构筑顺序递进的三道监控防线:

第一道，岗位制约。需要建立严格的岗位责任制，实行双人、双职、双责制度，使每项业务操作实行不同职责的分离、交叉核对、资产双重控制和双人签字，最终确立岗位之间相互配合、相互督促、相互制约的工作关系。

第二道，部门制约。需要建立部门之间相互监督制衡的工作程序，如贷款规模要受计划部的约束，数据处理程序要受科技部的控制。

第三道，内部稽核。需要建立稽核部，对各部门、各岗位、各项业务实施内部稽核，及时发现问题，协助有关部门纠正错误，堵塞漏洞，确保各项政策的实施和各种规章制度的执行。

三　金融风险管理组织结构模式

金融风险管理组织结构的设置在金融机构内部组织结构设置中占有十分重要的地位，由于各金融机构内部组织结构设置类型的不同，使其风险管理和内部控制部门的设置也各异，可分为三种模式：

（1）职能型组织结构模式。该模式适用于资产规模较小的金融机构。其经营管理按职能部门划分，风险管理部门与职能部门平行设置。其优点是：能够确保部门内部规模经济的实现，促进组织深层次的技能提高，由于资产规模较小，风险管理部门能够较容易地对整个金融机构业务所面临的风险进行监控和管理。其缺点是：风险管理部门对外界环境变化的反映较慢，部门之间缺少横向协调。

（2）事业部型组织结构模式。该模式适用于资产规模较大、从事业务种类较多的金融机构。按业务种类划分事业部，对相关业务进行专业化经营，形成相应的利润中心，风险管理部门设在各事业部内部。其优点是：整个组织能够快速适应外界环境的变化，实现跨职能部门的高度协调，各事业部容易应对不同的地区、客户和产品,及时地对所面临的风险进行监控,有利于决策的分权化。其缺点是:不具有部门内部的规模经济,各产品线之间缺乏协调。

(3)矩阵型组织结构模式。该模式适用于资产规模较大、从事业务种类较多的金融机构。该模式有两种结构:

一种结构是以业务种类为标准设置纵向的事业部,以职能为标志对各事业部内部的相应职能进行横向控制。

另一种结构是以地区为标准设置纵向的事业部,以职能为标志对各事业部内部的相应职能进行横向控制。

两种结构的风险管理部门都设在各事业部内部,同时需接受总部风险管理部门的领导。其优点是:有助于各事业部在经营中实现利润追求与风险控制之间的平衡,有利于总部风险管理部门对整体经营风险的把握和控制。其缺点是:容易使风险管理人员陷于双重职权之中,经常的会议和冲突会耗费大量的时间和精力。

金融风险管理的一般程序

金融风险管理是一个复杂的过程,其管理程序分为六个阶段:即金融风险的度量、风险管理对策的选择、风险管理方案的实施、风险报告、风险管理评估、风险确认和审计。

一　金融风险的度量

所谓金融风险的度量,就是鉴别金融交易活动中各种损失的可能性,估计损失的严重程度。只有通过多途径、多渠道的估计和衡量,充分了解金融风险的特征,才能选择有效的工具,去处理风险,实现以最少的管理费用获得最佳的管理效果的目的。具体内容包括:

(一) 风险分析

风险分析主要分析各种金融风险暴露,以及金融风险的成因和特征。

(1) 分析各种金融风险暴露。金融风险暴露包括两方面内容:

一是哪些项目存在金融风险,受何种风险的影响。如在资产负债表中,哪些资产最可能受利率风险的影响,哪些资产承受的信用风险较大,哪些资产缺乏流动性等。

二是各种资产或负债受金融风险影响的程度。

通过对金融风险暴露的分析,管理者就能决定哪些项目需要进行金融风险管理,并根据不同类型的风险制定不同的实施方案,以取得最有效的结果。

(2) 分析金融风险的成因和特征。导致金融风险的原因很复杂,既有主观原因,也有客观原因;既有系统原因,又有非系统原因。不同原因所造成的金融风险具有不同的特征。通过对金融风险成因和特征的分析,管理者就能够分清哪些风险是可以回避的,哪些风险是可以分散的,哪些风险是可以减少的。具体的分析方法有三种:

一是风险逻辑法。从最直接的风险开始,层层深入地分析导致风险的原因和条件。

二是指标体系法。通过财务报表的各种比率进行深入分析,来判断风险的总体规模和发展趋势。

三是风险清单法。列出金融机构每一笔业务的所有风险,包括可保风险和不可保风险,找出导致风险的潜在原因和风险程度,据此来分析风险发生的原因以及可能产生的影响。

(二) 风险评估

风险评估就是通过衡量和预测金融风险的大小,确定各种风险的相对重要性,明确其轻重缓急,对未来可能发生的风险状态、影响因素的变化趋势作出分析和推断,作为制定决策的依据。风险评估的程序包括风险概率评估和预测风险结果。

(1) 风险概率评估。其方法有三种:

一是主观概率法。这是指对没有统计规律的风险,由专家的主观判断来分析和估计概率的方法。

二是时间序列预测法。这是指利用风险环境变化的规律和趋势,来估计未来风险因素的最可能范围和相应概率的方法,包括移动平均法和回归法。

三是累计频率分析法。这是指根据大数法则,通过对原始资料的分析,依次画出风险发生的直方图,由直方图来估计累计频率概率分布的方法。

(2) 预测风险结果。其方法也有三种:

一是极限测试法。这是指管理者通过选择市场变动因素,模拟目前的产品组合在这些因素变动时所发生的价值变化的方法。极限测试法关注的是风险的损失金额。其具体步骤是:

首先,选择测试对象,包括市场变量、测试幅度和测试信息。

其次,鉴定假设条件,看市场环境变化时假设条件是否适用。

再次,重新评估产品组合的价值。

最后,根据评估结果,采取相应的对策。

二是风险价值法。这是指在给定的时间内、给定的发生概率下,来衡量发生损失的最小可能数额的方法。其具体步骤是:根据以市场价格核算的交易头寸和风险要素分布的概率模型,设计出产品组合未来价值的分布模型,进而得到风险价值在产品组合价值变化时的分布曲线。

三是情景分析法。这是一种既关注市场因素对产品组合造成的短期影响,又关注在特定的时间和情景下发生的一系列事件对金融机构产生的广泛影响的预测方法。情景分析法属于前瞻性的分析技巧，采用自上而下的方法，目的在于将可能发生的事件所导致的潜在损失定量化。

二 风险管理对策的选择

在完成金融风险的度量之后，管理者必须考虑采取怎样的风险管理对策。风险管理对策可分为两类：

(1) 控制法。即在损失发生之前，运用各种控制工具，力求消除各种隐患，减少风险发生的因素，将损失的严重后果降到最低程度。具体包括：

一是避免风险法。即主动放弃或拒绝某项可能导致风险损失的业务。

二是损失控制法。即在损失发生前，尽量消除各种隐患，减少损失发生的概率；在损失发生后，尽量减轻损失的严重程度。

(2) 财务法。即在风险事件发生之后，运用财务工具，对损失的后果给予及时补偿。具体包括：

一是风险自留法。即当某项风险无法避免时，承担和保留这种风险。

二是风险转嫁法。即将所面临的金融风险有意识地转嫁给与其有经济往来的另一方承担。

风险管理对策是金融风险管理的指导思想，并非具体的行动方案，因此，在选定了风险管理对策之后，管理者必须根据各种风险暴露的特征、经营目标、经营环境和技术手段等特点，制定出多种实施方案，并对各种方案进行可行性论证，合并其中雷同的方案，淘汰操作性差的方案，经过综合比较和分析，从中选择最优方案。

三 风险管理方案的实施

在风险管理方案的实施过程中，金融机构内部各部门要密切配合,不断地通过各种信息反馈,来检验风险管理方案的实施效果,根据前、中、后三个功能函数,对所有的金融交易进行执行、获得、记录、过程化和处理,并不断地进行调整和修正,使其更接近于风险管理目标。

四 风险报告

风险报告是了解风险管理结果的一个窗口,是金融机构通过其管理信息系统,将金融风险报告给管理者和股东大会知晓的一个程序。风险报告系统的开发是一个循序渐进的过程,随着金融业务的发展和创新,需不断地增加风险报告的种类和方法。经常使用的风险报告包括:资产组合报告、风险分解报告、最佳套期保值报告和最佳资产组合复制报告等。风险报告的要求有三个方面:

(1) 具有时效性。数据的收集和处理需及时高效,才能发挥应有的作用。

(2) 具有准确性。数据准确是一个值得信赖的风险管理系统的关键,风险报告所使用的数据必须经过仔细的审查和反复的校对。

(3) 具有针对性。对不同的部门需要提供不同的风险报告,风险管理部门要与各职能部门联系,确定不同部门对风险报告的不同要求。

五 风险管理评估

风险管理评估是对风险度量、风险管理对策的选择、风险管理方案的实施,以及风险管理人员的表现所进行的全面总结评估。管理者通过风险管理评估,可以总结出一些行之有效的风险预防措施,研究出一些可供今后运用的计量模型。风险管理评估一般采取事后检验法,这是一种评估市场风险测量和方法集合的工具。其具体步骤是:汇总、测量资产组合的风险价值和实际的经验损益数值；比较理论和实际的损益，检验每一个用于估价和控制金融机构头寸风险的模型是否覆盖所有的风险要素。

六　风险确认和审计

风险确认和审计是确认金融机构正在使用的风险管理系统和技术是否有效的一个程序。风险确认和审计包括内部审计员对风险管理程序的检查和外部审计员对风险管理程序的检查。对于内部审计员来说，意味着工作重点从检查其操作是否与内部条例规则和程序相一致扩展到检查风险管理程序的完整性。对于外部审计员来说，意味着从检查其财务记录的完整性扩展到评价其金融风险信息的完整性。

第十二章 利率风险管理

至人消未起之患，治未病之疾。

《葛洪·抱朴子·地真》

利率风险是市场风险的一种。所谓利率风险指由于利率水平变化引起金融资产价格变动而可能带来的损失。由于利率是经济生活中最活跃、最敏感的变量，利率风险覆盖的范围很广，系统性风险和非系统性风险都含有利率风险因素，所以，利率风险是各类金融风险中最基本的风险，它不仅影响金融机构主要收益来源的利差变动，而且对非利息收入的影响也越来越显著。控制利率风险是金融机构资产负债管理的重要内容，只有全面地判断金融机构所面临的各种利率风险，准确地衡量金融机构所承受的利率风险程度，才能采取相应的利率风险管理策略。

利率风险成因

从宏观角度看，利率是资金供求总量达到均衡时的借贷价格。从微观角度看，利率对于不同的经济主体具有不同的意义：对于投资者来说，利率代表投资者在一定时期内可能获得的收益；对于筹资者来说，利率代表筹资者在一定时期内获得资金的成本。利率风险的成因主要有以下四点：

1. 资产负债期限结构不对称

金融机构通常是以成本较低的中短期负债来支撑收益较高的中长期资产，在资产负债期限结构不对称的背景下，一旦市场利率上升，金融机构就将不得不为今后的存款付出更高昂的成本，如果原先的贷款利率低于现在的市场利率，就将使其经营难以为继。

2. 利率可控性差

利率是一个内生变量，可控性差，不管运用多么高明的定价技术，都难以与市场利率保持一致。如果在市场利率下跌时，以固定利率吸收存款，以浮动利率发放贷款；或者在市场利率上升时，以浮动利率吸收存款，以固定利率发放贷款，都可能导致金融机构的经营成本上升，甚至发生亏损。

3. 信贷定价机制的问题

金融机构信贷定价的依据是客户的资信及期限，资信越高，期限越短，利率就越低；反之，资信越低，期限越长，利率就越高。这一定价机制具有明显的防君子不防小人的倾向，从而导致逆向选择，虽然在一定程度上减少了利率风险，却反而增大了信用风险，其实，具有道德风险倾向的借款人在借款之时就已萌发了赖账的动机。

4. 利率预期不准确

虽然金融机构对其产品拥有定价权，但这一定价能否被市场所接受，则取决于是否与市场利率水平保持一致。实际上，利率风险就是金融机构预期利率与未来的市场利率不一致而产生的风险。金融机构尽管在不断地发展和完善利率定价技术，但市场利率瞬息万变，而且其变化又是由多种不确定因素综合作用的结果，所以，金融机构的利率预期很难准确。

利率风险类型

利率风险的类型主要有以下五种:

1. 净利息头寸风险

所谓净利息头寸风险,是指由于利率水平变动而导致金融机构的净利差收入可能减少。如果一家银行的生息资产总额大于有息负债总额,那么,该银行的净利息头寸为正数,说明有一部分无息负债,与这一部分无息负债相对应的生息资产利率可能会发生向下变动,从而导致金融机构的净利差收入减少。

2. 收益曲线风险

所谓收益曲线风险,是指由于收益曲线斜率的变化导致两种不同期限的债券的利差发生变化而产生的风险。收益曲线斜率的变化与经济周期有关。一般情况下,短期利率会低于长期利率,收益曲线的斜率为正数。当经济繁荣时,中央银行为了抑制通货膨胀和经济过快增长,可能会提高短期利率,导致短期利率高于长期利率,使收益曲线的斜率变为负数。

3. 基本点风险

所谓基本点风险,是指由于利率水平变动引起各种金融工具利率发生不同程度的变化,导致金融机构的收益可能减少。如90天期的100万元定期存款与90天期的100万元固定利率贷款都是在同一天重新定价,这说明该银行在资产与负债的重新定价时间表上并没有任何差别,但这并不表明存款利率变动幅度与贷款利率变动幅度也完全相同。对利率走势的历史分析表明,即使在同一时期,两种金融工具的利率也很少按同一差幅进行调整。当各种利率的变动差异导致银行的净利差扩大,基本点移动将有利于银行;反之,当各种利率的变动差异导致银行的净利差缩小,基本点移动就不利于银行。

4. 隐含期权风险

隐含期权风险是指由于利率水平变动，促使借款人提前偿还贷款或者存款人提前支取存款，导致金融机构的收益可能减少。如果市场利率下降，只要借款人不会因为提前还款而面临很多的罚款，他就会用新贷款去提前偿还旧贷款；反之，如果市场利率上升，只要存款人不会因为提前取款而面临很多的罚款，他就会在定期存款到期之前取出存款，再以较高利率重新存入这笔资金。总之，随着市场利率的忽升忽降，所有银行都会由于客户行使隐含在存贷款契约中的期权而承受着一定程度的风险。利率的变动速度越快，变动幅度越大，隐含期权风险对金融机构净利差的影响就越显著。绝大多数银行为了避免隐含期权风险，都对提前还款或提前取款实行罚款，但是，一旦市场利率在短期内发生剧烈波动，轻度的罚款很难有效阻止客户行使其期权。

5. 期限不匹配风险

期限不匹配风险是指由于资产与负债在期限上不匹配，导致金融机构的收益可能减少。长期以来，金融机构一直是以缺口头寸作为衡量利率风险的最基本方法。所谓缺口是指在某一期间需要重新设定利率的资产与需要重新设定利率的负债之间的差额。

如某一银行有定期存款 100 万元，利率为 8%，期限为 90 天，该银行将 100 万元贷款给某一客户，利率为 10%，期限也为 90 天。这种情况被称之为期限匹配的缺口头寸，按照缺口头寸的定义来衡量，不存在任何利率风险。

如果该银行以浮动利率形式贷款给某一客户，最初利率为 10%，期限为 90 天。在贷款期间，贷款利率会随着市场利率的变化而升降，存款利率则保持不变，这说明该银行的资产比负债更敏感；反之，如果贷款利率固定，存款利率定期调整，就说明该银行的负债比资产更敏感。

当利率上升时，资产敏感的银行会获得较多的净利差，负债敏感的银行会缩小其净利差；当利率下降时，资产敏感的银行会缩小其净利差，负债敏感的银行会获得较多的净利差。

如果存款利率高于贷款利率，该银行的净利差收入将会出现负数，这恰恰是20世纪70年代末80年代初的情形，由于各国政府对存贷款利率长期地实行管制，导致银行习惯于以低成本的短期存款作为30年期固定利率抵押贷款的资金来源，而政府一旦放松管制，市场利率就会不断上升，银行将不得不为其存款支付越来越多的利息成本。

利率风险度量

关于利率风险的度量，主要依据收益率曲线、持续期和凸性来进行测算。

一　收益率曲线

一般来说，期限不同所对应的利率也不同，这种利率与期限之间的对应关系被称为利率的期限结构。利率的期限结构通常以债券收益率曲线来表示。

在债券市场上，常见的债券是有息债券。所谓有息债券，是指在债券期限内定期地支付利息的一种债券，如西方国家的中长期公债券。由于不同利率的有息债券，即使期限相同，收益率也可能不同，所以，以有息债券收益率所构成的收益率曲线不能普遍适用于所有的债券。

人们通常以零息债券的到期收益率来构成收益率曲线。所谓零息债券，是指在债券期限内不支付利息，只是在到期日偿付债券面值的一种债券，如西方国家的短期国库券。这种表示零息债券收益率与期限之间关系的曲线就称为零息债券收益率曲线。

有息债券收益率曲线、零息债券收益率曲线与远期利率曲线之间的关系是：当收益率曲线为上升曲线时，远期利率曲线最高，有息债券收益率曲线最低；当收益率曲线为下降曲线时，有息债券收益率曲线最高，远期利率曲线最低。零息债券收益率曲线在上述两种情况下都居于远期利率曲线与有息债券收益率曲线之间。

出现这种情形的原因可以从到期收益率的计算方法中去寻找答案。到期收益率是所有现金流量相对应的折现率的几何平均值。如果收益率曲线为上升曲线，那么，有息债券到期前的各现金流所对应的折现率均低于到期日的收益率，这些折现率的几何平均值自然也会低于到期日的收益率，而零息债券收益率实际上就是到期日的折现率，所以，只要期限相同，有息债券收益率会低于零息债券收益率；反之，如果收益率曲线为下降曲线，那么，只要期限相同，有息债券收益率则会高于零息债券收益率。

二　持续期

所谓持续期，是指资产负债到期现金流的现值的加权平均值与该资产负债价格的比值。其权重根据各现金流对于债券总值的重要性来确定，表示为某现金流量的现值与债券价格的比值。

在计算现金流量的现值时，折现率就是与各现金流发生时间相对应的即期利率，这就需要分析利率的期限结构，以便寻找各时间段的即期利率。这种方法比较烦琐，在实践中，一般用一个统一的折现率来贴现所有的现金流量，这个统一的折现率就是债券到期的收益率。这种简化做法假定利率的期限结构为一条水平直线，当实际情况并非如此时，依照此法计算出的债券持续期只能是一种近似值。

持续期可以用来衡量债券价格对利率变化的敏感性（即利率弹性），一般来说，长期债券对利率变化的敏感性比短期债券要强。这使得我们可以根据持续期的定义来量化债券价格与利率的关系，从而更有效地把握和控制投资组合的利率风险。

关于债券持续期的特点如下：

（1）当其他因素不变时，有息债券的到期收益率越低，持续期越长。

（2）当利率既定时，债券持续期会随着距离到期日的时间的延长而延长。

（3）零息债券持续期为距离到期日的时间，有息债券持续期则不会长于距离到期日的时间。

（4）当距离到期日的时间既定时，债券利率越低，持续期则越长。这是因为债券利率越低，会有更多的现金流发生在到期日，故持续期越长。

（5）一个债券组合的持续期为组合中各债券持续期的加权平均值。由于持续期的可延长性，使我们可以用一个简明的指标来衡量一个投资组合的平均持续期。

（6）永久年金的持续期为：

$$D = (1+Y)/Y$$

式中：D 表示持续期；Y 表示到期收益率。

（7）固定年金的持续期为：

$$D = (1+Y)/Y - T/[(1+Y)^T - 1]$$

式中：D 表示持续期；Y 表示年金率；T 表示年金支付次数。

（8）无息债券的持续期为：

$$D = (1+Y)/Y - (1+Y)/Y(1+Y)^T$$

（9）有息债券的持续期为：

$$D = (1+Y)/Y - [(1+Y) + T(C-Y)]/C[Y(1+Y)^T - Y]$$

式中：D 表示持续期；Y 表示到期收益率；C 表示每个付息期间的利率；T 表示付息次数。

三 凸性

当收益率变动幅度较小时，持续期可以比较准确地反映债券价格的相应变化。但是，当收益率变动幅度较大时，就不能不考虑债券价格与收益率曲线的凸性，或称曲率。就是说，持续期表示债券价格与收益率曲线的斜率，而凸性表示债券价格与收益率曲线的斜率的变化，用以衡量曲线的弯曲程度，用数学公式表示，就是债券价格方程对收益率的二阶导数，即：

$$dP/P = -DdY + 0.5G(dY)^2$$

式中：P 表示债券价格；Y 表示收益率；D 表示持续期；G 为参数，反映债券价格与收益率曲线在现时收益率水平的凸性。等式右边的第一项表示简单的持续期模型的预测结果，它高估或者低估了利率变动对债券价格的效应。等式右边的第二项反映利率变动的二阶导数效应，表示在考虑债券凸性之后对债券价格估算的修正。

对于没有隐含期权的债券而言，凸度总是正数。就是说，当利率下降时，债券价格将会以加速度上涨；反之，当利率上升时，债券价格将会以减速度下跌。这对于投资者较为有利。

对于有隐含期权的债券而言，凸度一般为负数。这表明债券价格将随着利率下降而以减速度上升，随着利率上升而以加速度下跌，这对于投资者不利。这是因为利率下降，债券价格将会上涨，由于价格上涨不能高于买入期权价格太多，故只能以一种减速度上涨，在这种情况下，债券价格与收益率曲线呈现凹度（即负凸度）。关于债券凸性的特点如下：

（1）在收益率和持续期不变时，票面利率越高，凸性越大。

（2）到期收益率和持续期相同的两种债券，凸性越大，对投资者越有利。

（3）在息票率和收益率不变时，债券凸性会随着债券到期期限的延长而提高。

（4）当利率轻微变化时，对凸性的纠正极小；当利率明显波动时，根据债券价格与收益率曲线的凸性特征对持续期模型所作的修正，可以大大减少预期值与实际值之间的误差。

缺 口 管 理

在利率风险度量之后，需根据利率风险类型和程度进行利率风险管理。所谓利率风险管理是指采取各种措施，监测、控制和化解利率风险，将其所带来的损失减小到最低程度。缺口管理是利率风险管理的一种基本方法。所谓缺口管理，是指通过管理利率敏感性资产与利率敏感性负债的差额，将风险暴露头寸降低到最低程度，以获得最大收益。

金融机构的利率风险头寸一般是由资产负债表中的无数笔存款、贷款和投资累积而成，每一笔存款、贷款和投资，都有它自己的现金流量特征。为了对包含在资产负债表中的利率风险有一个全面认识，金融机构需将各个生息资产和付息负债项目按照其重新定价的日期，分成不同的时间段，据此来确定在每一个时间段里，究竟有更多的资产还是有更多的负债需要重新设定利率，最终形成缺口分析报告。缺口分析报告有两种：

一种是供金融机构内部使用的报告，可以根据自身的资产负债结构状况和市场利率的波动情况，自行决定编制报告的频率，一般是一旬编一次。

另一种是提供给金融监管当局的报告，一般是一个季度编一次，这种缺口分析报告可以作为金融机构季度财务报表的一个组成部分，通常将利率敏感性资产与利率敏感性负债的重新定价日期分为6个时间段：1年以内；1～2年；2～3年；3～5年；5～10年；10年以上。

金融机构的资产负债业务，大体上可分为敏感性资产负债和非敏感性资产负债两部分。敏感性资产负债是指在90天内到期的或者需要重新定价的资产和负债，主要包括：浮动利率资产、浮动利率负债、优惠利率贷款、短期借入资金。

根据敏感性资产负债的规模，利率敏感性缺口可分为三种情况：正缺口、负缺口和零缺口。

正缺口是指利率敏感性资产总量大于利率敏感性负债总量。在这种情况下，当利率上升时，金融机构对敏感性资产负债重新定价后，由敏感性资产所带来的收入增长幅度要大于由敏感性负债所带来的支出增长幅度，结果使其净收入增加，盈利水平提高；反之，当利率下降时，金融机构对敏感性资产负债重新定价后，由敏感性资产所带来的收入减少幅度要大于由敏感性负债所带来的支出减少幅度，结果使其净收入减少，盈利水平下降。

负缺口是指利率敏感性资产总量小于利率敏感性负债总量。在这种情况下，当利率上升时，金融机构对敏感性资产负债重新定价后，由敏感性资产所带来的收入增长幅度要小于由敏感性负债所带来的支出增长幅度，结果使其净收入减少，盈利水平下降；反之，当利率下降时，金融机构对敏感性资产负债重新定价后，由敏感性资产所带来的收入减少幅度要小于由敏感性负债所带来的支出减少幅度，结果使其净收入增加，盈利水平提高。

零缺口是指利率敏感性资产总量等于利率敏感性负债总量。在这种情况下，无论利率如何变化，资产收入与负债支出将发生同等规模的变化，所以，利率变动将不会引起金融机构净收入的变化。

利率敏感性缺口还可以用利率敏感性资产与利率敏感性负债的比值来表示，被称为利率敏感率。用公式表示：

$$S = P/D$$

式中：S 表示利率敏感率；P 表示利率敏感性资产；D 表示

利率敏感性负债。

当利率敏感率＞1时，为正缺口；当利率敏感率＜1时，为负缺口；当利率敏感率＝1时，为零缺口。

总之，缺口管理的基本做法是随着利率的变动而相应地调整敏感性资产负债的结构。至于采取何种方式来防范利率风险，则取决于利率变动情况。如果利率上升，则采取正缺口战略；如果利率下降，则采取负缺口战略。

持续期管理

为了解决缺口管理中期限与利率不统一的问题，在实践中，引入了持续期管理概念。由于债券在到期日之前，可能有一次或多次现金流，所以，该债券的到期日与持续期可能不一致。如果该债券只有一次现金流，那么，该债券的到期日与持续期相同。到期前可能有多次现金流的债券，其持续期是相对应的各个现金流偿还期的加权平均，其权重是单个现金流量现值与全部现金流量现值的比率。对于金融机构来说，其盈利水平的高低取决于净现金流量的变化，而净现金流量的变化则又取决于资产价值的变化减去负债价值的变化。就是说，在计划期内，金融机构的净现金流量等于用持续期调整过的资产与负债的未来价值之差。

远期利率协议

远期利率协议是指交易双方同意在未来约定的时间，对一笔规定了期限的名义金额，按协定利率支付利息的合约。如两家银行就未来3个月期限的3个月欧洲美元存款利率达成协议，从成交日后3个月开始，到成交日后6个月结束。这种"3对6"的远期利率协议在3个月后开始时，将以现金进行结算，3个月后交易双方所观察到的市场利率（如伦敦银行同业拆贷利率）将作为合约结算的参考利率。如果市场参考利率高于交易双方在成交日所达成的协定利率，卖方将向买方支付按名义金额计算的利息差额的现值；如果市场参考利率低于交易双方在成交日所达成的协定利率，买方将向卖方支付按名义金额计算的利息差额的现值。其计算公式为：

$$Q = [(S-A)Nd/360]/(1+Sd/360)$$

式中：Q 表示应付利息额；A 表示协定利率；S 表示市场参考利率；N 表示合约金额；d 表示协议期限。

远期利率协议是一种简单易行的利率风险管理工具，它可以使投资者锁定发生在未来某一期限的单一现金流量的单个利率。为了在现在将未来借款的远期利率锁定，投资者可以买入远期利率协议。如果结算日的市场参考利率高于协定利率，那么，该投资者可以收到一部分现金，并以其补贴较高利率的借款；如果结算日的市场参考利率低于协定利率，那么，该投资者虽然需支付一部分现金，但可以获得较低利率的借款。其结果是在成交日将借款利率锁定在远期利率的水平上。当然，该投资者并没有锁定其信用利差，因为在结算日只是以现金结算市场参考利率与协定利率的差额，合约本身并没有实际的借贷发生，投资者必须进入市场，才能实现一项真实的借款。

总之，远期利率协议的优越性就在于：通过锁定未来利率，转嫁了利率风险，没有扩大资产负债规模，保持了原来的资本充足率。

利率互换

所谓利率互换，是指交易双方同意在规定期限内，按照一个名义上的本金额，来相互支付以两个不同基础计算的利息。如：

甲、乙两公司达成一个利率互换协议,在未来两年内,甲公司就某一数量的本金按某一固定利率定期支付利息给乙公司,乙公司则就同一数量的本金按某一浮动利率定期支付利息给甲公司,结果是在每一次交换现金时,甲公司支付乙公司固定利息,乙公司支付甲公司浮动利息。

利率互换能够顺利进行的原因,可以用比较优势来解释。在信贷市场上,一些信用评级较高的公司在固定利率借贷中具有比较优势,而一些信用评级较低的公司则在浮动利率借贷中具有比较优势。

从降低借贷成本的角度来看,在具有比较优势的市场中贷款最为有利。而从公司业务需要的角度来看,从具有比较优势的市场中获得贷款未必就是其实际所需要的贷款。这时,如果该公司参与一笔利率互换,就可以将优势的贷款形式转换成其实际所需要的贷款形式。

在利率互换交易中,参与交易的公司一般不直接接触,而是分别与金融中介机构进行交易。此金融中介机构可以是商业银行,也可以是专门从事互换业务的金融公司。他们随时准备以交易对手的身份与公司进行互换交易,并根据公司的需要设计互换交易的具体形式,这就节省了公司为寻求合适的交易对手而花费的时间和精力。

利 率 期 货

利率期货是指交易双方按事先约定的价格,在期货交易所买进或卖出某种有息资产,并在未来某一时间进行交割的一种金融期货业务。利率期货是应人们管理利率风险的需要而产生的。为了能对利率风险进行套期保值,银行必须在期货市场上持有与现货市场相反的头寸。如一家想在现货市场上买进债券的银行,就会在期货市场上卖出债券期货合约，这样，在现货市场上因债券价格下跌所带来的损失，就可以与期货市场的盈利相抵消，从而实现债券的套期保值。

利率期货的套期保值可分为卖空套期保值和买空套期保值。如果利率预期会上升，那么，银行存款或借款的成本就会上升，银行持有的债券或固定利率贷款的价值就会下降，在这种情况下，银行就可以运用卖空套期保值。当银行吸纳新的借款或发放新的固定利率贷款时，银行管理者就会立即卖出利率期货合约，在利率期货合约到期之前，银行管理者再从期货市场上买入相同金额的利率期货合约。如果市场利率上升，那么，借款成本就会增加，固定利率贷款的价值就会下降，只有利率期货合约价值上升。这样，现货市场的损失基本上被期货市场的收益所抵消，而且相同金额的利率期货合约的买进和卖出可以相互对冲，银行不需要进行期货合约的实际交割。

尽管银行十分关注因利率上升而引起的损失，但有时也希望运用买空套期保值，来防范因利率下降而带来的损失。如银行管理者预期在今后一段时期内将吸纳一定规模的存款，并且利率可能会下降，这意味着这些预期存款将不得不投资于收益率较低的贷款或债券。为了抵消这种机会损失，银行管理者可以立即买进利率期货合约，在利率期货合约到期之前，再卖出相同金额的利率期货合约与之对冲。如果市场利率下降，那么，利率期货合约价值就会上升，期货市场的收益可以抵消现货市场的机会损失。

利 率 期 权

利率期权是指以各种利率相关产品或利率期货合约作为交易标的物的一种金融期权业务。利率期权使得证券持有者有权在期权到期之前，以预先约定的价格向其他投资者卖出证券，或者以预先约定的价格从其他投资者那里买进证券。在卖出期权合约中，期权卖方有义务在期权买方要求履约时从买方那里买进证券。在买入期权合约中，期权卖方有义务在期权买方要求履约时向买方卖出证券。为此，期权买方必须为自己拥有买卖证券的选择权而向期权卖方支付期权费。

期权分为看跌期权和看涨期权。看跌期权是指买方向卖方支付期权费，就可以获得在期权到期日之前，以约定价格向期权卖方卖出证券或期货合约的权利。如果利率上升，那么，作为期权合约标的物的证券或期货合约的价格就会下降，这样，期权买方就可以在市场上以较低的价格买进期权合约指定的证券或期货合约，再以较高的约定价格向期权卖方出售。所以，就期权买方而言，在利率上升时履行看跌期权比较有利。

看涨期权是指买方向卖方支付期权费，就可以获得在期权到期日之前，以约定价格从期权卖方那里买入证券或期货合约的权利。如果利率下降，那么，作为期权合约标的物的证券或期货合约的价格就会上升，这样，期权买方就可以以较低的约定价格从期权卖方那里买入期权合约指定的证券或期货合约，再以较高的价格在市场上出售。所以，就期权买方而言，在利率下降时履行看涨期权比较有利。

第十三章 汇率风险管理

务为不久,盖虚不长。

《管子·小称》

汇率风险是市场风险的又一种。自从布雷顿森林体系崩溃以后,西方国家纷纷实行浮动汇率制,导致各主要国家货币之间的汇率波动日趋频繁,汇率风险日益突出,尤其是金融机构在从事涉外金融服务和国际投融资活动时,汇率风险会造成经营上的巨大亏损。因此,对汇率风险进行度量,在此基础上,采取相应的汇率风险管理技术尤为必要。

汇率风险成因

汇率风险,又称外汇风险,是指由于汇率波动导致某一经济主体以外币表示的资产或负债的价值发生变动,以至于遭受损失的可能性。汇率波动造成经济主体遭受损失的原因主要有以下三个方面:

1. 跨货币交易行为

经济主体可能发生各种以外币表示的收付,如以外币表示的应收应付账款、以外币表示的跨国投资,以及外币资金的借贷等,上述交易除了用外币进行交易和结算以外,还需通过本币进行成本和收益核算。由于外币与本币之间的兑换率不断地发生变化，于是就产生了汇率风险。

2. 时间因素

汇率的变动与时间因素有关，时间延续越长，汇率变动的可能性越大，变动幅度亦越大，相应的汇率风险就越大。从经济主体外币交易的达成到结算的实际发生，都有一个时间间隔，如进出口贸易的达成到外汇的实际收付，借贷协议的达成到本息的实际偿付等，这就意味着汇率风险的不可避免。

3. 以外币表示的资产或负债存在敞口

所谓敞口是指经济主体以外币表示的资产与负债不能相抵的部分。如某经济主体卖出6个月远期外汇200万美元，又买进6个月远期外汇120万美元。该经济主体所承受的汇率风险不是320万美元的交易额，而是80万美元的余额。这一承受汇率风险的敞口金额，被称为受险部位。

汇率风险类型

商业银行是外汇市场的主要参与者和经营者，在参与外汇交易的过程中，银行承受着巨大的汇率风险。就银行而言，汇率风险可分为外币资产负债不匹配风险和交易风险。

一 外币资产负债不匹配风险

银行由外币资产组合与外币负债组合之间的不匹配而产生的汇率风险，被称为外币资产负债不匹配风险。

如外币资产可能是由银行购买的瑞士法郎债券、美元债券和墨西哥比索债券所构成，外币负债可能是由银行发行的英镑定期存单和日元债券所构成。如果英镑贬值，那么，净英镑多头头寸对银行来说，就是一种汇率风险。金融市场全球化为银行筹措外币资金提供了广泛的可能性，使银行不仅能够将其资金来源和资金运用多样化，而且可以利用国际金融市场上的价格差异，获得较高的资产报酬率和较低的筹资成本，但也不可避免地增加了外币资产负债不匹配风险。

二 交易风险

银行从事的涉外金融交易方式主要有：外汇买卖、外币资金的借贷、外币金融衍生品的买卖等。由于金融交易方式不同，导致交易风险的形式各异。

1. 外汇买卖的交易风险

银行在经营外汇过程中，会出现外汇空头头寸或外汇多头头寸。当外汇汇率上升时，银行在轧平空头头寸时，会遭受多付本币的损失；当外汇汇率下跌时，银行在轧平多头头寸时，会遭受少收本币的损失。

2. 外币资金借贷的交易风险

银行从事外币资金借贷时，由于从外币资金的借入或贷出到外币资金的清偿需要一定时间，当外汇汇率上升时，银行作为债务人，就会遭受多付本币的损失；当外汇汇率下跌时，银行作为债权人，就会遭受少收本币的损失。

3. 外币金融衍生品买卖的交易风险

银行从事外币期货或外币期权买卖时，需进行本币与外币之间的兑换。在外币期货或外币期权的建仓日到平仓日之间，如果外汇汇率上升或下跌，银行将会遭受多付本币或少收本币的损失。

汇率风险度量

一家银行所承受的汇率风险可以由净账面敞口头寸来表示。用公式表示：

$$O = (P - D) + (B - S) = P^* + B^*$$

式中：O 表示净外汇敞口；P 表示外币资产；D 表示外币负债；B 表示外币购入；S 表示外币售出；P^* 表示净外币资产；B^* 表示净外币购入。

如果净外汇敞口为正数，就意味着当外币对本币的币值下降时，银行将面临外汇亏损；反之，如果净外汇敞口为负数，就意味着当外币对本币的币值下降时，银行将面临外汇盈余。

商业银行作为外汇交易商和自营商，在外汇市场上扮演着十分活跃的角色，它们大量地以外币形式持有资产和负债，涉及的币种包括美元、欧元、日元、英镑和瑞士法郎等。银行只要将所持有的某种外币资产总额与该种外币负债总额完全匹配，将购入与售出的该种外币数额完全匹配，或者，外币资产负债组合上的不匹配与外币买卖上的不匹配正好相互抵消，从而使净外汇敞口头寸等于零，就可以规避汇率风险。

为了度量一家银行由于外币资产负债组合的不匹配，以及外币买卖的不匹配而可能产生的外汇盈余或亏损，首先需计算净外汇敞口头寸，然后将其折算成本币，再乘以外汇汇率变动值。用公式表示：

$$L = O \times C$$

式中：L 表示以本币计价的外汇盈亏；O 表示以本币计价的净外汇敞口头寸；C 表示外汇汇率变动值。

上式表明，银行在某一外币上存在的净外汇敞口越大，或者该种外币的汇率变动值越大，以本币计价的潜在的盈亏额就越大。

限 额 控 制

限额控制是银行进行汇率风险管理的一种简单方式。银行通过汇率风险报告，记录现货市场和远期市场的各种货币头寸，为汇率风险设置一个额度限制，然后再实时监测市场汇率的变化，不允许突破规定的限额。银行对汇率风险暴露头寸所设置的限制一般以经验或主观判断为基础，利用一些类似于利率风险管理模型，使其决策更趋于客观。

银行对外汇交易中存在的汇率风险所采取的限额控制，主要有以下几类：

1. 即期外汇头寸限额

一般根据交易货币的稳定性、交易量及难易度来设定。

2. 掉期外汇买卖限额

由于掉期汇率受此种货币的银行同业拆借利率的影响，故在设定限额时，需考虑此种货币利率的稳定性。

3. 敞口外汇头寸限额

所谓敞口外汇头寸是指没有及时抵补所形成的某种货币多头或空头。敞口外汇头寸限额一般需规定相应的金额和时间。

4. 止损点限额

这是银行对交易员的外汇损失的限制，反映了银行对最大外汇损失的容忍度，主要取决于银行对外汇业务的参与度和对外汇收益的期望值。参与度越高，收益期望值越大，银行所愿意承担的汇率风险就越大。

5. 最高亏损限额

银行需设定每天各类外汇交易的最高亏损限额和总计最高亏损限额。当这些限额被突破后，银行会进入外汇市场，进行相应的外汇即期、远期、掉期、期货和期权交易，将多余的外汇头寸对冲掉。

总之，银行根据经验或模型而对汇率风险暴露头寸设置限制时，一般都需对汇率变动可能导致的损失进行模拟。在模拟时，可以设计一个汇率变动的范围，也可以根据历史数据来估算扰动的分布，或者利用历史数据中汇率的最大波幅来进行压力测试。

表内套期保值

表内套期保值是指银行通过对资产负债的币种加以匹配来避免因汇率变动而引起的利差亏损。银行的资产负债组合不仅需要在期限上完全匹配,而且需要在币种的构成上完全匹配,这样,无论汇率发生升值或贬值的变动,其利差都可以锁定为正数,从而避免了因汇率变动而给银行资产或负债可能造成的利差亏损。

表外套期保值

所谓表外套期保值,是指银行利用各种表外工具(即衍生金融工具)而对其表内的汇率风险进行保值。

1. 用外汇远期合同进行保值

银行可以利用外汇远期合同而对表内的外币资产头寸进行保值。如一家德国银行在发放一年期美元贷款的同时,出售一笔一年期的美元远期合同,它并不反映在银行的资产负债表内,而是作为表外的或有资产。其作用在于抵消由于美元贷款期满时,美元即期汇率不稳定而可能产生的汇率风险。对银行来说,与其到期满按目前无法知晓的汇率将美元贷款本息兑换成欧元,不如现在就按已知的美元兑欧元的远期汇率,将预期的美元贷款本息以远期合同形式予以出售,以便在期满时再以美元换回欧元。可见,银行通过出售这种美元远期合同,避免了未来即期汇率变动对美元贷款收益可能产生的负面影响。

2. 用外汇期货合同进行保值

这是指保值者做一笔外汇期货,希望用外汇期货交易所产生的利润来弥补因汇率波动而引起的现货头寸亏损。交易双方一旦签订某项外汇期货合同,合同的买方便承担了一种义务,即在未来的某一天按事先约定的价格向卖方购买一定数量的外汇，外汇期货合同的金额、到期日和交割地点都是完全标准化的。购买外汇期货合同，又称外汇的多头套期保值，对于保值者所起的保护作用在于因外币升值而在期货交易中获利。出售外汇期货合同，又称外汇的空头套期保值，对于保值者所起的保护作用在于因外币贬值而在期货交易中获利。

如一家美国银行向某英国公司提供100万英镑的一年期贷款，利率为10%，为了防止在贷款期间因英镑兑美元的汇率下跌而造成亏损，该银行可以用外汇期货合同对其贷款进行套期保值。该银行打算采用空头套期保值，卖出一笔英镑期货合同，一年后，再买进相同数量的英镑期货合同，以轧平头寸。该银行到底应该出售多少个外汇期货合同呢？从理论上来讲，该银行出售的英镑期货合同数量所产生的利润应该足以抵消英镑贬值所造成的英镑贷款亏损。在这里，有两种情况需要加以考虑：

一是不存在基本点风险，即在未来一年内，预计英镑兑美元的期货价格与现货价格在变动方向和变动幅度上完全一致。

二是存在基本点风险，即在未来一年内，预计英镑兑美元的期货价格与现货价格在变动方向上一致，在变动幅度上不一致。

如果期货价格与现货价格在变动方向和变动幅度上完全一致，那么，该银行需出售的英镑期货合同数量就等于贷款本息与一份合同标准金额的比值，用公式表示：

$$N = (L + I)/S$$

式中：N表示期货合同数量；L表示贷款本金；I表示贷款利息；S表示一份合同标准金额。

如果期货价格与现货价格在变动方向上一致，而在变动幅度上不一致，那么，该银行需多出售多少英镑期货合同呢？这将取决于现货汇率的变动幅度在多大程度上超过期货汇率，用保值比率来表示：

$$h = \triangle S / \triangle F$$

式中：h 表示保值比率；$\triangle S$ 表示现货汇率变动幅度；$\triangle F$ 表示期货汇率变动幅度。

银行可以利用保值比率来计算需要出售多少英镑期货合同，才能使英镑贷款本息完全保值，用公式表示：

$$N = Ch/S$$

式中：N 表示期货合同数量；C 表示多头资产头寸；h 表示保值比率；S 表示一份合同标准金额。

总之，银行为了避免汇率风险而出售的外汇期货合同数，实际上取决于它对现货汇率与期货汇率变动关系的预期。当 $h = 1$ 时，基本点风险不存在，在这种情况下，银行需出售的外汇期货金额与其现货头寸的外汇敞口完全相等。当 $h > 1$ 时，银行需出售较多的外汇期货合同，由于人们对现货汇率和期货汇率的变动很难作出准确的估计，所以，计算保值比率的方法通常是观察最近一段时期现货汇率和期货汇率的变动关系，并据此对保值比率的未来值作出适当的预测。

3. 用外汇期权合同进行保值

银行可以通过外汇期权合同来对某一笔多头或空头外汇资产头寸进行保值，以避免此笔外汇资产因汇率波动而蒙受损失。

美国费城股票交易所于 1983 年首次推出外汇期权合同，从此，该衍生产品在世界范围内迅速增长。1985 年，伦敦场外交易市场制定出期权交易的标准条款，伦敦银行同业外汇期权市场也制定出相应的条款，并且很快在世界范围内被广泛接受，使外汇期权市场得到进一步发展。由于场外交易的外汇期权具有较大的灵活性，导致场外交易量最终超过了场内交易量。世界范围外汇期权交易的增长以及向专业化市场的演变，促使原先由伦敦银行同业外汇期权市场制定的条款发生了很多变化。为了适应目前市场的实际情况，英国银行家协会决定进一步修改条款，并将该市场更名为国际外汇期权市场。

虽然期权交易的对象包括商品、股票和外汇等，但由于外汇市场行情瞬息万变，所以，外汇尤其适合作为期权交易工具。外汇期权的币种、数额、汇率以及交割日期都是事先确定的，外汇期权的买方必须为持有这种权利而向卖方支付期权费，期权费数额代表了买方可能面临的最大亏损，也代表了卖方可能获得的最大利润。如果期权的买方决定对合同涉及的外汇进行实际交割，就必须通知卖方。没有行使交割权的期权合同一旦过期，就不再具有任何价值。

外汇期权的类型有两种：即美式外汇期权和欧式外汇期权。前者可以在期权合同期内的任何一个工作日行使交割权，后者只有在合同到期时才能行使交割权。无论哪一类期权，实际的交割都必须在行使权利这一天起的两个工作日内完成。绝大多数的外汇期权合同都按欧式签订，只有费城股票交易所是例外。

外汇期权合同的协议价格是一种事先确定的汇率，货币交割按这一汇率标准进行。协议价格一般根据当时的现汇汇率和期汇汇率水平而定，也可以设定在任何一个合理的水平上。外汇期权的价格（即期权费）在很大程度上取决于期权合同的协议价格与当时现汇汇率之间的关系。期权的买方行使交割权时，合同的协议价格与相关汇率之间会存在一个差额，如果此差额为正数，则该期权就被认为具有内在价值；反之，如果此差额为负数，则该期权就会被买主自动放弃。决定外汇期权价格的因素主要有：

一是协议价格。

二是交易数额。

三是即期汇率。

四是期权合同的到期日。

五是买入期权或出售期权。

六是期权涉及哪两种货币。

七是欧式期权或美式期权。

八是两种货币汇率变动的预期。

九是两种货币利率或一种货币利率加外汇掉期价格。

4. 用货币互换合同进行保值

货币互换市场产生于20世纪70年代,它是在背对背贷款合同的基础上发展起来的。所谓背对背贷款合同,是指一国公司以本币向另一国公司提供贷款,作为交换,前者同时从后者那里获得借款。它使有关公司绕过所在国的外汇管制,并提供了一种中长期保值手段。由于所涉及的文件资料过于烦琐,交易的任何一方都必须花费大量的精力去寻找能满足自己的外汇需求的另一方,而且合同期内的利率、汇率频繁波动,致使此合同目前已经很少使用。上述困难随着货币互换合同的产生而得到解决。第一笔货币互换合同于1981年在世界银行与美国国际商用机器公司之间进行,从此,货币互换成为汇率风险管理的一种基本工具。

典型的货币互换交易是交易的一方同意按固定利率或浮动利率,定期地向另一方支付款项,后者则以不同货币,定期地向前者支付款项。与不发生本金交换的利率互换不同,参加货币互换交易的双方所交换的款项包括本金和利息,利息按互换合同确定的本金数额来计算。

如一家美国银行的固定利率资产全部以美元计价,有50万英镑资产是通过发行4年期英镑债券提供资金的,固定利率为10%。一家英国银行的固定利率资产全部以英镑计价,有100万美元资产是通过发行4年期美元债券提供资金的,固定利率也是10%。这两家银行都面临着汇率风险,美国银行担心今后4年内英镑兑美元的汇率可能下跌,而英国银行则担心今后4年内英镑兑美元的汇率可能上升。它们可以通过一笔货币互换合同,来避免各自的汇率风险。按合同规定，英国银行每年以英镑形式向美国银行付款，其金额相当于后者必须支付的英镑债券本息；与此同时，美国银行每年以美元形式付款给英国银行，其金额相当于后者必须支付的美元债券本息。通过上述交易，英国银行实际上将它的固定利率美元负债转换成固定利率英镑负债，使它更好地与现有英镑资产所产生的现金流量相匹配；美国银行也将它的固定利率英镑负债转换成固定利率美元负债，使它更好地与现有美元资产所产生的现金流量相匹配。在对现金流量进行交换之前，交易双方通常会根据对未来汇率变动的趋势，就某一固定的汇率水平达成一致。

当然，利率相等并不是固定利率货币互换合同的必要条件，如果美国银行发行的英镑债券利率为5%，英国银行发行的美元债券利率为10%，那么由于利率不同，就会造成两家银行的付款差额，这可以通过以下两种办法来解决：

一是由英国银行在合同生效日向美国银行一次性地支付一笔款项，其金额相当于两家银行每年在现金流量上出现的按现值计算的差额。

二是每年由英国银行向美国银行支付一笔款项，以抵消每年在货币互换合同上产生的现金流量差额。

上述货币互换合同假定交易双方均按固定利率付款。如果将货币互换合同与利率互换合同结合起来，就可以产生一种以固定利率交换浮动利率为特征的货币互换合同。

第十四章 流动性风险管理

有不尽者，亦宜防微杜渐而禁于未然。

《元史·张桢传》

就金融机构而言，所谓流动性是指在一定时间内拥有足够的流动资产，或者能以合理的成本筹集到所需的资金，来满足客户当前或未来的资金需求。这里的流动性概念涉及三个要素：即资金数量、成本和时间。金融机构保持适当的流动性，意义重大：可以保证其债权人得到偿付；可以兑现对客户的贷款承诺；可以及时把握任何有利可图的投资机会。推而及之，流动性风险是指金融机构的流动资产不足以应付客户兑现的要求，或者不能以合理的成本筹集到所需的资金而造成损失的可能性，它在资产与负债之间形成了期限敞口。

流动性风险成因

一般认为，金融机构产生流动性风险的原因是信用风险、利率变动以及资产与负债期限不匹配。

1. 信用风险

信用风险往往是商业银行发生流动性危机的诱因。由于借款人经营不善，导致信用风险，形成贷款坏账，使银行盈利下滑。

为了应付客户提现，银行不得不通过低价变卖资产，以解燃眉之急，最终甚至可能导致银行破产倒闭。

2. 利率变动

商业银行的流动性头寸对利率变动的敏感性很高，当利率上升时，客户就会提出现金，转向收益更高的金融产品，或者推迟新贷款的申请，加速使用成本较低的信用额度。所以，利率变动对客户的存款需求和贷款需求都会产生影响。

3. 资产与负债期限不匹配

商业银行的核心技能是期限的转换，即将短期负债转换成长期的盈利资产。这种存短贷长的行为，在商业银行的资产负债表中表现为资产与负债期限不匹配，换句话说，就是由资产产生的现金流入与由负债产生的现金流出不吻合，从而导致银行用于应急的资金来源不够充足。

流动性风险度量

度量流动性风险的方法有两种：一种是简单比例法；另一种是动态衡量法。

一 简单比例法

简单比例法侧重于银行资产负债表内的项目及各项目之间联系所产生的财务比率，具有静态特征。相关的财务比率有：

1. 资产流动性比率

资产流动性是指一项资产变现的难易程度。资产流动性比率通常表示为流动资产与总资产的比值。流动性较强的资产在二级市场上，往往表现出较低的爽约风险、较近的到期日和较大的交易量。就银行而言，现金、同业存款和超额准备金具有最强的流动性。国库券虽然具有很强的流动性，但一旦被作为某项债务的抵押品，就不再能予以变现，而应由托管人保管，所以，未经抵押的流动资产与总资产的比例是度量银行资产流动性的基本尺度。

2. 负债流动性比率

负债流动性是指银行以合理的成本筹措新债，用于偿还旧债的能力。负债流动性比率大小反映银行的资产质量、资本实力、存款余额，以及非存款性负债的构成。常用的财务比率有：总股本与总资产比率、各项存款结构百分比、总存款与总负债比率、核心存款与总资产比率、风险资产与总资产比率、短期借款与总负债比率、回购协议与总负债比率、贷款亏损与贷款净额比率、贷款亏损准备金与不良贷款比率等。

3. 大额负债与盈利资产比率

所谓大额负债是指期限短、数额大、对利率敏感的机构存款。大额负债与盈利资产比率表示银行的主要资产在多大程度上是由机构存款提供的。

4. 贷款与存款比率

较高的贷款与存款比率，表示流动性较低，因为银行将其稳定的资金来源都用于贷款，这意味着银行要发放新贷款，必须运用存款以外的负债。相反，较低的贷款与存款比率，意味着银行具有充足的流动性。在实践中，贷款与存款比率的度量方法存在严重缺陷，它只考虑总量，不考虑结构，从而导致即使贷款与存款比率相同的两家银行，在贷款流动性上也可能存在着极大的差异。为了弥补这一缺陷，许多银行采用其他财务比率作为辅助手段。如流动资产与非存款性负债比率、临时投资与资产比率、贷款租赁与资产比率、投资证券市场价值与账面价值比率等。其中临时投资包括同业存款、回购协议和一年期以内的交易账户资产等，贷款租赁是银行流动性最低的盈利资产。

二 动态衡量法

动态衡量法侧重于银行潜在的流动性需要及银行满足这种需要的能力，涉及资产负债表以外的业务，具有动态特征，它采用框架分析，将更多的影响流动性的因素囊括其中。主要方法有：

1. 流动性缺口法

这是指用流动性缺口指标来度量银行的流动性风险。流动性缺口是指银行资产与负债之间的差额。当负债大于资产时，说明银行流动性过剩；当负债小于资产时，说明银行存在流动性风险，若要维持现有的资产规模，必须从外部去寻求新的资金来源。由于银行的资产与负债是不断变化的，故应引入边际流动性缺口概念。所谓边际流动性缺口，是指银行资产变动的代数值与负债变动的代数值之间的差额。当边际流动性缺口为正数时，表示流动性过剩；当边际流动性缺口为负数时，表示存在流动性风险。如果流动性缺口产生于目前的资产与负债，称为静态流动性缺口；如果流动性缺口产生于新增的资产与负债，称为动态流动性缺口。

2. 净流动资产法

这是指用净流动资产指标来度量银行的流动性风险。银行资产可分为流动性资产与非流动性资产，负债可分为不稳定性负债与稳定性负债。所谓净流动资产，是指银行流动性资产与不稳定性负债之间的差额。净流动资产为正数，说明银行流动性过剩；净流动资产为负数，说明银行存在流动性风险。美国银行对资产负债表中各项的分类如下：

流动性资产包括：联邦资金出售、短期政府债券、短期市政债券、不会重续的贷款。

非流动性资产包括：抵押贷款、商业贷款、逆向回购合同、银行楼宇及设备、存放于同业的现金准备。

不稳定性负债包括：回购协议、短期借款、季节性存款、偶发性存款、低利率存款、联邦资金购买。

稳定性负债包括：股本、长期存款、资本票据、支票储蓄存款、浮动利率存款、稳定的活期存款。

3. 融资缺口法

这是指用融资缺口指标来度量银行的流动性风险。所谓融资缺口是指融资需要量与稳定的资金来源之间的差额。融资需要量等于银行总资产加上尚未使用的授信额度，扣除流动资产和可自由处置的短期资产。稳定的资金来源包括股本、长期负债、稳定的短期负债，以及尚未使用的融资能力。融资缺口为负数，表示流动性过剩；融资缺口为正数，表示存在不稳定的融资，意味着银行必须通过不稳定负债筹集新资金。这些资金来源之所以具有不稳定性，是由于它们对信用风险具有高度的敏感性，当银行面临流动性风险时，市场将要求该银行支付极高的风险补偿。

4. 现金流量法

这是指用现金流量指标来度量银行的流动性风险。这一方法注意区分实际现金流量与潜在现金流量。实际现金流量是指按合同规定发生的现金流量。潜在现金流量是指即将到期的资产与负债可能被延期的现金流量。

实际现金流入包括即将到期的资产和未到期资产所产生的利息。实际现金流出包括即将到期的负债、固定的信贷额度、未到期负债的利息支付和存款的季节性变化。

潜在现金流入包括未到期但可以变卖的资产和已经建立的信贷额度。潜在现金流出包括活期存款、不固定的贷款承诺和其他表外活动。由于潜在现金流量很难预测，所以一般用估算值表示。

银行在运用现金流量架构进行分析时，往往根据每项现金流量发生的概率设定一个权数，权数通常设在 0% ~ 100% 之间。

该权数能够反映银行对各种现金流入量的依赖程度或对各种现金流出量的融资比例。

资产管理理论

早期的流动性风险管理理论主要侧重于资产的流动性，其中贷款期限和担保尤其受到重视。随着银行经营环境的变化和金融市场的发展，以流动性管理为主的资产管理理论，逐渐演变为负债管理理论、资产负债管理理论、表内外统一管理理论。

资产管理理论主要有三种：即商业性贷款理论、资产变现理论和预期收入理论。

1. 商业性贷款理论

又称生产性贷款理论，是一种确定银行资金运用方向的理论。该理论认为，银行资产业务应集中于商业性贷款，即基于商业行为而能够自动清偿的贷款，具体说来，就是流动资金贷款。因为这类贷款能够随着商品产销过程的完成而从销售收入中得到偿还，故被称为自偿性贷款。理由是：银行大多数存款是随存随取的活期存款，流动性要求高，只有发放自偿性贷款，才能保证银行资金的流动性，才不至于出现挤兑风潮。根据这一理论，银行不应发放长期贷款，支持客户购置厂房、设备、不动产和耐用消费品等。办理短期贷款一定要以真实交易为基础，以商业票据作抵押，这样，在企业不能还款时，银行可以处理抵押品。故该理论又被称为真实票据理论。

2. 资产变现理论

20 世纪 30 年代以后，凯恩斯主义盛行，西方国家的国债市场出现了长足发展。由于政府债券基本上没有爽约风险，在二级市场上可以很容易地以合理的价格变现，所以，人们逐渐认识到持有流动性强的资产，既能产生一定的收益，又能在必要时变现，以满足支付需要，这就是资产变现理论。该理论强调保持银行资产流动性的最好办法是购买能够随时在市场上变现的资产，有了它，流动性就有了保证。这一理论与短期证券市场的发展密切相关，如果证券市场需求不旺，转移就成了问题，资产流动性也就无法得到保证。所以，问题的关键不在于确定短期证券的合理持有量，而在于证券转让能否实现，这取决于银行之外的市场。

3. 预期收入理论

该理论认为，贷款的清偿不是自动的，而是依赖于借款人与第三者交易时获得的收入。就是说，贷款是靠借款人预期的收入偿还的。所以，贷款的安全性和流动性取决于借款人的预期收入。如果一项贷款的预期收入可靠，即使期限较长，由于安全性和流动性有保证，银行仍可以贷款。相反，如果某项贷款的预期收入不可靠，即使期限较短，银行也不应该贷款。根据这一理论，银行不仅可以发放商业性贷款，也可以发放中长期设备贷款，还可以发放非生产性的消费贷款，只要借款人的预期收入可靠，还款来源就有保障。

负债管理理论

早期的流动性管理理论主要从资产的角度来考虑如何满足流动性，负债管理理论则认为银行可以通过负债管理来获得流动性。该理论不仅强调如何以合理的价格获得资金，而且重视如何有效地使用资金，特别是如何满足贷款需求，银行不需要储存大量的流动性，只要通过一系列新的金融工具来筹资，银行的资产就会增加，就能把更多的资金投放到效益更好的贷款或投资上。负债管理理论在其发展过程中，先后产生了银行券理论、存款理论、购买理论和销售理论。

1. 银行券理论

银行券是银行发行的用以代替商业票据流通的票据，主要是通过贴现商业票据的方式发行出去的。在金本位制条件下，银行券持有人可以随时向发券银行兑取黄金。但是，发行银行券并不需要十足的黄金储备，因为持有人不会同时来银行要求兑现，总有一部分银行券在流通中周转。这一发现，使银行具有信用创造能力。起初，银行券是由各银行分散发行的，几乎所有的银行都可以发行银行券，于是一些银行为了追求高额利润而大肆发行银行券，最终因无法兑现而破产。随着教训的不断积累，小银行发行的银行券不再被市场所接受，渐渐地，由信誉卓著的大银行独占了银行券的发行权。随着中央银行制度的确立，银行券的发行权最终由中央银行所垄断，商业银行丧失了银行券的发行权，不再拥有银行券的负债。

2. 存款理论

当商业银行失去了银行券的发行权以后，存款就成为商业银行最重要的负债形式，同时也就产生了存款理论。该理论认为，存款是商业银行最主要的资金来源，是银行各项业务经营活动的基础。存款能否形成最终取决于存款人的意志，银行处于被动的位置，故存款负债被称为被动性负债。银行应该支付存款利息，作为存款人出让资金使用权的报酬。对于追求保值增值的存款人来说，利率是引导存款流向和流量的最有力的工具。存款人和银行都关心存款的安全，存款人关心存款能否按期兑现，兑现时会不会贬值；银行则关心存款人会不会提前支取，存款会不会被挤兑。在正常情况下，存款具有稳定性，即使是活期存款也有一个相对稳定的余额可以运用。银行在资产与负债的结构上应保持一定的均衡，尤其是用于长期投资和贷款的资金必须限制在存款的沉淀额度以内，否则，就会造成流动性危机。存款分为原始存款和派生存款，利用支票账户，可以创造派生存款，使商业银行具有扩张信用的功能,这种功能受中央银行货币政策的影响。总之,存款理论具有保守性倾向,它强调银行要适应客户的要求去组织存款,根据安全性原则去管理存款,按期限对称性去运用存款,参照贷款收益去确定存款利率。就是说,银行资产的规模主要由存款决定,资产安排只能被动地去适应存款的总量和结构。

3. 购买理论

该理论认为,银行对于负债并非完全是消极被动的,银行可以积极主动地负债,即通过购买负债的办法,争取到扩大资金来源的主动权。银行的资金流动性不仅可以从资产管理中获得,而且可以从负债管理中获得,只要银行的借款市场广阔,就可以源源不断地借入款项,因此,银行没有必要保持大量的储备资产,必要时,可以通过借款去扩张贷款规模。银行购买资金分为两种类型:

一是购买短期资金弥补临时性头寸不足。如同业拆借或向中央银行借款。

二是购买款项去满足客户的贷款需求或自身的投资需求。如发行大额可转让定期存单或发行金融债券。

购买理论使银行可以运用主动负债去保持资金流动性,为银行协调盈利性与流动性的矛盾创造了新的手段。银行可以根据资产的需要去组织负债,让负债去支持资产的扩张,如果需要发放贷款或进行投资,即使没有存款,也可以运用主动型负债工具去筹集所需的资金。

4. 销售理论

该理论认为,银行是金融产品的制造者,银行负债管理的中心任务是推销这些产品,以获得所需的资金和所期待的收益。客户至上是银行服务的出发点和归宿点。银行表面上是资金的汇集融通中心,实际上是利益的调节中心,银行要追求自己的利益,同时也要维护客户的利益。客户是多种多样的,对金融服务的要求也是各不相同的，所以，金融产品必须多样化，要根据客户在收入、职业、年龄、文化、生活习惯、民族习性、社区特征和自然环境等方面的不同，去设计和开发新的金融产品，要依靠信息的沟通、加工和传播去推销金融产品。

资产负债管理理论

如前所述，资产管理理论过于偏重安全性和流动性，在一定条件下，以牺牲盈利为代价，不利于鼓励银行家的进取精神；负债管理理论虽然较好地解决了流动性与盈利性之间的矛盾，但依赖于外部条件，往往带有很大的经营风险。管理者开始认识到资产负债综合管理的必要性，于是，产生了资产负债管理理论。

资产负债管理有广义与狭义之分。

广义的资产负债管理是指管理者对所持有的资产负债类型、数量及组合同时作出决策的一种综合性资金管理方法，实质是对银行资产负债表中各项目的总量、结构进行计划、指挥和控制，从而使利润最大化。

狭义的资产负债管理是指其中的利差管理，即控制利息收入与利息支出的差额，使其大小及变化与银行总的风险收益目标相一致。风险与收益是衡量银行经营好坏的重要标志，收益主要来自银行的利差，而利差又是银行潜在的资产负债结构的反映，是资产负债综合作用的结果。风险表现为利差的敏感性和波动性，利差的大小及其变化决定了银行总的风险收益状况。资产负债管理的目标是使银行的利差（即收益）最大，波动幅度（即风险）最小。为了实现这一目标，管理者主要采取两种手段：

一是根据预测利率的变化调整银行的资产负债结构。

二是运用金融市场上转移利率风险的工具，协调资产与负债的矛盾。

资产负债管理应遵循的原则主要有：

（1）规模对称原则。这是指资产规模与负债规模相互对称，统一平衡。

（2）资产分散化原则。这是指银行资产需在种类和客户两个方面适当分散，避免信用风险，减少坏账损失。

（3）结构对称原则。这是指资产结构与负债结构相互对称，统一平衡，长期负债用于长期资产，短期负债用于短期资产。

（4）目标互补原则。这是指安全性、流动性和盈利性是可以相互补充的，安全性和流动性的降低，可以通过盈利性的提高来补偿，所以，要将"三性"结合起来进行综合平衡，力争使总效用最大化。

（5）速度对称原则。这是指银行资产与负债的偿还期应保持一定程度的对称关系。衡量指标是平均流动率，即资产的平均利用到期日与负债的平均利用到期日之比。如果平均流动率 >1，就表示资产运用过度；反之，如果平均流动率 <1，则表示资产运用不足。

总之，资产负债管理理论运用现代管理方法和技术手段，围绕利率这一关键因素，建立了一整套的防御体系，形成了一个安全网，使银行在调整资产负债结构方面具有极大的灵活性和应变力，增强了银行的抗风险能力。通过有效地管理资产与负债，致力于抑制各种金融风险，注重考察资产收益率和资本收益率，以谋求收益的稳定增长，维持适当的流动性。

表内外统一管理理论

随着金融自由化和全球化趋势的形成与发展，银行业的竞争空前激烈，银行存贷的利差收益越来越小，大量创新的衍生金融工具不断涌现并迅速变异组合，不仅为银行规避、控制和管理金融风险提供了许多新的途径和手段,也为银行开辟了新的盈利来源。融资技术和融资工具的创新,使许多业务可以在资产负债表内外双向转换,所以,银行流动性风险管理不能仅限于资产负债表内的业务,应当对表内表外业务统一进行管理,以存贷业务作为一条主轴,不断延伸和发展多样化的金融服务,包括期货、期权、信息处理、资产管理和基金管理等,要提倡将资产负债表内的业务转化为表外业务,如将贷款出售给第三者,将存款转售给资金需要者。这种转换只是单纯地在资产与负债上分别销账,使表内规模缩减或维持现状,银行从中收取转换的价格差额。表内外统一管理理论实质上是资产负债管理理论的扩展与延伸,使资产负债管理由表内扩展到表外,使流动性风险管理日趋复杂化。

资产流动性管理技术

流动性风险管理包括资产流动性管理和负债流动性管理两个方面,其管理技术各不相同。资产流动性管理技术主要包括:资产流动性衡量法、流动性需要测定法和资产流动性保持法。

一 资产流动性衡量法

准确地衡量资产流动性,是加强银行资产流动性管理的前提。资产流动性一般用以下几个指标来衡量:

(1)流动比率。即流动资产与流动负债之比。该比率越高,表示流动性越强;反之,该比率越低,表示流动性越弱。

(2)超额准备金率。即超额准备金与存款总额之比。该比率越高,表示流动性越强;反之,该比率越低,表示流动性越弱。

(3)贷款与存款比率。即贷款总额与存款总额之比。该比率越高,表示流动性越弱;反之,该比率越低,表示流动性越强。

(4)流动资产减去不稳定性负债。其数值若大于零,表示具有流动性,而且数值越大,流动性越强;其数值若小于零,则表示缺乏流动性。

二 流动性需要测定法

预测流动性需要的方法主要有三类:

(1) 经验公式法。包括对储蓄存款增长额、企业存款平均余额和企业贷款平均余额的测算。其中:影响储蓄存款增长额的因素主要是居民收入;影响企业存款平均余额的因素是销售收入和流动资金加速率;影响企业贷款平均余额的因素是工业产值、流动资金周转率和自有资金占用。

(2) 时间数列预测法。包括平均数预测法和趋势移动平均法。平均数预测法,包括算术平均法和加权平均法。趋势移动平均法,即以与预测期相邻的几个数据平均值作为预测值,随着预测值向前移动,相邻的几个数据平均值也向前移动,如果考虑各个时期距离预测期的时间因素,那么,就应该对不同时期的数据设定不同的权数。

(3) 流动性需要计算表法。流动性需要由三个因素所引起:

一是存款增加或减少所引起的资金流入或流出。

二是贷款增加或减少所引起的资金流入或流出。

三是法定存款准备金增加或减少所引起的现金流入或流出。

只要对这三个因素的变化作出准确的预测,就可以确定一定时期内的流动性需要。

三 资产流动性保持法

资产流动性管理的实质是使资产保持在最佳状态。银行保持资产流动性的方法主要有:

(1) 增强资产流动性。银行对一些流动性弱的资产,要通过多种形式增强其流动性。如一部分抵押贷款可以通过证券化形式在市场上出售，通过售后回租安排可以使银行的固定资产转换成流动资产。

（2）合理安排资产期限组合。银行资产分为现金资产、证券资产、贷款和固定资产。这四种资产的流动性和期限都不同。要合理安排资产期限组合，各种不同资产之间要注意期限的比例关系，使之与负债相协调，在同一种资产中也要注意期限上的最佳组合，使之与对应的负债相协调，并在总体上尽量提高盈利资产变现的可能性。

（3）保持足够的准备资产。准备资产包括现金资产和短期证券。现金资产被称为一级准备，具有十足的流动性，包括：库存现金、同业存款、在中央银行的存款。短期证券被称为二级准备，主要是一年期以内的政府债券。一级准备加二级准备就是银行的总准备，银行的总准备减去法定准备金就是超额准备。一家银行应保持多少准备资产为宜，取决于监管当局的规定和银行所面临的主观和客观环境。

负债流动性管理技术

负债流动性管理技术随着负债管理理论的深化，以及大额可转让定期存单市场的拓展而得到不断的发展。银行负债流动性管理技术主要有以下三种：

1. *开辟新的存款服务*

为了增强负债流动性，银行要在存款服务上进行创新，包括：提供多样化服务；发展网上存款业务；开办代发代缴代收业务；加强柜台服务和外勤服务。

2. *开发新的存款形式*

为了增强负债流动性，对传统的活期存款、定期存款和储蓄存款也要进行形式多样的开发和创新。如美国自 1972 年以来，经过创新的存款账户有：股金汇票账户、协定存款账户、个人退休金账户、货币市场存款账户、定活两便存款账户、自动转账服务账户、可转让支付命令账户、超级可转让支付命令账户。

3. 开拓主动型负债

这是银行负债流动性管理的最主要方法。主动型负债就是非存款性负债，主要有：

（1）同业拆借。同业拆借主要用于头寸调剂，解决临时性的超额准备过多或流动性不足问题。同业拆借期限短、利率低、流动性强。

（2）向中央银行借款。中央银行是商业银行的最后贷款者。中央银行对商业银行的贷款统称为再贷款，主要有：再贴现、再抵押贷款和信用贷款三种形式。

（3）发行大额可转让定期存单。大额可转让定期存单是一种兼有定期存款和证券性质的负债凭证，随着大额可转让定期存单市场的建立与拓展，银行负债流动性得到充分的发展。

（4）发行金融债券。银行倾向于发行长期金融债券，主要原因有三：一是长期债券可以作为附属资本，从而提高了资本充足率；二是发行长期债券所筹集的资金可用于长期投资，收益较高；三是发行长期债券所筹集的资金不需交存款准备金和存款保险费，成本较低。

第十五章　信用风险管理

> 信信，信也；疑疑，亦信也。
>
> 《荀子·非十二子》

信用风险是金融市场上最古老也是最重要的风险形式之一。所谓信用风险，是指由于借款人或市场交易对手的爽约而导致损失的可能性。一般来说，借款人信用评级和履约能力的变化也会导致其债务的市场价值变动，进而造成贷款人的损失，因此，信用风险的大小主要取决于交易对手的财务状况和风险状况。

信用风险成因

信用风险是金融市场的一种内在的推动力和制约力，它既促进了市场参与者管理效率的提高，增添了市场活力，也具有风险的警示效应，起到"看不见的手"的调节和约束作用。信用风险产生于金融交易的不确定性，包括外在不确定性和内在不确定性。

外在不确定性来自于经济体系之外，是经济运行过程中随机的变化或不可预测的趋势，如政治局势、经济走势、资金供求状况、技术和资源条件、国外金融市场冲击等。外在不确定性对整个金融市场都会带来影响，所以，外在不确定性所导致的信用风险被称为系统性信用风险,它不能通过投资分散化来化解,只能通过一定的措施来转嫁或规避。

内在不确定性来自于经济体系之内,是由行为人主观决策以及获得信息的不充分所造成的,带有明显的个性特征,如生产规模、信用品质、人事安排、企业管理水平、产品竞争能力、负责人身体状况、投机者不可预测的炒作等,都会影响其证券价格。内在不确定性可以通过制定合理的规则,如信息披露制度和市场交易规则,来降低风险,所以,内在不确定性所导致的信用风险被称为非系统性信用风险。

信用风险度量的传统方法

信用风险度量的传统方法主要用于控制贷款生成之前的风险,侧重于定性分析,有专家系统、OCC 评级方法和 Z 评分模型三种。

一 专家系统

专家系统是最早的信用风险度量方法。在信贷决策过程中,专家就是经验丰富的信贷员,他们的专业知识、主观判断以及某些关键要素的权重都是最重要的决定因素。在专家系统下,绝大多数银行都将信用分析的重点集中在借款人的"5C"上:

Character,即品德与声望;Capacity,即资格与能力;Capital,即资金实力;Collateral,即担保品;Condition,即经营条件或商业周期。

也有一些银行将信用分析的内容归纳为"5W"或"5P"。

"5W"是指 Who(即借款人);Why(即借款用途);When(即还款期限);What(即担保物);How(即如何还款)。

"5P"是指 Personal(即个人因素);Purpose(即目的因

素）；Payment（即偿还因素）；Protection（即保障因素）；Perspective（即前景因素）。

二 OCC 评级方法

目前，影响最大的信贷评级方法是由 OCC（即美国货币监理署）开发的，故称 OCC 评级方法。它将现有的贷款组合归为五类，四类为低质量级别（即特别关注的资产、未达标准的资产、可疑资产、损失资产），一类为高质量级别（即合格资产）。后来，管理者在 OCC 评级方法的基础上，更细致地划分为合格贷款的评级类别，这样，OCC 评级方法的合格级别被分为 6 个不同的类别（即第 1~6 级），第 7~10 级对应于 4 个低质量贷款。详细的描述如下：

对第 1 级的描述：商业信用极佳，资产质量优等，杰出的债务偿付能力和偿还率，卓越的有深度的管理，公司是市场的领导者，已进入资本市场，风险程度最小，相当于债券评级的 AAA 级。

对第 2 级的描述：商业信用很好，资产质量和流动性很好，强有力的债务偿付能力和偿还率，各方面的财务管理很好，公司在本行业得到高度尊重，有巨大的市场份额，风险程度较低，相当于债券评级的 AA 级。

对第 3 级的描述：商业信用中等，位于正常的信贷标准内，资产质量和流动性令人满意，良好的债务偿付能力和偿还率，在所有关键方面管理良好，公司在业内的规模和财务状况处于中等水平，风险程度中等，相当于债券评级的 A 级。

对第 4 级的描述：商业信用可以接受，超过平均的风险水平，资产质量可以接受，稍微过度的流动性，较低的债务偿付能力，可能有高度的或充分的杠杆作用，要求放款人给予高于平均水平的监督和关注，公司可能没有实力经受住重大挫折，由于管制约束，贷款是有高度杠杆作用的交易，风险程度可接受，相当于债券评级的 BBB 级。

对第 5 级的描述：商业信用可以接受，但是有相当高的风险，资产质量可以接受，更小或更欠分散化的资产基础，很少的流动性，有限的债务偿付能力，贷款条件按确保充分保险的要求加以组织，可能具有高度或充分的杠杆作用，公司规模可能低于平均水平，或者可能是较低等级的竞争者，要求放款者给予重点监督和关注，公司可能没有实力经受住重大挫折，由于债券人的财务状况，贷款是有高度杠杆作用的交易，风险程度可接受，但要予以关注，相当于债券评级的 BB 级。

对第 6 级的描述：信用状况被列入监督名单，资产质量大体来说可以接受，流动性有一定程度的紧张，充分的杠杆作用，管理上存在一定弱点，要求放款人给予持续的监管和关注，风险程度属于管理性关注，相当于债券评级的 B 级。

对第 7 级的描述：商业信用位于可接受的边缘，具有一定的脆弱性，不理想的日常业务造成了过分的和没有保证的信用风险，但尚未达到可划入不合规格类型的程度，尽管资产在当前得到保护，但这种保护可能是脆弱的，还不能预计本金或利息的损失，潜在的弱点可能包括某种正在弱化的财务状况，某种不现实的还款计划，不充分的资金来源，或者缺少充分的抵押品和信用方面的信息，公司普普通通，并不突出，风险程度属于特别关注，相当于债券评级的 CCC 级。

对第 8 级的描述：商业信用无法接受，存在无法正常偿付的危险，尽管还不能预计本金或利息的损失，但是，确定无疑的脆弱性会损害债务的回收，现有的合理净值、债务人的偿付能力或抵押品并未使资产得到充分的保护，也许已经存在部分利息损失，风险程度未达到标准，相当于债券评级的 CC 级。

对第 9 级的描述：偿还能力大有问题，现存问题的严重程度已经达到可能损失部分本金的程度，脆弱性已经十分明显，以至于基于现有信息、形式和估价，全部回收款项的希望已经十分渺茫，风险程度可疑，相当于债券评级的 C 级。

对第 10 级的描述：预期会发生总体上的损失，存在某项不可回收的资产，或这类价值低微的资产已经无法正当合理地被归入有活力的资产一类，这类资产也许将来还有可收回的一部分价值或残值，但是，达不到应该延迟销账的程度，风险程度损失，相当于债券评级的 D 级。

三　Z 评分模型

此模型是由美国经济学家阿尔特曼（Altman）于 1968 年提出的，1977 年他对此模型又进行了修正和扩展，建立了第二代模型（即 ZETA 模型）。阿尔特曼的两个评分模型是根据数理统计中的辨别分析技术，对银行过去的贷款案例进行统计分析，选择一部分最能反映借款人的财务状况，对贷款质量影响最大、最具预测或分析价值的比率，设计出一个能最大限度地分别贷款风险度的数学模型，对贷款申请人进行信用风险及资信评估。其具体步骤是：

（1）选取一组最能反映借款人财务状况、还本付息能力的财务比率，包括流动性比率、资产收益率、收益稳定性指标、债务偿付能力指标、累计盈利能力指标、资本化程度指标和规模指标。

（2）从银行过去的贷款资料中分类收集样本，样本数据分两类：一类是能够正常还本付息的案例；另一类是呆账坏账案例。每类可以按行业、贷款性质或贷款方式再进行细分。

（3）根据各行业的实际情况，科学地确定每一比率的权重，权重以该比率对还本付息的影响程度来确定。

（4）将每一比率乘以相应的权重，然后相加，得到一个 Z

(或 ZETA)。

（5）对一系列所选样本的 Z 进行分析，得到一个度量贷款风险度的 Z 值或值域。

在运用此模型时，只要将贷款申请人的有关财务数据填入，就可以计算出 Z 的得分。如果该得分大于某一预先确定的 Z 值或值域，就可以判定该企业的财务状况良好，或者其风险程度可以被银行所接受。如果该得分小于规定的 Z 值或值域，那么，就意味着该企业将无法按时还本付息。Z 值越大，资信就越好；Z 值越小，风险就越大。

Z 评分模型和 ZETA 模型都是一种以会计资料为基础的多变量信用评分模型。由这两个模型所计算出的 Z 值，可以比较明确地反映借款人在一定时期内的信用状况，因此，它可以作为借款人经营前景好坏的早期预警系统。由于这两个模型具有较强的可操作性、适应性和预测能力，所以，一经推出立即得到推广，成为预测企业信用风险的主要分析方法。

信用监控模型

20 世纪 90 年代以来，现代信用风险度量模型研究得到重大的发展。J. P. 摩根银行继 1994 年推出了以 VaR 为基础的风险矩阵模型以后，1997 年又推出了信用矩阵模型。随后，瑞士信贷银行也推出了 Credit Risk + 模型。同样为金融界所重视的还有：KMV 公司推出的以预期违约频率为核心手段的信用监控模型以及麦肯锡公司推出的信用组合观点模型。上述信用风险管理模型的发展引起了各国金融监管当局的高度重视。1999 年，巴塞尔银行监管委员会提出"信用风险模型化：当前的实践和应用"的研究报告，开始研究这些信用风险管理模型对国际金融领域风险管理的影响以及在风险资本监管方面应用的可能性。

信用监控模型由美国 KMV 公司利用期权定价理论而创立。此模型可以用来对上市公司和上市银行的信用风险进行预测。此模型使用了两个关系：

一是企业股权市值与其资产市值之间的结构性关系。

二是企业资产市值波动程度与企业股权市值变动程度之间的关系。

通过这两个关系模型，就可以求出企业资产市值及其波动程度，一旦所有涉及的变量值被算出，信用监控模型就可以测算出借款企业的预期违约频率。

企业股权市值与其资产市值之间的结构性关系是由贷款与期权的关系所决定的，可以将借款企业股东的股权市值头寸看做是持有一份以企业资产市值为标的的买权。正如布莱克—斯科尔斯—默顿模型中股票卖权定价模型的五个变量一样，违约选择权的价值（或风险贷款的价值）也取决于五个相似的变量。即：

$$E = h(A, \sigma_A, r, B, \tau)$$

式中：E 表示违约选择权的价值；A 表示资产市值；σ_A 表示该企业资产市值的波动性；r 表示短期利率；B 表示向银行借款数；τ 表示股票卖权的到期日或贷款期限。

上述公式表示了企业股权市值与其资产市值之间的结构性关系，其中 E、r、B 和 τ 四个变量可以直接从市场上观察到，如果能够得到企业资产市值的波动性 σ_A，那么，就可以算出企业资产市值，结合两者可以得到借款企业的理论预期违约频率，并对贷款的信用风险作出评价。

由于企业股权市值的波动性（σ_E）与其资产市值波动性（σ_A）之间存在着一种理论关系式：

$$\sigma_E = g(\sigma_A)$$

企业股权市值的波动性（σ_E）也可以直接从市场上观察到，所以，可以将此等式与上式联立在一起，通过连续的迭代，可以最终求出 A 值和 σ_A 值。B 值为违约执行点，其数量是企业所有短期债务和 50% 的长期债务的账面值。τ 值为债务到期日，通常设定为 1 年。这样，在 A 值、σ_A 值、B 值和 τ 值确定之后，就可以测定借款企业的理论预期违约频率了。

以上所推导和计算出的只是借款企业的理论预期违约频率，它与实际预期违约频率之间存在着很大差异。KMV 公司利用自身优势，建立了一个全球范围企业违约信息数据库，计算出了各类信用等级企业的经验预期违约频率，这样，就产生了以这种经验预期违约频率为基础的信用分值来。

VaR 法

VaR 是 Value at Risk 的英文缩写，即在险价值。它作为一个概念，最早起源于 20 世纪 80 年代末，交易商对金融风险资产测量的需要，而作为一种市场风险度量和管理的新工具，则是由 J. P. 摩根银行于 1994 年提出的，其标志性产品是风险矩阵模型。

风险矩阵模型可以用来计算交易性金融资产的在险价值量。只要输入某一金融工具目前的市场价值和价值变动标准差，给定一个假定的风险区间和一个要求的置信区间（如 95%、97.5%、99%），其在险价值就可以计算出来。

我们可以用一家上市公司的股票为例，来描述 VaR 法。假设一家上市公司股票，今天的市值为 80 元/股，估计每天的价值变动标准差为 10 元。任何一家金融机构的股票交易员都会提出这样的问题：明天，股票市场如果是一个坏天气，那么，我所负责的股票在险价值是多大呢？如果该股票价格今后每天都围绕着

80元的价格呈正态分布，平均每100天出现一天坏天气的话，那么，用统计学语言来讲，就有1%出现坏天气的概率。正态分布曲线下的面积包含着各种概率发生的信息：通过观察，我们知道大约有68.26%的股票价格观察值必定落在均值正负1个标准差之间，95%的股票价格观察值必定落在均值正负1.96个标准差之间，99%的股票价格观察值必定落在均值正负2.58个标准差之间。就后者而言，该股票价格明天有1%机会升至80元+2.58个标准差的水平，也有1%机会降至80元-2.58个标准差的水平。前面我们曾设定每天的价值变动标准差为10元，因此，该股票价格有1%机会降至54.2元或者更低的水平。就是说，该股票持有人价值损失少于25.8元的概率为99%，即在置信水平99%的情况下，25.8元可以视为该股票的在险价值量。这里还隐含着这样一个事实：明天有1%机会，股票价格的损失额达到甚至超过25.8元。

由于风险矩阵模型能够简单明晰地表示市场风险的大小，又有严谨而系统的概率统计理论作为依托，所以，受到国际金融界的广泛支持和认可。在这一背景下，J.P.摩根银行于1997年又提出了信用矩阵模型，用于贷款和私募债券等非交易性资产的估值和风险计算。风险矩阵模型与信用矩阵模型的方法相同，两者的继承关系可以表述为，风险矩阵模型寻求解答的问题是：若明天是个坏日子，那么股票和债券等交易性资产的损失有多大？而信用矩阵模型寻求解答的问题则是：若明年是个坏年份，那么贷款和私募债券等非交易性资产的损失有多大？

至于如何以信用矩阵模型来度量非交易性资产的信用风险，大致而论，可以根据借款人的信用评级、明年评级发生变化的概率、违约贷款回收率和债券市场上的信用风险价差和收益率，就能计算出一组非交易性资产的市场价值和价值变动标准差，然后再计算出个别贷款或贷款组合的在险价值量。

目前,有越来越多的金融机构采用 VaR 法来度量和控制其信用风险,尤其在衍生工具投资领域,VaR 法的应用更为广泛。

信用组合观点模型

在信用矩阵模型中,人们假定信用等级的转换概率在不同的借款人之间,以及在商业周期的不同阶段之间都是稳定的,但这一假定与现实不符。由于经济周期的各种宏观因素对债务人的信用等级转换概率会产生重要的影响,所以,我们在计算信用资产的在险价值量时,就需要考虑这些因素对信用等级转换概率的影响程度。解决的方法有两种:

一是将过去的样本期间划分为衰退年份和非衰退年份,计算出两个独立的信用等级转换概率矩阵(即衰退矩阵和非衰退矩阵),进而计算出两个不同时期的在险价值量。

二是直接将信用等级转换概率与宏观因素之间的关系模型化,如果模型是拟合的,就可以通过制造宏观上的对于模型的冲击,来模拟信用等级转换概率的跨时期演变状况。

人们大多数倾向于采用第二种方法,其中最具代表性的是美国麦肯锡公司开发的信用组合观点模型。

信用组合观点模型是一个在给定的国家中信用等级转换概率矩阵图,该矩阵由于没有考虑当前或今后的宏观经济因素冲击的影响,所以,被称为历史上的信用等级转换概率矩阵。信用等级转换矩阵中每一单元所显示的是一个交易者在期初被评为某一信用等级而在期末转往另一信用等级的概率。通常,人们会预期在商业周期的不同阶段这一概率的变动幅度很大,而且衰退期的变动幅度比扩张期的变动幅度更大。由于信用等级转换矩阵每一行中的概率之和必须等于 1,所以,如果有一个借款人的信用等级在下一年度内从 C 级转往 D 级的概率,那么,一定会有其他借款人的信用等级在下一年度内从 C 级转往 B 级或 A 级的概率。总之，信用等级转换矩阵中概率的密度或质量将随着经济衰退的发展而逐渐增加。

令 PCD 在时间 t 随同宏观经济变量的变化而变化，我们可以使用结构性蒙特卡罗模拟方法模拟各种随机冲击，生成在未来时期中 PCD 的情景值。假设基于当前的宏观经济形势，以 P^* 表示 PCD 的模拟值，为 0.35；在历史上平均的信用等级转换概率（以 P 表示）为 0.30。由于后者小于前者，故我们可能会低估贷款和贷款组合的在险价值量，特别是对低质贷款更是如此。定义比率（以 r 表示）为：

$$r = P^*/P = 0.35/0.30 = 1.16$$

由此可见，一个借款人在下一年度内违约的概率要比历史上平均的信用等级转换概率高出 16%。该比率将被用来调整计划期信用等级转换矩阵中的概率元素，相应的，也需调整信用等级转换矩阵中的其他元素，我们可以通过转换矩阵中的每一元素或单元对于定义比率的线性和非线性的回归做到这一点。对于未来的每一年，都会有不同的信用等级转换矩阵，这反映出宏观经济冲击对于转换概率的模拟的影响。重复上述做法，比如随机抽取一万次，便可以产生一万个 P^* 值和一万个可能的信用等级转换概率矩阵，获得了这些未来不同年份的转换矩阵，就可以使用与信用矩阵模型相似的方法，来计算相对于商业周期不同阶段的信用资产的在险价值量。

死亡率模型

近年来，西方学者尝试着用保险领域里的一些思想和技术来对信用风险进行度量和管理，开发出了一些新的模型，死亡率模型就是根据寿险的思路而开发的。此模型最早是由美国经济学家阿尔特曼开发贷款和债券的死亡率表而得名的。

此模型的思路比较简单,它以贷款或债券的组合以及它们在历史上的违约经历为基础,开发出一张表格,用该表来对信用资产一年的或边际的死亡率进行预测,再对信用资产多年的或累积的死亡率进行预测,然后将上面两个死亡率与违约损失率结合起来,就可以获得信用资产预期损失的估计值。如计算某一级别债券(或贷款)在其"有生之年"的每一年中违约的边际死亡率,需选取一些样本年份,对于每一年,都要计算出违约的边际死亡率。一旦计算出个别年份违约的边际死亡率,就可以计算一个加权平均值,此值就成为进入死亡率表的数字。所使用的权重应该反映不同年份中相对的发行规模,其结果会偏向于大规模发行的年份。

边际死亡率和累积死亡率的每一个估计值都有一个隐含的标准误差和置信区间,随着样本中贷款和债券数目的增加,死亡率的标准误差会下降。假定我们对死亡率的估计值确定为 0.01,置信度极端值的保险精算原理要求标准误差为死亡率估计值的 1/10(即 0.001),那么,我们需在每一个信用等级中有 10000 个贷款观测值,才能在估计中获得这样的置信度。在 10 个信用级别下,就需要分析大约 100000 种贷款组合。为了获得不可或缺的大规模的样本量,各银行之间的密切合作十分必要,相互合作努力的最终成果是要完成一张某一国家贷款死亡率表。

Credit Risk + 模型

Credit Risk + 模型是瑞士信贷银行金融产品部根据财产险的思路而开发的。此模型将价差风险看做是市场风险的一部分,在任何时期，只考虑两种状态：违约或不违约，以此来度量信用资产的预期损失和非预期损失。所以，它是一个违约模型，而非盯住市场模型。在此模型中，违约被模型化为一种有着一定概率分布的连续变量，它与住房火灾保险的情况很相似：假设一个家庭的全部资产组合均已投保，那么，每处房屋被烧毁的概率是很小的，可以被视为一个独立事件。对于抵押贷款和小企业贷款的违约风险可以按照同样的思路加以考虑。每一笔贷款被看做是有着小的违约概率，并且每一笔贷款的违约概率都独立于其他贷款的违约。这一假定使贷款组合违约概率的分布很像一种泊松分布（Poisson Distribution）。

违约率的不确定性只是被模型化了的不确定性的一类，另一类是损失严重程度的不确定性，由于很难逐笔度量贷款的严重程度，所以，损失的严重程度或贷款的风险暴露数量被凑成整数或分出频段。

违约率的不确定性和损失严重程度的不确定性，为每一个风险暴露频段都带来一种损失的分布。加总这些不同风险暴露频段的损失，可以得到贷款组合的损失分布。根据这一模型，在个体违约概率和损失的频段呈泊松分布的条件下，计算出的损失函数从图像上看，具有相当的对称性，接近于正态分布，并且随着贷款组合中贷款数量的增加，就越接近于正态分布。泊松分布意味着贷款组合违约率的均值应该等于其方差，但是事实上，违约率和损失率要比图像上多"更为肥厚的尾部"，如B级债券违约率均值的方差是其违约率均值平方根的两倍多。造成信用资产损失分布更高方差的原因是什么呢？瑞士信贷银行的研究表明：违约率均值本身会随着商业周期的变化而变化，在经济扩张时期，违约率均值会较低；在经济萧条时期，违约率均值会大幅度升高。因此，该模型中必须包括第三类不确定性，即违约率均值的不确定性，并将其模型化为一种 γ 分布。

这一模型更好地模拟了预期损失和非预期损失分布曲线的肥尾特征,利用此曲线的非预期损失可以计算出所需的经济资本量。对经济资本度量更接近于一种收益的损失或账面价值的资本度量,而非市场价值的经济资本度量。此模型的最大优势在于它对于数据的要求很少,主要的输入数据是贷款组合各个频段的损失率均值和损失严重程度。

信用风险管理方法

信用风险管理方法主要有:信用分析法、信用证券化、信用衍生产品和场内管理。

一 信用分析法

信用分析法主要是对企业的资产负债和现金流状况进行分析。对企业的信用分析是一个程序化的工作,主要包括以下几步:

(1) 分析企业的贷款用途。

(2) 对企业的资产负债表和损益表进行分析,以发现该企业在各阶段的发展趋势和波动情况。

(3) 对试算表进行分析。

(4) 对企业账目进行调整,使之符合趋势分析与推测的标准格式。

(5) 根据预计现金流,对该贷款的目的进行评价,寻求第一退出途径和第二退出途径。

(6) 确定较严和较松的假设条件,进行压力测试。

(7) 分析行业结构及该企业在行业中的地位。

(8) 对企业管理层和关键部门经理进行评价。

(9) 准备贷款保证文件。

二 信用证券化

信用证券化，又称贷款证券化，即贷款的出售和交易。在这一做法下，贷款通常被移出资产负债表，以抵押放款债券形式重新包装，然后一揽子出售给外部投资者。这一机制一般用于那些更易于商品化的贷款，如抵押贷款、信用卡贷款和汽车贷款等。近年来，许多贷款证券化的做法已开始将贷款保留在资产负债表内，并针对贷款组合发行资产支持债券。这类产品已经出现大量的变种，其相互之间的差异与信用风险如何从银行转移到投资者的具体方式有关。

三 信用衍生产品

所谓信用衍生产品，是指一种用来交易信用风险的金融工具。在使用信用衍生产品交易信用风险的过程中，信用风险被从标的金融工具中剥离，使信用风险与该金融工具的其他特征分离开来。最早的信用衍生产品诞生于1993年，当时，日本信孚银行为了防止贷款遭受损失，出售一种兑付金额取决于特定违约事件的债券，投资者可以从债券中获得收益，但是，当贷款不能按时清偿时，投资者就必须赔款。从此，信用衍生产品得到迅速发展。目前，贷款者如果不想继续承担一项资产的信用风险，不必彻底出售这项资产的一切权利，就可以使用信用衍生产品将违约风险转移出去。有了信用衍生产品，人们可以做空信用，可以根据风险大小、期限、事件类型等要求，对信用风险进行定制组装。信用衍生产品主要包括：

1. 用期权对冲信用风险

金融机构在发放贷款时，要求借款企业购买看跌期权，以此作为向银行贷款的抵押，面对一种等价于出售借款企业资产看跌期权的风险，金融机构就会寻求买入借款企业资产的看跌期权，来对冲这一风险。

2. 用互换对冲信用风险

信用互换包括两类：总收益互换和违约互换。总收益互换是指按照特定的固定或浮动利率互换支付利息的义务，这些利率代表了对于贷款或债券支付的总收益。总收益互换可以对冲信用风险暴露，但它仍包含着利率风险因素，为了剥离出总收益互换中的利率敏感性因素，可以采用违约互换，其原理是：一家金融机构在每一互换期间，向作为交易对手的另一金融机构支付一笔固定的费用，如果该贷款发生违约，那么，交易对手就要向其支付违约损失，支付金额等于贷款初始价值减违约贷款在二级市场上的现值；如果该贷款不违约，那么，互换合约将自动过期作废。

3. 用信用远期合约对冲信用风险

信用远期合约是指银行在贷款发放以后，为防止贷款违约风险的增加而出售的一种远期协议。信用远期合约为借款企业发行的基准债券（或贷款）规定了一个信用风险价差，用来补偿违约风险。合约的出售者可以使自己对冲掉贷款违约风险的增加，而合约的购买者却承担了贷款违约风险的增加。

四 场内管理

金融机构之间每天都要进行大量的金融交易，承担着信用风险，交易所和清算所是降低这种风险的结构化手段，通过引入场内管理制度，使交易双方无需建立一个单独的防范对方信用风险敞口的机制。

交易所和清算所通过设立保证金制度和逐日盯市制度，以降低交易风险：

1. 保证金制度

当金融期货交易成交后，为了防止客户有违约的可能，在头寸建立之时就必须存入初始保证金，以用于冲销客户违约可能带来的损失。保证金在两个层次上设置：清算会员要求每个客户交纳一定的保证金，清算所要求清算会员为其所有的开放头寸维持一定的保证金。客户的保证金可以采用净头寸或总头寸方式计算。净保证金系统要求清算会员将所有的客户合约合成一个净头寸。总保证金系统要求清算会员汇入每一个多头或空头的头寸。

2. 逐日盯市制度

这是指每天由清算所负责清算收益或损失。当每日价格变动导致损失时，客户就被要求追加额外的保证金，如果客户不能追加保证金，经纪商有权将合约平仓。这一系统保持了一个动态的缓冲，防止客户因损失而违约。清算所负责监控每个客户的信用，从制度上防止信用风险暴露的交叉蔓延。

第十六章　操作风险管理

可行必守，有弊必除。

《刘禹锡·为容州窦中丞谢上表》

在《1988年巴塞尔协议》中仅仅将信用风险作为银行资本监管的重点，而在《2004年巴塞尔协议》中则明确提出将操作风险和市场风险纳入资本监管的范畴。在现实中，操作风险是多方面的，其类型和成因也是多种多样的，就金融机构而言，操作风险常常与信用风险的发生交织在一起，很难清晰地加以界定。

操作风险及其类型

所谓操作风险，泛指在金融机构的运行过程中一系列可能的损失，这些损失通常与金融产品及服务的需求函数的不确定性无关。这些损失可能来自于一个计算机系统的病毒，也可能是由决策者的一个失误所导致。关于操作风险的准确定义，目前主要存在三种观点：

第一种观点认为：市场风险和信用风险以外的所有风险都是操作风险。

第二种观点认为：只有与金融机构的运营部门相关的风险才是操作风险。

第三种观点认为：先区分可控事件与不可控事件，然后将可控事件定义为操作风险。

《2004年巴塞尔协议》规定：操作风险是指由不完善或有问题的内部程序、人员及系统、外部事件所造成损失的风险。

操作风险的类型主要有：

（1）流程风险。这是指由规模增大而生产率下降所致的损失。

（2）控制风险。这是指由流程故障、控制失败和欺诈所致的损失。

（3）项目风险。这是指由较差的计划和项目管理、范围过大、预算欠妥所致的损失。

（4）技术风险。这是指由计算机技术升级及其应用开发所致的损失。

（5）人力资源风险。这是指由竞争对手吸引关键雇员而导致重聘雇员的费用、培训费用及现雇员离职风险。

（6）客户服务风险。这是指由不当的初始销售策略和欠佳的客户服务所致的损失。

（7）供应商管理风险。这是指由不利的谈判合同而导致预算咨询费用的增加。

（8）监管风险。这是指由于未能遵循监管法规所致的损失。

操作风险成因

关于操作风险的成因，《2004年巴塞尔协议》就八类损失事件进行了详尽的分析，具体内容如下：

（1）内部欺诈。这是指故意骗取、盗用资产，违反监管规章、法律或公司政策而导致的损失，包括未经授权的活动和盗窃欺诈。如交易不报告、交易品种未经授权、头寸计价错误、信贷欺诈、假存款、挪用公款、勒索盗窃抢劫、盗用资产、恶意损毁资产、伪造、多户头支票欺诈、走私、窃取账户资金、假冒开户人、违规纳税、逃税、贿赂、收取回扣、内幕交易等。

（2）外部欺诈。这是指第三方故意骗取、盗用财产或逃避法律而导致的损失。包括盗窃欺诈和系统安全性问题，如盗窃抢劫、伪造、多户头支票欺诈、黑客攻击损失、盗窃信息等。

（3）就业政策和工作场所安全性问题。这是指违反就业、健康、安全方面的法律或协议，个人工伤赔付或歧视而导致的损失。包括劳资关系、安全性环境和性别种族歧视问题，如薪酬问题、福利问题、雇佣合同终止后的安排问题、有组织的劳工行动、一般责任、违反员工健康及安全规定事件、工人劳保开支问题、所有涉及歧视的事件等。

（4）客户、产品及业务操作问题。这是指因疏忽而未对特定客户履行份内义务，或者因产品设计缺陷所导致的损失。包括适当性问题、披露和信托责任，不良的业务或市场行为，产品瑕疵，客户选择问题，业务提起和风险暴露，咨询业务问题等。如违背信托责任、违反规章制度、违反披露零售客户信息、泄露私密、冒险销售、为多收手续费反复操作客户账户、保密信息使用不当、贷款人责任、反垄断、不良交易、操纵市场、内幕交易、未经当局批准的业务活动、洗钱、产品缺陷、模型误差、未按规定审查客户、超过客户的风险限额、咨询业务产生的纠纷等。

（5）实物资产损坏。这是指因自然灾害或其他事件，使实物资产丢失或毁坏而导致的损失。如自然灾害损失、外部原因造成的人员伤亡等。

（6）业务中断和系统失败。这是指由于业务中断或系统失败而导致的损失。如硬件、软件、电信、动力输送损耗或中断。

（7）交易认定、传递及程序管理失误。这是指由于交易处理或操作管理失误而导致的损失。如错误传达信息、数据录入、维护和登载错误、超过最后期限或未履行义务、模型或系统操作失误、会计错误、交易方认定记录错误、担保品管理失败、交易相关数据维护问题等。

(8) 执行、交割及流程管理失败。这是指由于交易执行、交割及流程管理失败而导致的损失。包括监控和报告、文件记录、客户账户管理、交易对手、外部销售商等。如未履行强制报告职责、外部报告失准、交割失败、法律文件缺失、未经批准登录账户、客户记录错误、非客户对手的失误、与非客户对手的纠纷、外包问题、与外部销售商的纠纷等。

基本指标法

《2004 年巴塞尔协议》明确提出将操作风险作为银行资本比率分母的一部分，并且确定了三种操作风险的度量方法：即基本指标法、标准法和高级计量法。

基本指标法是最容易操作的一种方法，但简单易行带来的一个问题是各金融机构的特点和需要没有得到充分反映。此方法比较适合小银行采用，对于国际活跃银行，巴塞尔委员会则希望尽可能选用较高级的计量方法。采用基本指标法的银行所持有的操作风险资本等于前三年总收入的平均值乘以一个固定比例（即 15%，由巴塞尔委员会设定）。总收入的定义是净利息收入加非利息收入。

标 准 法

之所以制定标准法，是因为大部分银行正处于根据业务和风险类型推算内部损失数据的阶段。在标准法中，银行的业务分为标准的业务部门和业务类型。按照《2004 年巴塞尔协议》的规定，银行的业务分为 8 个产品线：

（1）公司金融。包括公司金融、政府金融、商人银行、咨询服务。如兼并与收购、承销、私有化、证券化、研究、债券、股本、银团、首次公开发行上市及配股。

（2）交易和销售。包括销售、做市、自营头寸、资金业务。如固定收入、股权、外汇、商品、借贷、融资、自营证券头寸、贷款和回购、经纪、债券、经纪人业务。

（3）零售银行业务。包括零售银行业务、私人银行业务、银行卡业务。如零售贷款和存款、银行服务、信托和不动产、私人贷款和存款、投资咨询、商户卡、商业卡、公司卡、零售店品牌和零售业务。

（4）商业银行业务。如项目融资、不动产、出口融资、贸易融资、保理、租赁、贷款、担保、汇票。

（5）支付和结算。如支付和托收、资金转账、清算和结算。

（6）代理业务。包括托管、公司代理、公司信托。如第三方账户托管、存托凭证、证券贷出、公司信托、发行和支付代理。

（7）资产管理。包括可支配基金管理和不可支配基金管理。如集合、分散、零售、机构、封闭式、开放式、私募基金。

（8）零售经纪。如执行客户指令。

产品线对应原则如下：

一是产品线对应流程必须接受独立审查。

二是必须制定新业务或新产品对应的流程。

三是高级管理层负责制定产品线对应政策。

四是银行采用的对应流程应该有明确的文字说明。

五是所有业务活动必须按 8 个产品线对应归类，相互不重合，列举须穷尽。

六是计算操作风险所采用的定义，必须与计算其他风险资本所采用的定义相同。

七是对产品线框架内业务起辅助作用的银行业务或非银行业

务，必须纳入其所辅助的产品线。

八是在将总收入归类时，若此业务无法与某一特定产品线对应，则适用资本要求最高的产品线。

九是如果银行总收入等于 8 个产品线的收入之和，那么，银行可以使用内部定价法，在各产品线之间分配总收入。

在各个产品线中，总收入是一个广义的指标，代表业务经营规模，所以，大致代表各个产品线的操作风险暴露。计算各个产品线资本要求的方法是：用银行的总收入乘以一个该产品线所适用的系数（即 β 值）。总资本要求是各个产品线监管资本的简单加总。各个产品线总收入是其过去三年的年均总收入。β 值由巴塞尔委员会设定，反映各个产品线的总收入与资本要求之间的关系。8 个产品线的 β 值分别是：

公司金融，β 值为 18%；

交易和销售，β 值为 18%；

零售银行业务，β 值为 12%，

商业银行业务，β 值为 15%；

支付和结算，β 值为 18%；

代理服务，β 值为 15%；

资产管理，β 值为 12%；

零售经纪，β 值为 12%。

使用标准法度量操作风险的银行，必须符合以下规定（这是低标准）：

其一，银行的风险管理系统稳健，执行正确有效。

其二，董事会和高级管理层积极参与操作风险框架的管理。

其三，有充足的资源支持在主要产品线上，及控制审计领域采用此方法。

其四，银行正式用标准法计算监管资本之前，监管当局应对该银行实施一段时间的初始监测，确定是否可信和适当。

如果是国际活跃银行，除了上述一般标准以外，还必须符合以下标准（这是高标准）：

(1) 银行的操作风险管理系统必须文件齐备。

(2) 必须将操作风险评估系统纳入整个银行的日常风险管理流程。

(3) 银行的操作风险管理流程和计量系统必须接受内部验证程序和定期独立审查。

(4) 银行的操作风险管理流程和计量系统必须接受外部审计师或监管当局的定期审查。

(5) 必须定期地向业务管理层、高级管理层和董事会报告操作风险的暴露和损失情况。

(6) 银行必须对操作风险管理系统的功能进行明确的职责界定，制定识别、监测、缓释操作风险的策略和管理控制程序，设计并实施操作风险计量方法、评估系统和报告系统。

高级计量法

高级计量法是指银行用定性和定量的标准，通过内部操作风险计量系统来计算监管资本额度的一种方法。使用高级计量法需要获得监管当局的批准，监管当局将根据银行资本安排框架，对银行所使用的数据和假设进行审查。监管当局为银行使用高级计量法制定了定性和定量标准。

一　定性标准

定性标准与采用标准法的国际活跃银行的高标准一致。

二　定量标准

定量标准适用于计算操作风险最低监管资本的内部计量方

法。具体包括：

（1）计算最低监管资本要求时，应将不同操作风险评估的计量结果加总。

（2）任何风险计量系统必须具备某些关键要素，以符合监管当局的稳健标准。

（3）银行应通过加总预期损失和非预期损失，得出监管资本要求，除非能够准确计算预期损失。

（4）任何操作风险内部计量系统必须与巴塞尔委员会规定的操作风险范围及损失事件分类表相一致。

（5）银行的操作风险计量系统必须足够分散，可以将影响损失估计分布尾部形态的主要风险因素考虑在内。

三 关于内部数据的收集

使用高级计量法计算监管资本要求，必须基于对内部损失数据至少5年的观测，如果是初次使用高级计量法，采用3年的历史数据也是可以的。但是，银行收集内部损失数据的流程必须符合以下标准：

（1）银行的内部损失数据必须涵盖所有重要的业务活动，反映所有子系统和地区的风险暴露情况。

（2）如果损失是由跨业务类别的活动或跨时期的事件所引起，银行应确定分配损失的具体标准。

（3）除了收集总损失金额以外，银行还应收集损失事件发生的时间、总损失中收回的部分，以及致使损失事件发生的起因等信息。

（4）银行过去的内部损失数据必须按照损失事件分类表和产品线对应表中的组别进行对应分类，并根据监管当局的要求，随时提供这些数据。

（5）如果操作风险损失与信用风险相关，并在过去已经反映在银行的信用风险数据库中,那么,在计算最低监管资本时,应将其视为信用风险损失。

四 关于外部数据的利用

银行的操作风险计量系统必须利用相关的外部数据,包括公开的或行业集合的实际损失金额、发生损失事件的业务范围和起因,以及其他有助于评估损失事件相关性的信息。必须建立系统性的流程,以确定在什么情况下使用外部数据及其使用方法。要对外部数据进行专家情景分析,以求出严重风险事件下的风险暴露,专家提出的评估结果将成为损失统计分布的参数,对这些评估结果应通过与实际损失的比较,随时进行验证和重新评估,以确保其合理性。

除了使用实际损失数据和情景分析损失数据以外,还必须考虑业务经营环境和内部控制因素。银行在使用这些因素时必须符合以下标准:

一是银行的风险估计对这些因素变动的敏感度和权重的设定必须合理。

二是各种实施情况都应有文件支持,并接受银行内部和监管当局的独立审查。

三是要将这些因素转换成有意义的风险要素,并征求专家对相关业务领域的意见。

四是银行应通过与内部损失实际结果、相关外部数据及所做的适度调整进行对照,对流程和评估结果进行验证。

高级计量法允许银行出于计算最低监管成本的需要,在计量操作风险时认可保险的风险缓释影响,保险的缓释作用不超过操作风险总成本要求的 20%。银行能否享受这种风险缓释作用,要看是否符合以下标准:

(1) 保险由第三方实体提供。

(2) 认可保险作用的框架合理,文件齐备。

(3) 保险人的理赔支付能力评级最低为 A 级。

(4) 银行应披露由于保险作用而减少的操作风险成本要求。

(5) 对于保单撤销和不续保的情况，必须规定提前通知的最短期限。

(6) 保单覆盖的项目与银行的实际操作风险损失暴露之间对应关系明确，不规定除外条款或限制条件。

(7) 保单的初始期限必须不低于 1 年，对于剩余期限少于 1 年的保单，银行必须作出适当折扣，以反映保单剩余期限的递减。

构建金融机构内部控制体系

操作风险的管理方法目前仍在探索之中，近期内无法达到像量化信用风险和市场风险那样的准确程度，这就为度量操作风险增加了一定难度。但是，巴塞尔委员会将操作风险纳入资本监管范畴是十分必要的，目的是为了确保金融机构有高度的积极性去开发量化操作风险的各种手段，确保其有充足的资本金去抵御操作风险。由于操作风险的存在，构建金融机构内部控制体系变得刻不容缓。

一 构建金融机构内部控制体系的目标和原则

内部控制是金融机构的自律行为，是一种自我调节、自我约束的内在机制，是金融机构为完成既定的工作目标而对内部各职能部门及其工作人员所从事的业务活动进行风险控制、制度管理和相互制衡的方法、措施和程序的总称。金融机构内部控制体系实际上是指由金融机构内部各部门、各岗位所形成的相互制衡、纵横交错的统一整体。构建金融机构内部控制体系的目标是"三个保证"，即：

保证金融业务的有效性；

保证财务报告的可靠性；

保证遵守金融法规条例。

为了实现上述目标，必须遵循如下原则：

（1）独立性。内部控制的检查部门必须独立于执行部门，控制人员必须独立于操作人员，并向不同的管理人员报告工作，使之形成职责的错位交叉。

（2）健全性。内部控制要贯穿于金融机构经营活动的全过程，包括产品设计、交易执行、信贷决策和投资研究等，要体现系统性，涵盖所有的职能部门和工作人员。

（3）效益性。金融机构要精心选择控制点，实行有选择的控制，要采用风险管理的新技术和新方法，不断提高效率，努力减少各种耗费，以最小的成本获得最大的效益。

（4）制衡性。这是指在部门与部门、岗位与岗位之间建立一种相互验证、相互制衡的机制。要将金融机构的业务进行分配，使单独的一个部门对业务没有完全的处理权，必须经过两个以上部门的查证核对或配合，这样，才能达到纠错防漏的目的。

（5）有效性。包括内部控制制度本身的有效性和内部控制制度的有效执行，特别是内部控制制度要体现国家法律、法规和政策，要根据金融机构的组织规模、业务特点、技术条件和人员素质来建立，要随着金融机构内部环境的变化而及时地进行调整。

二　金融机构内部控制程序

金融机构内部控制程序由五个环节构成：即控制环境、风险评估、控制活动、信息沟通和内部检测。

1. 控制环境

这是指对金融机构管理方法、操作程序、控制措施发生影响的各种因素，构成了金融机构的氛围，是内部控制的基础。控制环境主要包括以下因素：

治理机构是否完善；
业务执行系统是否高效严谨；
管理思想和经营理念是否先进；
内部监督反馈系统是否健全有效；
决策程序和议事规则是否民主透明；
组织结构是否体现职责分工、相互制衡的原则；
是否培养全体员工的风险防范意识和道德修养；
是否建立有效的人力资源管理制度和激励约束机制；
在岗位、部门、管理层之间是否形成严密有效的内控防线等。

2. 风险评估

这是对风险的分辨和分析，是内部控制的关键。要分清哪些风险是主要风险，哪些风险是次要风险，哪些风险可以分散，哪些风险可以避免，并据此确定内部控制的重点。要设立风险决策部门、风险评估部门和风险监督部门，建立完整的风险控制程序，使用科学的风险量化技术，实行严格的风险限额控制，对各部门和各业务循环所存在的风险点采取有效的控制措施。

3. 控制活动

这是指金融机构为确保有效控制风险而制定并实施的各种方法、程序和控制措施。控制活动涉及金融机构所有的层次和职能，包括批准、授权、核实、协调和检查等各种活动。控制活动可分为会计控制和行政控制。会计控制主要是如实反映交易的存在或发生，完整记载资产和负债的变动情况，以保证金融机构资金交易的正确记载和财务报告的公正提出。行政控制包括指令控制、预防控制和检测控制，主要是控制金融交易的合理性，以保证金融机构内部控制制度的贯彻执行。

4. 信息沟通

管理层的计划需迅速传递到各职能部门，以便有效地执行，计划执行情况需及时反馈给管理层，以供管理层比较分析，这些都需要设计和维护畅通的信息沟通渠道,因此,信息沟通是内部控制制度能够有效执行的保证。

5. 内部检测

这是对系统运转质量进行评估的环节,通过对业务活动的现时检查或定期检查来完成。现时检查或定期检查都发生在业务操作期间,主要是对管理层的日常活动和工作人员履行职责的情况进行检查,检查的范围和频率取决于风险评估的有效性。通过内部检测,可以加强内部控制体系的应变能力。

三 金融机构内部控制责任

金融机构内部控制体系的结构分为董事会、管理层、内部审计和一般职员四个层次,其内部控制责任分别是:

1. 董事会

董事会的内部控制责任是对金融机构管理层维护有效的内部控制系统起关注和监督的作用。

2. 管理层

管理层的内部控制责任是设计、执行并维持金融机构的内部控制系统。CEO(即首席执行官)是第一责任人,财务主管是管理层实行内部控制的核心,各部门主管负责控制本部门的业务经营活动。

3. 内部审计

内部审计人员对金融机构内部控制系统的建立和维护不负责任,其内部控制责任主要是对管理层有效维护内部控制系统的进展情况给予评价。

4. 一般职员

金融机构所有职员都必须树立高尚的道德观和诚信原则,遵守内部控制制度的各项规定,从我做起,从本职工作做起,各司其职。道德高尚的职员将能够弥补内部控制系统中的严重弱点。

第十七章 外部监管

善治病者,必医其受病之处;
善救弊者,必寻其起病之源。

《欧阳修·准诏言事上书》

就金融机构来说,引入外部监管,使自身的风险管理体系赢得广泛的认同,对于自身的经营管理具有积极的意义。所谓外部金融监管是指一国金融管理当局依据法律的授权而对整个金融业实施监督管理的称谓,是对金融业行为的规范管理和系统风险的控制,是维持金融安全的必要手段。就概念而言,它不同于金融管制,金融管制是指国家对某些重要的金融活动、金融业务或金融调控工具实行的行政强制措施,是在非市场经济条件下或在特定的经济发展阶段,国家为实现既定的宏观经济目标而采取的非市场化的金融政策措施。随着金融的市场化和自由化,金融管制将逐渐减少或放松。但在现实中,两者往往难以分别。

外部监管的必要性

从理论上讲,关于外部金融监管必要性的探讨主要有以下几种学说:

1. 金融脆弱说

这一学说认为，银行业具有内在的不稳定性，主要表现在以下三个方面：

一是银行的资产流动性与负债流动性难以配合。

二是个体理性与集体理性的冲突，即使每个人都理性行事，也难以保证加总之后的结果还是理性的。

三是由于信息不对称，导致存款人不可能将高流动性银行与低流动性银行区分开来，一旦存款人对某一银行的安全性产生怀疑，就会引起挤兑，并且可能迅速蔓延到其他银行，导致整个银行体系的崩溃。

银行内在的不稳定性造成了银行的脆弱性，而银行的脆弱性又引起金融系统的脆弱性，导致金融系统风险。因此，需要政府提供金融监管，以维持公众的信心和金融安全。

2. 公共利益说

这一学说认为，金融监管是公共产品，是一种降低或消除金融市场失灵的手段，所以是必要的。金融市场失灵主要表现在以下三个方面：

一是自然垄断。金融业的集中会出现自然垄断者，使金融业的市场竞争机制遭到破坏，导致市场失灵。

二是外部效应。所谓外部效应是指提供一种产品或劳务的社会利益与私人所得之间的偏差。当社会利益大于私人所得时，这一相关的产品是公共产品；当社会利益小于私人所得时，外部效应就会发生。

三是信息不对称。信息不对称是指信息在交易双方分布的不均衡性。信息是预测未来必不可少的基本要素，在理性决策中占据着重要的地位，由于信息在借贷双方的分布是不对称的，所以，市场参与者不具有完全信息，而不完全信息将会导致金融市场的不完全竞争和效率下降。

总之，由于金融市场的失灵，就需要通过金融监管来矫正市场缺陷，以达到保护公共利益的目的。

3. 监管成本说

这一学说认为，实施金融监管需耗费资源，监管的成本分为两类：

一类是监管引起的直接资源成本，包括监管机构在监管过程中所耗费的资源，以及被监管者遵守法规条例所耗费的资源。

另一类是监管引起的间接效率损失，指被监管者改变原来的行为方式所造成的福利损失。

金融监管是否必要，关键看成本收益分析的结果。由于金融监管的收益，如稳定金融体系、保护投资者利益等，很难量化，故可以用成本有效性分析代之，它为我们判断金融监管的适度与否提供了现实的思路。

以上三种学说对于金融监管基本上都是持肯定态度，下面的管制失灵说对于金融监管则持全盘否定的态度。管制失灵说认为，金融管制或金融监管都是无效的，甚至是有害的，会产生金融监管的环境污染。目前，管制失灵说主要有三种：

1. 管制俘获说

这一学说认为，管制之初一般是有效的，随着时间的推移，当被管制的行业变得对立法行政程序极其熟悉时，情况就会发生变化，管制机构会逐渐地被管制对象所控制和利用，而为自己带来更高的收益。所以，管制机构的生命循环开始于保护消费者，而终止于保护生产者，最终，管制机构成为被管制者俘获的猎物。

2. 管制寻租说

租的原意是指生产要素所有者获得的收益超过该要素机会成本的剩余部分。所谓寻租是指追求经济利益的非生产性活动，主要是指通过行政手段来阻碍生产要素在不同产业之间的自由流动和竞争，以维护或攫取既得利益的行为。由于寻租活动的存在，市场竞争的公平性遭到破坏，使人们对市场机制的合理性和效率产生了怀疑。

3. 管制供求说

这一学说认为，由于政府的强制力量可以被用来为特定的个人或集体带来收益，所以，管制是一种由政府供给，为特定的个人或集体所需求的产品。它受供求法则所支配，现行的管制安排实际上是供给与需求两种力量相互作用的结果。在需求方面，管制可以提供多种收益，如利率管制、市场准入管制等；在供给方面，管制并非毫无成本，西方国家的民主政治实际上是一种政党政治，政党在决定是否支持某一项管制时，要考虑是否有助于自己竞选，因此，要求管制的产业必须向政党支付所需的两件东西：选票和资源。美国经济学家、诺贝尔经济学奖获得者布坎兰（James M. Buchanan）在《公共产品的供给与需求》一书中，用经济人学说来解释公共选择过程，他认为，只有个体是选择或行动的唯一和最终的实体，一个集体或社会从来不会有真正意义上的选择行为，也不会对某种目标采取最大化努力，即使一个集体面临一组备选方案，真正的选择也只是那些参与决策过程的个人做出的。政治家在其职权范围内将做出最大化自身利益而非选民利益的选择，这种效用满足成为一种政治收入。官僚是政治家所雇佣的实施政策和生产公共物品及劳务的公务人员，他们虽然面临着来自法律和行政制度方面的种种限制，但在其所受限制的范围内，他们会倾向于自身利益最大化，如追逐本部门预算规模的最大化，即使政府发现部门过度扩张成为问题，通常的解决办法不是削减规模，而是进一步膨胀，因为政府惯常的逻辑是：如果什么东西出问题，就让政府来管理它；如果管理者有问题，就对管理者进行管理。

从实践上看，金融风险无处不在，无时不有，只有加强金融监管，防范和化解金融风险，才能阻止金融系统危机的发生。我们可以通过对以下三个案例的分析，得出外部金融监管不可或缺的结论：

其一，英国巴林银行倒闭。1995年，具有230多年历史的英国巴林银行宣布倒闭，原因是该银行在新加坡的期货公司由于金融期货交易发生巨额亏损所致。其关键人物是集前台首席交易员与后台结算主管于一身的尼森，他不遵守巴林银行总部规定的交易限额，经常超额买卖金融期货，由于大量买入日经指数期货，导致巴林银行亏损14亿美元。这一事件表明：除了巴林银行内部控制机制存在严重问题以外，监管当局没有规定外国银行的外汇敞口限额，以及外部审计的覆盖面不全，是造成巴林银行倒闭的重要原因。

其二，亚洲金融危机。1997年，泰国中央银行宣布放弃维持13年之久的泰铢对美元的固定汇率，实行浮动汇率制，引发金融危机。这场危机从市场的角度看，是从外汇市场开始，逐步扩展到货币市场、证券市场、黄金市场和衍生金融工具市场；从地域的角度看，是从泰国开始，逐渐扩展到东南亚各国、东北亚乃至欧洲和美洲。其原因是金融监管缺乏效率，导致房地产投资过热，使银行出现大量呆账，短期贷款和投资过多，经常项目赤字，外债占GDP的比重过高，外汇储备过少，汇率政策不合理等。

其三，美国安然公司破产。美国安然公司是世界最大的能源交易商，掌控着美国20%的电能和天然气交易。自1997年以来，安然公司累计虚报盈利约6亿美元，2001年正式申请破产。其原因有三：一是资产置换，以子公司债务充作母公司收入，并隐藏母公司债务；二是关联交易，以高出市场价的价格向关联公司出售资产，以虚增利润；三是误导性信息披露，向投资者隐瞒重要的财务信息，并进行误导性陈述。这一事件表明，面对上市公司的诚信危机，必须加强对信息披露的监管，以保护投资者利益。

从上述案例的分析中，不难看出：金融行业的特殊性决定了金融监管的必要性。金融业是一个充满风险的行业，金融风险来自于方方面面，不仅有一般行业共有的信用风险、经营风险、市场风险和管理风险，而且有金融业所特有的利率风险、汇率风险、操作风险和国际游资冲击风险，一旦金融机构发生危机，将直接损害众多债权人的利益。不仅如此，金融业还是一个脆弱的行业，表现为金融机构内在的高负债率、金融体系内在的关联性，以及金融资产价格内在的波动性，只有通过外部金融监管，维护金融秩序，保护公平竞争，提高金融效率，才能将风险控制在一定范围之内，以保证金融机构的稳定、金融体系的安全和金融资产价格的合理。

外部监管内容

外部金融监管的内容主要包括三个方面：即市场准入监管、市场运作过程监管和市场退出监管。

一　市场准入监管

所谓市场准入，是指金融机构获得许可证的过程。各国对金融机构实行监管都是从实行市场准入管制开始的。实行市场准入管制是为了防止不合格的金融机构进入金融市场，以保持金融市场主体秩序的合理性。市场准入监管的最直接体现是对金融机构开业登记和审批的管制。如在美国，设立银行可以根据国民银行法案在美国货币监理署注册，称国民银行；也可以根据州银行法律在各州注册，称州立银行；此外，银行还需向美国联邦存款保险公司申请获得联邦存款保险。

二 市场运作过程监管

金融机构获准开业后,监管当局还需对金融机构的市场运作过程进行有效监管。主要包括:

1. 准备金监管

存款准备金制度是增强金融体系稳健性的一个关键因素,监管当局需确保存款性金融机构的准备金是在充分考虑谨慎经营和真实评价业务质量的基础上提取的。

2. 资本充足率监管

资本充足率包括数量和结构两个方面,不仅金融机构的资本数量应高于监管当局所规定的最低标准,还要求保持合理的资本结构,即普通股、优先股、留存盈余、债务资本在资本总额中应占有合理的比重,具体的测量指标可参见《巴塞尔资本协议》。

3. 资产流动性监管

对资产流动性监管是监管当局防止金融机构倒闭的一项极其重要的管制措施。流动性监管既包括对本币流动性的监管,也包括对外币流动性的监管,以考核金融机构资产负债的期限结构和利率结构搭配是否合理为基础,对流动性进行系统评价。有的国家对这两个指标分开来管理,有的国家则合在一起管理,规定统一的标准。

4. 业务范围监管

业务范围监管大体涉及以下内容:金融机构可以经营哪些业务,不可以经营哪些业务;是混业经营还是分业经营,如果是分业经营,一般会禁止商业银行从事投资银行业务;金融机构对工商企业的直接投资是否有限制;银行经营非银行业务是否有限制等。随着金融自由化和一体化的发展以及竞争的加剧,金融业务的传统界限正在逐渐被打破,各国商业银行有向着全能性银行发展的趋势。

5. 存款保险监管

为了维护存款人的利益和金融业的安全，有些国家建立了存款保险制度，规定存款性金融机构须按吸收存款的一定比率向存款保险公司交纳保险金。当某一银行出现支付危机时，由存款保险公司向该银行提供财务支援，或者由存款保险公司直接向存款人支付部分或全部存款，以化解挤兑风潮。参加这一制度的存款性金融机构包括本国银行、外资法人银行和外资银行分支机构，但不包括本国银行设在国外的分支机构。

6. 业务操作监管

业务操作监管主要包括单一贷款限制、对相关人员贷款限制、外汇交易限制。单一贷款限制是指监管当局为了限制贷款投向的过度集中，规定银行对个别借款人的贷款额不得超过银行资本的一定比率，如美国规定任何银行对于单一客户的贷款不得超过该银行资本的 10%。对相关人员贷款限制是指银行不得以优惠的条件和价格向相关人员发放贷款。外汇交易限制是指为了避免外汇交易风险的过度集中，对交易员的外汇交易额度进行数量控制。

三　市场退出监管

市场退出是指金融机构不能偿还到期债务，或者发生法律规定必须退出的事由而不能继续经营，需要进行拯救或破产清算的过程。市场退出的方式有两种：

一种是主动退出，即金融机构因分立、合并或发生法律规定必须退出的事由而自动要求解散。

另一种是被动退出，即金融机构因严重违规或资不抵债，被监管当局依法关闭，取消其经营金融业务的资格。

金融机构市场退出的处理方式大致分为三类：即放宽监管标准、完全退出市场和实施拯救。

1. 对危机金融机构放宽监管标准

这是指为了减少金融机构重组或倒闭带来的负面影响,可以考虑对危机金融机构放松管制,在设立分支机构、跨业经营、存贷款利率,以及资金输出输入等方面,提供具有一定歧视性和垄断性的特许经营制度安排。

2. 危机金融机构完全退出市场

在市场经济条件下,少量金融机构的破产倒闭,不仅符合优胜劣汰的市场竞争原则,也对提高资源配置效率具有重要意义。金融机构完全退出市场的方式主要有:

(1) 金融机构被撤销。这是指监管当局对法人金融机构依法采取行政强制措施,终止其经营活动,对其债权债务进行清算,最终取消其法人主体资格的行为。

(2) 金融机构解散。这是指由于发生了法律规定必须退出的事由,导致金融机构丧失了继续经营的能力,经监管当局核准注销后,其法人资格消失的法律行为。

(3) 金融机构破产清算。这是指金融机构资不抵债,不能偿还到期债务,无法继续经营。破产清算的目的是对没有偿债能力的金融机构实行管制,防止出现挤兑风潮。

3. 对危机金融机构实施拯救

对于陷入困境的大型金融机构,一般先通过各种救助方式予以拯救。主要救助方式有:

(1) 股权私有化。这是指通过股权的私有化或国际化,对危机金融机构进行全面的机构重组。

(2) 股权国有化。这是指在其他救助方式不可行的前提下,将危机金融机构的股权收归国有,以国家信用作担保。

(3) 债权人参与治理。这是指大债权人直接进入危机金融机构的董事会或管理层,参与治理,随时监测其权益,促使其改善经营管理。

（4）重新注资。这是指通过对危机金融机构重新注入资金的办法，来改善其资产负债结构。有股东注资、同业注资、政府注资、中央银行注资和存款保险公司注资等。

（5）资产证券化。这是指通过对流动性弱的资产进行组合，使其产生稳定的现金流收益，然后转变为流动性强且信用等级高的债权型证券的技术和过程。债权型证券的评级可以摆脱发行主体信用等级的限制。

（6）接管。这是一种行政性挽救措施。一般由危机金融机构提出申请或由监管当局实行强制，将危机金融机构的全部经营业务交给托管机构托管，托管机构将在接管期限内，对其经营管理和组织系统进行必要的调整或改组，改善其财务状况。

（7）收购或合并。收购是指一家健康的金融机构以现金或股票交易的方式，购买危机金融机构的全部或大部分股权。如荷兰 ING 银行收购英国巴林银行。合并是指一家健康的金融机构与一家危机金融机构合并其全部资产与负债，形成一家新的金融机构。如日本住友银行与大和银行合并。通过金融机构之间的购并，可以用较低的成本，稳定住金融秩序，以防止金融机构市场退出的负面效应在整个金融体系蔓延。

外部监管方法

外部金融监管的方法主要有：事先筛选法、事后处理法、现场检查法和定期报告分析法。

1. 事先筛选法

这是指在金融机构登记注册时，监管当局需对其进行严格的审查和筛选，防止素质低下的金融机构进入市场，以便减少金融体系的风险性。具体要求包括：具有组织章程；具有充足的资本金；具有固定的经营场所；具有合格的金融业务人员；规定经营范围；参加存款保险；接受金融监管等。

2. 事后处理法

这是指某一金融机构出现有违稳健经营的倾向或者有害公众利益的行为，监管当局应根据具体情况进行妥善处理。如道义劝导，及时提醒金融机构管理层关注所出现的问题；再如责令金融机构调整或撤销某一项业务，并采取相应的措施。

3. 现场检查法

这是指监管当局派出检查小组，到各金融机构进行实地检查。检查的内容包括：金融机构的资本充足率、资产质量、管理水平、清偿能力和收益状况，每一项业务活动的政策、做法和程序，存款与非存款性负债的构成情况，以便全面评估该金融机构的业务经营活动。在检查中，要准确判断金融机构的资本金是否充足；经营活动是否安全、稳健和合法；内部控制和风险管理如何；贷款、投资及其他资产的质量如何；管理层的能力和胜任程度怎样。

4. 定期报告分析法

这是指由金融机构定期地提供资产负债表、损益表、现金流量表、意外负债，以及未偿还信贷额等数据资料，监管当局据此进行分析研究。通常采用两种分析方法：即趋势分析法和对比分析法。趋势分析法是指对同一金融机构不同时期的财务比率进行比较分析，以观察一定时期内某一比率的变化趋势。对比分析法是指对不同金融机构的资本充足率、资产质量、流动性和盈利水平进行对比分析，寻找其中的特殊性和潜在的风险性。

外部监管体系

外部金融监管体系是指金融监管体系和基本制度的总称，其实质是由谁来监管，按什么样的组织结构来监管。金融监管体系取决于金融经营模式的选择。从20世纪30年代至80年代之间，西方国家存在两大金融模式，即以美国为代表的分业经营、分业监管模式和以德国为代表的混业经营、统一监管模式。分业经营制是指银行业、证券业、保险业分开经营，其核心业务各不相同，互不交叉，其机构分开设立，互不隶属。混业经营制是指同一金融机构可以同时经营银行、证券、保险业务，以促进金融机构之间的有效竞争和创新能力。20世纪80年代以后，英国、日本等国纷纷进行了金融体制改革，打破了分业经营的金融模式，走向混业经营。美国国会于1999年通过了《金融服务现代化法案》，废止了《格拉斯—斯蒂格尔法》，在长达一个多世纪的时间里，美国经过了从混业到分业、再到混业的历程，至此，混业经营成为一种发展趋势，世界上所有的发达国家都实行了混业经营。

混业经营之所以会形成对分业经营的否定，是因为分业经营存在着如下弊端：

其一，在金融创新和金融国际化的背景下，分业经营已不是防范金融风险的有效办法。

其二，随着金融市场的全球化和一体化，分业经营对银行国际竞争力的束缚作用日益显现。

其三，非银行金融机构对银行业务的渗透，使银行的生存日益艰难，为了拓展新业务，必须实行多元化经营。

其四，随着银行、证券、保险三者的产品日益趋同，不同类型金融机构之间的界限日益模糊，失去了分业经营的前提条件。

混业经营无疑对分业监管模式提出了挑战。如美国实行的是细致的分业监管模式：联邦储备系统负责监管所有的存款机构；货币监理署负责监管在联邦政府注册的商业银行；存款保险公司负责监管商业银行、互助储蓄银行、储蓄贷款协会；储蓄监管局负责监管储蓄贷款协会；州银行保险委员会负责监管保险公司和在州政府注册的存款机构；全国信用社管理局负责监管在联邦政府注册的信用社；证券交易委员会负责监管证券交易所、投资银行；商品期货交易委员会负责监管期货市场、衍生金融工具市场。而在混业经营条件下，分业监管的结构会带来许多问题，从事相似的业务不能得到相同的监管待遇，不利于公平竞争。监管模式必须与监管对象的结构相适应，既然金融机构越来越多地在一种联合法律实体的基础上管理风险，那么，将银行、证券、保险三者的监管结合起来的统一监管模式似乎更顺理成章。如日本成立了金融监管厅，由其接管大藏省的银行、证券和保险的监管权。英国成立了金融服务监管局，由其统一负责金融业的监管。与此同时，许多国家正在努力加强现有监管机构之间的协调，各监管机构之间签订的谅解备忘录正在大幅度上升。

在外部金融监管体系中，需要明确中央银行的地位。从世界各国的实践情况来看，大体上有三种模式：

一是中央银行既承担实施货币政策职能，又承担全部的金融监管职责。

二是中央银行既承担实施货币政策职能，又承担银行业监管职责。

三是中央银行只承担实施货币政策职能，不承担金融监管职责。

一般认为，无论采用哪种金融监管模式，中央银行对商业银行和货币市场的监管作用仍然是极为重要的。

金融监管可以按金融业务来划分监管对象，称为功能监管；也可以按金融机构来划分监管对象，称为机构监管。若按功能和机构的划分原则来划分金融监管模式，可分为五种类型：

1. 统一监管型

这是指对于不同的金融机构和金融业务，无论是审慎监管还是业务监管，都由一个机构负责监管。如德国、英国和日本等。

2. 多头监管型

这是指将金融机构和金融市场划分为银行、证券、保险三个领域，分别设立专门的监管机构，负责各自领域的审慎监管和业务监管。如中国。

3. 牵头监管型

这是指确定一个监管机构作为牵头监管机构，负责不同监管机构之间的协调，在不同监管机构之间建立磋商协调机制，相互交换信息，以防止可能存在的监管真空或业务交叉。如法国。

4. 伞状功能监管型

这一模式主要针对金融控股公司的监管，即从整体上指定联邦储备系统作为金融控股公司的伞状监管人，负责其综合监管；金融控股公司又按所经营的业务种类分别接受不同行业的功能监管人的监管。伞状监管人与功能监管人之间必须相互配合。如美国。

5. 双峰监管型

设立两类监管机构：一类负责对所有金融机构进行审慎监管，以控制金融体系的系统性金融风险；另一类负责对不同金融业务进行监管，以达到双重保险的作用。如澳大利亚设立审慎监管局，负责所有金融机构的审慎监管，另设证券与投资委员会负责市场一体化和保护投资者的监管。

巴塞尔协议及其实施

外部监管的发展是一个不断完善的过程，由于最初的外部监管只是单纯地依赖于中央银行，通过存款保险制度来弥补银行破产给客户造成的损失，所以，这些措施只能起到亡羊补牢的效果，没有针对银行的经营过程而提出相应的要求，这样的监管不仅没能达到限制或缩小风险的作用，反而容易产生道德风险。

1974年，德国赫尔斯塔银行和美国富兰克林国民银行的倒闭，促使银行监管的国际化提到议事日程。1975年，第一个《巴塞尔协议》出台。这个协议极为简单，主要针对国际银行监管主体缺位的现实，强调任何国外金融机构都不能逃避监管，由母国和东道国共同承担监管责任。1983年，对《1975年巴塞尔协议》进行了修改，所包含的内容更加明细化和具体化，明确母国和东道国的监管责任和监管权利，体现监管必须充分的原则。1988年，巴塞尔银行管理和监督行动委员会通过了《关于统一国际银行资本衡量与资本标准的协议》，简称《1988年巴塞尔协议》，成为国际银行业风险管理最具代表性的监管原则。1996年，公布《巴塞尔资本金协议市场风险修正案》。1997年，推出《有效银行监管的核心原则》。在上述五个文件中，《1988年巴塞尔协议》是关于银行资本最基础的文件。

一 《1988年巴塞尔协议》

《1988年巴塞尔协议》的主要内容有四个方面：即资本定义、资产的风险权重、资本充足率标准和过渡期安排。

1. 资本定义

银行总资本分为核心资本和附属资本两部分。核心资本（又称一级资本）由股本、税后利润中提取的储备金所组成。附属资本（又称二级资本）由未公开储备、重估储备、普通呆账储备金、带有债务性质的资本债券、长期次级债券所组成。核心资本至少占全部资本的50%。

2. 资产的风险权重

根据资产的类别、性质以及债务主体的不同，将银行表内资产分为五类，其风险权重分别是：0%、10%、20%、50%、100%，风险越大，权重越高，而权重越高的资产，所需要的资本补偿就越多。其中：

（1）0%风险权重的资产。包括现金；中央银行债券；对经济合作与发展组织（即OECD）成员国中央政府或中央银行的其他债权；用现金或者用OECD成员国中央政府债券作抵押，或者由OECD成员国中央政府提供担保的贷款。

（2）10%风险权重的资产。其风险度介于0%风险权重的资产与20%风险权重的资产之间。

（3）20%风险权重的资产。包括对多边开发银行的债权，以多边开发银行债券作抵押或由多边开发银行提供担保而发行的债券；对OECD成员国注册银行的债权或者由OECD成员国注册银行提供担保的贷款；对OECD以外国家注册银行的1年期以内债权或者由OECD以外国家注册银行提供担保的1年期以内贷款；托收中的现金款项；对OECD成员国公共机构的债权或者由OECD成员国公共机构提供担保的贷款。

（4）50%风险权重的资产。包括：以居住用途的房产作抵押的贷款。

（5）100%风险权重的资产。包括对私人机构的债权；对OECD以外国家中央政府的债权；对公共部门所属的商业公司的债权；房屋设备和其他固定资产；不动产和其他投资；所有其他资产。

银行可以在风险权重测定的基础上，利用加权平均法，将各项资产的货币数额乘以其风险等级权重，得到该项资产的风险加权值，然后再累加，得到银行表内风险加权资产。

对于表外风险的测算，《1988年巴塞尔协议》建议使用信用转换系数，将表外业务转换成表内业务，然后，再根据同等性质的项目进行风险加权。银行的表外业务分为五类，对前四类分别给定了信用转换系数，第五类属于与外汇和利率相关的或有项目，需作特别处理。其中：

（1）100%信用转换系数的表外业务。包括直接信用替代工具；销售和回购协议以及有追索权的资产销售；远期资产购买。

（2）50%信用转换系数的表外业务。包括某些与交易相关的或有项目；票据发行便利；其他初始期限在1年以上的承诺。

（3）20%信用转换系数的表外业务。包括有自行偿付能力的与贸易有关的或有项目。

（4）0%信用转换系数的表外业务。包括类似初始期限在1年以内的或者在任何时候可以无条件取消的承诺。

（5）与外汇和利率相关的或有项目。可能损失的仅仅是替换成本，不是代表其面值的信用风险，故建议使用风险暴露法和初始风险暴露法，进行特别处理。

3. 资本充足率的标准

资本充足率是指银行资本与风险加权资产的比率，是银行资本数量必须超过监管当局所规定的能够保障正常营业，并且足以维持充分信誉的最低限度。银行资本的主要作用有：

一是承担风险和吸收损失。

二是供业务发展的基础。

三是为银行提供持久的资金来源。

四是保证银行管理的安全和稳健。

五是为银行股东提供持久的收入来源。

制定最低的资本充足率，鼓励银行高于最低标准持有更多的资本金，将有助于降低存款人、债权人和其他有关利益方遭受损失的风险，有助于监管当局实现整个金融体系的稳定。《1988年巴塞尔协议》规定，所有签约国从事国际业务的银行，其资本充足率应达到8%，核心资本充足率至少为4%。

4. 过渡期安排

《1988年巴塞尔协议》规定，从1987年底到1992年底为统一国际银行资本衡量和资本标准的过渡期。

二 《2004年巴塞尔协议》

随着金融自由化、全球化的趋势迅速扩张，衍生金融工具的品种和交易数量不断增长，《1988年巴塞尔协议》难以解决银行管理过程中出现的新情况和新问题，新的风险管理方法需要得到法律的认可，因此，重新修改和补充原有的条例变得日益迫切。1999年，巴塞尔银行管理和监督行动委员会发布《新的资本充足率框架》第一次征求意见稿。2001年，发布第二次征求意见稿。2003年，发布第三次征求意见稿。2004年，巴塞尔新资本协议正式出台，取代了实施多年的《1988年巴塞尔协议》。十国集团的成员国将于2006年底之前全面实施新协议。

《2004年巴塞尔协议》是对《1988年巴塞尔协议》的提升和深化，反映了当今先进的风险管理技术和监管理念，代表了资本监管的大方向。新协议的核心内容是全面提高风险管理水平，准确地识别、计量和控制风险，将最低资本金要求、监管当局的监督检查和信息透明三者有机地结合在一起，力求把发达国家在实践中被证明是行之有效的资本监管方法固定下来，银行可以根据自身的发达程度来选择适合自己的风险度量方法。新协议具有以下几个特点：

1. 使资本水平能够更真实地反映银行风险

新协议强调：要借助外部信用评估机构，来确定资产风险权重，计量最低资本金需求，使风险度量更为客观。银行资本储备除了要反映信用风险以外，还必须反映市场风险和操作风险。在信用风险的衡量和计算方法上，强调自律行为与外部评估结果相结合，在此基础上，提供了三个可供选择的方案：即标准法、初级内部评级法和高级内部评级法，强调以内部评级法为基础来衡量风险资产，进而确定和配置资本。初级法与高级法的区别主要表现在数据要求上，初级法要求的数据主要由监管当局确定，高级法要求的数据则由银行自己提供。在确定资本水平时，要充分考虑各种风险缓释技术和工具的影响。在评估资产风险权重时，要考虑抵押品的价值和质量、担保人的信用和能力等因素。这些规定扩大了银行风险管理的涉及范围，使风险计量更为谨慎而周密，方法也更趋科学。

2. 强调银行内控机制建设

新协议强调：综合考虑各种风险因素的充足的资本储备是银行风险管理的第一根支柱，外部信用评级与内部评级体系是确定最低资本充足水平的依托。允许符合条件的银行采用内部评级系统确定资产风险权重和最低资本充足要求，允许内部评级制定的资本充足率低于外部评级。银行可以在降低资金成本的同时，积极开展在风险度量、管理方法上的投资和研究。这些规定强化了银行建立内控机制的责任，也增加了银行风险管理手段的灵活性。

3. 强调监管当局的准确评估和及时干预

新协议强调：监管当局的准确评估和及时干预是银行风险管理的第二根支柱。监管当局要根据银行所处市场的性质、收益的可靠性和有效性来判断银行是否达到资本充足率的要求，要评估银行资本水平是否与实际风险相适应，要根据银行风险状况和外部经营环境的变化，提出高于最低限度的资本金要求。当银行的资本规模低于最低要求时，监管当局需及时进行干预。为了促进银行由初级内部评级法向高级内部评级法过渡，监管当局要建立相关的数据库，促成这一阶段尽快完成。要评估银行内部评级体系是否科学可靠，及时检查银行内部评估程序和资本战略，使银行资本水平与风险程度相匹配。要加快制度化进程，要求所有银行提交完备的资产分类制度安排和内部风险评估制度安排。这些规定强化了监管当局的职责，也硬化了对银行风险管理的监管约束。

4. 强调银行资本管理的透明度和市场约束

信息透明和市场约束是银行风险管理的第三根支柱。市场是一股强大的推动银行合理配置资源并控制经营风险的外在力量，通过市场能够有效地评价银行的经营状况和竞争实力。如果市场利益相关者（包括存款人、债权人和银行股东）判断一家银行的经营风险较高，那么，存款人和债权人就会相应的要求更高的利息，其他交易对手也会要求较高的风险溢价、额外的抵押品或其他安全措施，这就必然会影响到该银行的经营成本和市场竞争力。相反，如果市场利益相关者判断一家银行的经营风险较低，那么，该银行就会获得较宽松的经营环境，以更有利的价格和条件获得资金。通过这种市场奖惩机制，可以促使银行保持充足的资本水平，支持监管当局更有效地工作。银行应向社会及时披露关键信息，包括资本构成、资本充足率、风险资产及度量标准、内部评级系统及计量方法、风险资产管理制度及程序等，要逐步提高信息披露标准，严格披露程序，提高信息质量。在条件成熟时，要推动会计制度的国际化，提高会计信息的一致性和可比性，引进国际权威的会计师事务所，发挥审计监督职能，保证会计信息的准确性。这些规定有助于强化银行的市场约束，提高外部监管的可行性和及时性。

总而言之，银行业是金融体系的中枢，它的风险状况以及内部控制机制的完整性和充分性，将直接影响到银行业的经营状况，进而影响到对股东的投资回报率、对债权人的可偿性以及整个金融体系的稳定性。因此，虽然《2004年巴塞尔协议》只是提高全球银行业风险管理水平的现实要求，但是，它对于非银行金融机构风险管理制度的建设具有重大的借鉴意义。

三 中国银行业资本充足率管理办法

中国银行业监督管理委员会根据《2004年巴塞尔协议》的

要求，颁布了《商业银行资本充足率管理办法》，规定：2007年1月1日为商业银行资本充足率的最后达标期限。在过渡期内，未达标的商业银行要制定切实可行的资本补充计划。银行资本充足率是否充足，重要前提是贷款损失准备是否充足。银行资本充足率的计算应建立在充分计提贷款损失准备的基础之上。贷款损失准备包括一般准备、专项准备和特种准备。一般准备是指根据全部贷款余额的一定比例（如1%）计提的，用于弥补尚未识别的可能性损失的准备。专项准备是指对贷款进行风险分类以后，按每笔贷款损失的程度计提的，用于弥补专项损失的准备。特种准备是指针对某一国家、地区、行业或某一类贷款风险计提的准备。特种准备由银行根据不同类别贷款的特殊风险情况、风险损失概率以及历史经验，自行确定计提比例。贷款损失准备由银行总行统一计提。银行应以贷款风险分类为基础，建立审慎的贷款损失准备制度，其中关注贷款的计提比例为2%，次级贷款的计提比例为25%，可疑贷款的计提比例为50%，损失贷款的计提比例为100%，次级贷款和可疑贷款的计提比例均可以上下浮动20%。

商业银行风险资产权重的规定如下：

（1）库存现金、黄金、存放中国人民银行款项、对中国中央政府的债权、对中国人民银行的债权、对评级为AA级及以上的国家或地区政府和中央银行的债权、对中国政策性银行的债权、中国金融资产管理公司为收购国有银行不良贷款而定向发行的债券、对中国商业银行原始期限四个月以内的债权、对多边开发银行的债权，其权重为0%。

（2）对中国商业银行原始期限四个月以上的债权、对评级为AA级及以上国家或地区注册的商业银行或证券公司的债权，其权重为20%。

（3）对评级为AA级及以上国家或地区政府投资的公用企业

的债权、对中国中央政府投资的公用企业的债权、对个人住房抵押贷款,其权重为50%。

(4) 对评级为 AA 级以下国家或地区政府和中央银行的债权、对评级为 AA 级以下国家或地区政府投资的公用企业的债权、对其他公用企业的债权、对中国金融资产管理公司的其他债权、对评级为 AA 级以下国家或地区注册的商业银行或证券公司的债权、对在其他国家或地区注册的其他金融机构的债权、对企业和个人的其他债权、其他资产,其权重为100%。

(5) 对于中间业务的信用风险也应计提资本。

(6) 对于表外风险资产,应乘以信用转换系数,转换成表内风险资产,然后再根据交易对象的属性确定风险权重,计算表外的风险加权资产。其信用转换系数如下:

等同于贷款的授信业务、信用风险仍在银行的资产销售与购买协议,其信用转换系数为100%。

与某些交易相关的或有负债、其他承诺,其信用转换系数为50%。

与贸易相关的短期或有负债,其信用转换系数为20%。

原始期限不足1年的承诺、原始期限超过1年但可以随时无条件撤销的承诺,其信用转换系数为0%。

对于汇率、利率及其他衍生产品合约的风险加权资产,使用现期风险暴露法计算。在计提各类风险所对应的资本时,应充分考虑有关质物和保证主体提供的保证所具有的风险缓释作用。

(7) 银行境外债权的风险权重,以相应国家或地区的外部信用评级结果为基准,不同评级公司对同一国家或地区的评级结果不一致时,选择较低的评级结果。

第十八章 金融危机预警

一炬有燎原之忧,而滥觞有滔天之祸。

《苏轼·论周穜擅议配享自劾札子》

关于金融危机,一直是经济学家们关注和研究的重要问题。几乎所有的发达国家在其经济高速发展阶段,都经历过严重的金融危机。例如17世纪的荷兰,1880年代至1910年代的英国,1890年代至1930年代的美国。统计资料显示:金融危机发生的频率从20世纪70年代以来,呈现上升趋势。如20世纪80年代美国储蓄贷款协会发生支付危机;80年代末90年代初丹麦、挪威、瑞典和芬兰等北欧四国发生银行危机;90年代日本发生银行危机;1994年墨西哥爆发金融危机;1997年由泰国引发亚洲金融危机等。因此,对金融危机的预测与防范成为许多国家政府进行宏观经济管理的重要内容。

金融危机及其特点

何谓金融危机,至今仍没有一个准确的定义。从危机形成的角度看,金融危机是金融风险大规模积聚爆发的结果。美国经济学家凯明斯哥(Kaminsky)认为:金融危机是指由于信用基础遭受破坏而导致的整个金融体系的动荡和混乱。中国学者刘园和王达学在《金融危机的防范与管理》一书中指出，金融危机是指一国或一个地区金融系统的动荡超出金融监管部门的控制能力，造成其金融制度混乱，进而对整个经济造成严重破坏的过程。这一定义从宏观层面出发，对金融危机的爆发进行了定性描述，同时将金融危机的影响延伸到非金融领域。这就是说，金融危机的外延分为两个层次：

第一层次是在金融领域，表现为：货币急剧贬值，国家信用等级下降，国际收支出现巨额逆差，汇率机制遭受攻击而趋于崩溃，市场利率上升，国内商业信用锐减，处置银行不良资产的财政成本剧增，银行发生挤兑风潮而趋于倒闭，资本市场行情低落，大量资本外流等。

第二层次是在非金融领域，表现为：整个经济体系受到强烈冲击，企业效益急剧下降而趋于破产，失业率上升，居民消费信心不足和生活水平下降，房地产价格大幅度下跌，对外贸易量萎缩，经济衰退，政治稳定受到威胁等。

纵观20世纪爆发的各次世界性金融危机，我们可以将金融危机的特点归纳如下：

1. 突发性

纵观各次金融危机，无论是股市崩盘、银行挤兑，还是汇率大幅度贬值、国际债务危机，都发生得很突然。虽然有先见之明的人提出过警告，但往往被视为"杞人忧天"，没有引起人们足够的重视。金融危机的突发性缘于金融风险的突发性。当金融风险在数量上慢慢积聚时，只要未达到临界点，就不会发生根本性变化，而当金融风险不断聚集，接近临界点时，只要小小的外力推动，就会导致金融危机的大规模爆发。

2. 传染性

金融危机的传染性主要表现在两个方面：

一是货币危机、银行危机、股市危机与债务危机之间相互传染,既可能是银行危机导致货币危机、债务危机和股市危机,也可能是股市危机引发货币危机、银行危机和债务危机。这一现象称之为金融危机的种属传染。因为货币市场、信贷市场、证券市场与外汇市场之间的联系非常紧密,其间并没有不可逾越的天然鸿沟,所以,金融危机的发生往往是全局性的。

二是金融危机通过贸易关系或融资关系而在国与国之间、地区与地区之间相互传染,这一现象称之为金融危机的地理传染。金融危机的地理传染与种属传染之间具有交叉性,即一国的股市危机可能引发另一国的银行危机。例如20世纪30年代的世界经济大萧条,首先在美国纽约证券交易所发生股市危机,迅速引发银行危机和美元危机,然后再波及英国、法国、德国和日本等。金融危机具有传染性,表明在建立金融危机预警系统时必须考虑国际因素。

3. 可测性

金融危机从本质上看,是金融风险长期积累引爆的结果。如前所述,金融风险是可以度量和预测的,所以,我们可以通过量化金融风险,来判断发生金融危机的可能性。当然,金融危机正如地震一样,目前还不可能被准确无误地预测,何时发生、"震级"多大,只能在一定的置信度范围内进行预测。问题的关键在于预警指标的选择和预警模型的构建,这将直接影响到金融危机预警系统的先进性。

金融危机预警理论

对金融危机预警的研究开始于20世纪70年代末,随着亚洲金融危机的爆发,经济理论界形成了对金融危机预警研究的热潮。

所谓预警,是指对某一事物未来可能出现的危险或危机提前发出警报的一种经济活动,目的是为了减少或避免经济损失。预警系统是指通过运用某种统计方法,对危险或危机程度进行量化,并根据历史经验或事先确定的临界值,来判断各个时期系统运行状况而建立的分析体系。

金融危机预警系统是指运用某种统计方法,预测某一国家或某一地区在一定时间内发生货币危机、银行危机、债务危机和股市危机可能性大小的宏观金融监测体系。金融危机预警系统之所以被称之为系统,是因为它是由预警方法、预警指标、预警模型、制度安排、管理信息系统等多个方面所构成的,各个方面又包括许多细节性事宜,如数据库、单个指标与指标体系的临界值、金融危机的判断标准,以及警报发出后的应对措施等。在各个相对独立的部分确定之后,最终要求通过信息系统,将其联系在一起,形成一个有机的整体。

一 金融危机预警指标研究

在金融危机预警指标研究中,国外学者主张运用经济动力学、控制论、系统论、协同论和风险管理理论等基本原理,以及神经网络、参数拟合、突变论和多维定位等手段,来揭示金融风险内生性与外生性的动力机制如何交互作用于金融活动,探讨在一定时空跨度内一国特定的经济环境对金融安全的影响,将金融安全中的多种权系数向量和状态系数向量进行有效的整合,凭此设计出该国金融危机预警指标体系。在这一方面作出突出贡献的有:

1979 年,美国经济学家比尔生(John F. O. Bilson)在《哥伦比亚世界经济杂志》上发布了货币贬值的先行指标。

1996 年,美国经济学家哥德斯坦(Goldstein)通过研究新兴市场经济国家金融脆弱性特征信号,选择了一批预警指标。

1998 年,国际货币基金组织的金融专家拜哥(Andrew

Berg)和派提罗(Pattilllo)评价了1998年以前提出的三大预警模型(即 FR 概率模型、STV 横界面回归模型和 KLR 信号分析法)的预警效果,指出预警效果的好坏与预警指标选择的好坏密切相关。

1999年,美国经济学家凯明斯哥(Kaminsky)针对亚洲金融危机的实际,设计出新的金融危机预警系统,选择了17个预警指标和4个合成指标,并评价了各项指标的预警能力。

二 金融危机预警模型研究

在金融危机预警模型研究中,国外有些学者主张运用神经网络技术来构建金融危机实时监测预警系统;有些学者主张运用线性与非线性相结合的方法,来分析金融风险与金融安全的转化机制,在预警系统中进行关联分析和不确定性推理;还有些学者主张运用经济动力学和突变论的一些原理,来设计一国金融危机监控度量的基本模型,将金融危机的界面控制参数进行拟合,以形成直感和操作性强的结果。在金融危机预警模型的设计方面作出突出成就的有:

1996年,弗兰克(Frankel)和罗斯(Rose)以100个发展中国家在21年时间内发生的金融危机为研究对象,以这些国家各个引发因素的年度数据为样本数据,进行最大对数似合估计,估计出各个引发因素的参数值,根据估算的参数值来估计外推年度的各个引发因素的取值,这就是 FR 概率模型。

1996年,塞克斯(Sachs)、托奈(Tornell)和维拉斯哥(Velasco)为了解决国别的差异性问题,设计出 STV 横界面回归模型。其基本方法是:先确定对形成危机有重要作用的变量,定义危机指数,选择危机成因相似的一组国家作为研究对象,以其月度数据为样本数据,在此基础上,通过多元线性回归模拟,建立预警模型,通过危机指数的大小来估计和反映外推年度的某一国家发生金融危机的可能性。待估计模型为：

$$IC = \beta_1 + \beta_2 RED + \beta_3 PCG + \beta_4 RED \times D_1 \\ + \beta_5 PCG \times D_1 + \beta_6 RED \times D_2 + \beta_7 PCG \times D_2$$

上式中，IC 表示危机指数；RED 表示实际汇率的贬值幅度；PCG 表示私人信贷增长率；D_1 表示第一个虚拟变量；D_2 表示第二个虚拟变量；$\beta_1 \sim \beta_7$ 表示参数向量。

1997 年，凯明斯哥（Kaminsky）、利仲多（Lizondo）和瑞哈特（Reinhart）选择 15 个月度指标，提出了 KLR 信号分析法。1999 年，凯明斯哥进一步完善了信号分析法，将月度指标扩大为 21 个。其基本方法是：选择 21 个月度指标，根据这些指标的历史数据确定其临界值，当某个指标的临界值在某一时间区间被突破，就意味着这一指标发出了一个危机信号，发出的危机信号越多，表示某一国家在未来两年内发生金融危机的可能性就越大。

构建中国金融危机预警系统

我们应该清醒地认识到，随着中国加入 WTO 的五年过渡期结束以后，中国金融安全所面临的形势将更加严峻：一方面，金融业开放步伐会进一步加快，金融体制改革的深化程度会进一步加强，新的金融会得到快速催生，衍生金融业务会得到迅猛拓展；另一方面，国内金融基础仍很脆弱，金融监管体系不够健全，金融高级人才十分短缺，金融风险难以在短期内得到有效化解。因此，为了保证中国金融体系的安全而有效地运行，必须设计出相应的金融危机预警系统。建立该系统的目的是为了获得超前预警指示信息，缩短货币政策的时滞，消除时滞误差，平抑金融波动，保障金融安全。具体地说，构建一个完善的金融危机预

警系统,主要应包括以下五个方面:

1. 金融危机预警方法

预警方法是建立预警系统的指导思想,是预警系统中一个无形的核心成分。选择什么样的预警方法是建立预警系统的起点,也是最为关键的一步,它指导着预警指标的选择和预警模型的创建,不同的预警方法将会衍生出不同的预警指标体系和不同的预警模型。预警方法一般分为先行指标法和信号显示法两类。先行指标法是指通过选择反映金融运行态势及特征的先行指标体系来预警的方法。信号显示法是采用类似交通管制信号系统的方法,来反映金融运行的变化态势。

2. 金融危机预警指标

所谓金融危机预警指标,是指对金融危机的发生能够提前发出预报示警的各种经济和金融指标。这一类指标的选择标准是:

(1) 相关性。即这一类指标与发生金融危机的可能性之间有密切联系。

(2) 显著性。即这一类指标在平静期和危机期的表现会发生明显的差异。

(3) 可测性。即金融监管当局能够迅速获得这一类指标的准确数据。

根据中国金融运行的现状,我们认为,金融危机预警指标体系应包括以下四大类:

一是货币危机预警指标,共14个,包括:
GDP;
M_2乘数;
贸易条件;
国际储备;
实际汇率;
实际利率;

进出口总额；

M_1 超额供给量；

短期外债余额；

资本项目管制程度；

M_2 与国际储备比率；

国内外实际利率偏差；

国内信贷额与 GDP 比率；

经常项目差额与 GDP 比率。

二是银行危机预警指标，共 12 个，包括：

通货膨胀率；

消费增长率；

投资增长率；

资本产出率；

GDP 实际增长率；

进口实际增长率；

储蓄存款变动率；

公共部门贷款额；

私人部门贷款额；

利率市场化程度；

银行体系资产质量；

银行体系资本充足率。

三是股市危机预警指标，共 10 个，包括：

预期利率；

股票交易量；

股票价格指数；

国家产业政策；

国外金融危机；

预期经济增长率；

国内外重大事件；
国内重大经济决策；
资本输出输入总额；
上市公司整体质量。
四是债务危机预警指标，共 13 个，包括：
负债率；
偿债率；
债务出口比率；
债务增长系数；
债务利用系数；
成本条件系数；
期限条件系数；
偿债能力转换系数；
储备偿还能力系数；
到期利息与出口比率；
到期利息与 GDP 比率；
还本付息与 GDP 比率；
短期债务与总债务比率。

3. 金融危机预警模型

这是在选取特定样本的基础上，借助于计量分析模型来描述预警指标（即自变量）与发生金融危机的可能性（即因变量）之间的函数关系。

在金融危机预警模型的选择方面，FR 概率模型的准确性较差，其原因有两个：一是由于在三次估计中所使用的数据是同一个样本数据，样本数据的重复使用会导致信息过度使用，客观上影响了预测的准确性；二是此模型应用各国样本数据估计出统一的参数向量，作为各个引发因素引发金融危机的权重，没有考虑到各国之间各个引发因素的差异性。而运用 STV 横界面回归模型最大的困难是很难为中国寻找到相似的样本国。所以，相比较而言，KLR 信号分析法的指标体系比较完善，准确性较高，操作性较强，我们认为，应该在这一预警模型的基础上，根据中国金融运行的客观实际进行必要的修正，构建具有中国特色的金融危机预警模型。

4. 金融危机预警传导机制

这是由专门设立的金融危机预警委员会以及由中国人民银行、银监会、证监会、保监会、各类金融机构的相关部门形成的预报示警传递网络所构成。金融危机预警委员会负责其日常管理工作，包括对相关数据的收集和管理，进行模拟仿真研究，发出预报示警，提出应对措施等。

5. 金融危机预警信息系统

这是为预测发生金融危机的可能性，并根据预警信号采取相应对策而专门开发的计算机软件系统。开发该系统的目的是在特定的金融环境下，确认一个国家在不同时期发生金融危机的可能性，并根据系统发出的预警信号采取相应对策，为政策制定者提供决策参考。根据上述要求，该系统应该采用全菜单功能检索，通过功能选择菜单进入以下四个功能模块：

(1) 预警数据处理模块。这一模块的功能包括：数据的采集和输入，单个指标的数据处理，预警模型的数据处理，数据的转换和传输，数据文件的建立和维护等。

(2) 预警临界值管理模块。这一模块可以根据预先确定或适时更新的临界值，自动输出最终结果。有临界值确定和临界值更新之分，临界值确定是根据随机选择的单个或合成指标的历史数据进行实证分析、模拟而确定，临界值更新通常是在一定期间（如一年）进行的，以确保预警信号的可靠性。

(3) 预警信号系统模块。这一模块的功能是将预警值与临界值进行对照，分析警兆和警情，测定警限和警度，判断金融运行落入的信号区间,并亮出相应的指示灯,绘制信号图。其中:警兆是指反映警情征兆的情报信息。警情是指预警对象异常运行的各种不同状态。警限是指预警区间的上下警戒线。警度是指警情的等级,以量化评分数值来表示。

(4)金融危机对策备选模块。这一模块的功能主要是提供各种可供选择的挽救措施,当某一预警信号发出时,为决策者提供有针对性的程式化操作工具。

参考文献

1. John R. Hicks（1967）：Critical Essays in Monetary Theory, Oxford, Clarendon Press.
2. Milton Friedman（1969）：The Optimum Quantity of Money and Other Essays, Chicago, Alaine.
3. Milton Friedman（1971）：A Theoretical Framework for Monetary Analysis, New York, National Bureau of Economic Research.
4. James Tobin（1982）：Essays in Economics, vol.3, Theory and Policy, Cambridge, Massachusetts, MIT Press.
5. Franco Modigliani（1956）：Problems of Capital Formation：Concepts, Measurements and Controlling Factors, Princeton University Press.
6. Harry M. Markowitz（1959）：Portfolio Selection：Efficient Diversification of Investments, John Wiley and Sons.
7. Merton M. Miller（1997）：Merton Miller on Derivatives, John Wiley and Sons, Inc.
8. William F. Sharpe（1970）：Portfolio Theory and Capital Markets, McGraw-Hill, New York.
9. Robert C. Merton（1990）：Continuous-Time Finance, Basil Blackwell, Inc.
10. Robert C. Merton and Zvi Bodie（1997）：Finance, New

Jersey: Prentice-Hall.
11. Robert A. Mundell (1971): Monetary Theory: Interest, Inflation and Growth in the World Economy, Pacific Palisades, CA: Goodyear.
12. Robert A. Mundell and J. J. Polak (1978): The New International Monetary System, New York: Columbia University Press.
13. Joseph E. Stiglitz and G. F. Mathewson (1986): New Developments in the Analysis of Market Structure, Cambridge, Massachusetts, MIT Press.
14. R. I. Mckinnon (1973): Money and Capital in Economic Development, Washington: Brookings Institution.
15. E. S. Shaw (1973): Financial Deepening in Economic Development, New York: Oxford University Press.
16. Daniel Kahaneman and Amos Tversky (1982): The Psychology of Preferences, Scientifie American, January.
17. J. M. Keynes (1936): The General Theory of Employment, Interest and Money, London.
18. J. M. Keynes (1930): A Treatise on Money, London.
19. A. C. Pigou (1917): The Value of Money, Quarterly Journal of Economics.
20. I. Fisher (1922): The Purchasing Power of Money, New York.
21. W. Baumol (1952): The Transactions Demand for Cash: an Inventory Theoretic Approach, Quarterly Journal of Economics.
22. J. Tobin (1956): The Interest Elasticity of the Transactions Demand for Money, Review of Economics and Statistics.
23. Franco Modigliani (1968): Liquidity Preference, International Encyclopaedia of Social Sciences.

24. G. Cassel (1922): Money and Foreign Exchange After 1914, London.
25. J. M. Keynes (1923): A Tract on Monetary Reform, London.
26. A. Marshall (1924): Money, Credit and Commerce, London.
27. A. P. Lerner (1944): The Economics of Control, London.
28. S. S. Alexander (1952): Effect of a Devaluation on a Trade Balance, IMF Staff Papers.
29. Hyman Minsky (1982): The Financial Fragility Hypothesis: Capitalist Process and the Behavior of the Economy, in Financial Crisis, Cambridge University Press.
30. John B. Taylor (1993): Macroeconomic Policy in the World Economy: From Econometric Design to Practical Operation, New York: W. W. Norton.
31. Anthony J. Cornyn and Elizabeth Mays Editors (1997): Interest Rate Risk Models: Theory and Practice, Glenlake Publishing Company.
32. Charles Goodhart and Boris Hofmann (2001): Asset Prices, Financial Conditions and the Transmission of Monetary Policy, Paper Prepared for the Conference on "Asset Prices, Exchange Rate and Monetary Policy" Stanford University.
33. G. S. Becker (1991): A Note on Restaurant Pricing and Other Examples of Social Influences on Price, Journal of Political Economy, vol. 99.
34. Jeffrey Frankei and Andrew Rose (1996): Currency Crashes in Emerging Markets: An Empirical Treatment, Journal of International Economics, vol. 41.
35. Anthony Saunders (1999): Credit Measurement, John Wiley and Sons, Inc.

36. Paul Masson (1999): Contagion: Macroeconomic Models with Multiple Equilibrium, Journal of International Money and Finance, vol. 18.
37. M. Fry (1988): Money Interest, and Banking in Economic Development, Baltimore, MD: John Hopkins University Press.
38. Paul Krugman (1998): It's Back: Japan's Slump and the Return of the Liquidity Trap, Brookings Papers on Economic Activity.
39. Steven Radelet and Jeffrey Sachs (1998): The East Asian Financial Crises: Diagnosis, Remedies, Prospects, Brooking Papers on Economic Activity.
40. O. Keohanc Robert and V. Miliner Helen (1996): Internationalization and Domestic Politics, New York: Cambridge University Press.
41. J. Stiglitz and A. Weiss (1981): Credit Nationing in Markets with Imperfect Information, American Economic Review.
42. World Bank (2001): Finance for Crowth: Policy Choices in a Volatile World, Oxford University Press.
43. Daniel Kahneman and Amos Tversky (1979): Prospect Theory: An Analysis of Decision Making Under Risk, Econometrica.
44. B. Jensen (2001): A Finite Difference Approach to the Valuation of Path Dependency Life Insurance Liabilitis, The Geneva Papers on Risk and Insurance Theory.
45. A. Alesina and L. Summers (1993): Central Bank Independence and Macroeconomic Performance, Journal of Money, Credit and Banking.
46. R. C. Fair (1994): Testing Macroeconometric Models, Cambridge: Harvard University Press.

47. Ronald I. Mckinon (1991): The Order of Economic Liberalization, The Johns Hopkins University Press.
48. M. Feldestein and J. Stock (1994): The Use of a Monetary Aggregate to Target Nominal GDP, The University of Chicago Press.
49. 黄达:《货币银行学》,中国人民大学出版社,1999。
50. 黄金老:《金融自由化与金融脆弱性》,中国城市出版社,2001。
51. 谢平、蔡浩仪:《金融经营模式及监管体制研究》,中国金融出版社,2003。
52. 江曙霞:《银行监督管理与资本充足性管制》,中国发展出版社,1994。
53. 钱小安:《货币政策规则》,商务印书馆,2002。
54. 张亦春:《现代金融市场学》,高等教育出版社,2002。
55. 王子明:《泡沫与泡沫经济:非均衡分析》,北京大学出版社,2002。
56. 毕大川、刘树成:《经济周期与预警系统》,科学出版社,1991。
57. 张维迎:《博弈论与信息经济学》,上海人民出版社,1996。
58. 陈雨露:《现代金融理论》,中国金融出版社,2001。
59. 李扬、何德旭:《经济转型中的中国金融市场》,经济科学出版社,1999。
60. 施兵超:《金融风险管理》,上海财经大学出版社,1999。
61. 易宪容:《金融市场的合约分析》,中国城市出版社,2001。
62. 许成钢:"法律、执法与金融监管:介绍法律的不完备性理论",《经济社会体制比较》,2001年第5期。
63. 姜波克:《国际金融学》,高等教育出版社,1999。
64. 王国刚:《进入21世纪的中国金融》,社会科学文献出版社,

2000。
65. 刘锡良、罗得志："论中国银行不良资产的根源"，《金融研究》，2001年第10期。
66. 〔美〕米什金：《货币金融学》中译本，中国人民大学出版社，1996。
67. 李健：《金融创新与发展》，中国经济出版社，1998。
68. 易纲、赵先信："中国的银行竞争：机构扩张、工具创新与产权改革"，《经济研究》，2001年第8期。
69. 周小川：《重建与再生：化解银行不良资产的国际经验》，中国金融出版社，1999。
70. 张超英、翟祥辉：《资产证券化：原理、实务、实例》，经济科学出版社，1998。
71. 宋逢明：《金融工程原理：无套利均衡分析》，清华大学出版社，1999。
72. 刘波：《资本市场：理论与现实选择》，复旦大学出版社，1999。
73. 王松奇、李扬、王国刚：《金融学》，中国金融出版社，1997。
74. 巴曙松：《经济全球化与中国金融经济》，中国金融出版社，2000。
75. 赵晓菊：《银行风险管理理论与实践》，上海财经大学，1999。
76. 吴念鲁：《国际金融纵横谈》，中国金融出版社，1999。
77. 吴晓求："中国资本市场：未来10年"《金融研究》，2000年第3期。
78. 李晓西：《亚洲金融危机实地考察》，中国人民大学出版社，1999。
79. 徐滇庆、于宗先、王金利：《泡沫经济与金融危机》，中国人民大学出版社，2000。

80. 陈彪如、马之騆：《国际金融市场》，复旦大学出版社，1998。
81. 陈岱孙、厉以宁：《国际金融学说史》，中国金融出版社，1997。
82. 戴国强：《商业银行经营学》，高等教育出版社，1999。
83. 王广谦：《经济发展中金融的贡献与效率》，中国人民大学出版社，1997。
84. 唐旭：《金融理论前沿课题》，中国金融出版社，1999。
85. 许谨良：《保险学》，高等教育出版社，2000。
86. 陈彪如、冯文伟：《经济全球化与中国金融开放》，上海人民出版社，2002。
87. 巴塞尔银行监管委员会：《巴塞尔银行监管委员会文献汇编》，中国金融出版社，2002。
88. 刘崇明：《金融监管热点问题研究》，中国金融出版社，2002。
89. 杨玉川：《现代期货市场学》，经济管理出版社，1998。
90. 赵锡军：《论证券监管》，中国人民大学出版社，2000。
91. 曹凤岐、贾春新：《金融市场与金融机构》，北京大学出版社，2002。
92. 钱荣堃：《国际金融》，四川人民出版社，1994。
93. 陈学彬：《宏观金融博弈分析》，上海财经大学出版社，1998。
94. 世界贸易组织：《中国加入世界贸易组织法律文件》，法律出版社，2002。
95. 雷家骕：《国家经济安全理论与方法》，经济科学出版社，2002。

后 记

本书是江苏省重点高校建设项目"扬泰文化"与"两个率先"重点学科课题经济管理系列的最终研究成果之一。

就我本人而言，关于金融体系中风险与安全的研究始于1999年。当时，我参加了在安徽省合肥市召开的"全国金融风险防范"学术研讨会，来自全国30多个单位的专家学者以及新闻界、法律界人士共60余人参会。会上各位代表踊跃发言，深入研讨，会议始终洋溢着浓厚的学术气氛，形成了一批有价值的学术观点。受这次会议的激励，本人开始潜心于对金融风险生成的宏观及微观金融环境的系统研究，包括国债政策、通货膨胀定标、人民币汇率形成机制、金融安全网、国有银行改革等。有了上述的研究基础，遂转向本书的写作。本以为会一帆风顺，一蹴而就，没想到"志虽大而才不副"，写作过程异常地艰辛，几度搁置又几度提起，断断续续地，终成现在的模样。进展不顺利的缘由是多方面的，其中最主要的一个原因是本人的理论水平和实践功夫有限，对中国金融业改革开放的目标和步骤尚拿不准，对一些问题的认识和理解难免有错误和疏漏。现在是"丑媳妇也要见公婆"，文责只好自负，恳请读者不吝赐教。在本书写作过程中，参阅了大量的中外文献资料，在此谨向原作者表示深深的谢意。

作者 2006 年 12 月 11 日写于扬州瘦西湖畔

社会科学文献出版社网站
www.ssap.com.cn

1. 查询最新图书　　2. 分类查询各学科图书
3. 查询新闻发布会、学术研讨会的相关消息
4. 注册会员，网上购书

本社网站是一个交流的平台，"读者俱乐部"、"书评书摘"、"论坛"、"在线咨询"等为广大读者、媒体、经销商、作者提供了最充分的交流空间。

"读者俱乐部"实行会员制管理，不同级别会员享受不同的购书优惠（最低7.5折），会员购书同时还享受积分赠送、购书免邮费等待遇。"读者俱乐部"将不定期从注册的会员或者反馈信息的读者中抽取一部分幸运读者，免费赠送我社出版的新书或者光盘数据库等产品。

"在线商城"的商品覆盖图书、软件、数据库、点卡等多种形式，为读者提供最权威、最全面的产品出版资讯。商城将不定期推出部分特惠产品。

资　询/邮购电话: 010-65285539　　　邮箱: duzhe@ssap.cn
网站支持（销售）联系电话: 010-65269967　　QQ: 168316188　　邮箱: service@ssap.cn
邮购地址: 北京市东城区先晓胡同10号　社科文献出版社市场部　邮编: 100005
银行户名: 社会科学文献出版社发行部　　开户银行: 工商银行北京东四南支行　　账号: 0200001009066109151

· 扬泰文库·经济管理系列·

金融体系的风险与安全

著　者／	马一民
出 版 人／	谢寿光
出 版 者／	社会科学文献出版社
地　　址／	北京市东城区先晓胡同 10 号
邮政编码／	100005
网　　址／	http://www.ssap.com.cn
网站支持／	(010) 65269967
责任部门／	社会科学图书事业部 (010) 65595789
电子信箱／	shekebu@ssap.cn
项目经理／	王　绯
责任编辑／	徐逢贤
责任校对／	王侬棣
责任印制／	盖永东
总 经 销／	社会科学文献出版社发行部
	(010) 65139961　65139963
经　　销／	各地书店
读者服务／	市场部 (010) 65285539
排　　版／	北京中文天地文化艺术有限公司
印　　刷／	北京智力达印刷有限公司
开　　本／	889×1194 毫米　1/32
印　　张／	12.75
字　　数／	312 千字
版　　次／	2007 年 8 月第 1 版
印　　次／	2007 年 8 月第 1 次印刷
书　　号／	ISBN 978-7-80230-683-7/F·146
定　　价／	28.00 元

本书如有破损、缺页、装订错误，
请与本社市场部联系更换

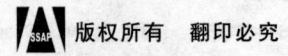

版权所有　翻印必究